U0538887

子夜對談 客家舊事

Midnight Dialogue
– Once Upon a Time in Hakka

梁曉暉　著

HakkasTV
世界客家出版社

目錄

第二版出版感言

彤管記遺

寫作這本書的靈感源自於我父親在病榻前對故土與歷史的回憶。他的故事喚醒了我內心深處的歷史使命感。作爲一名漂洋過海的客家人後裔，我深感有責任將客家文化，以及出南洋與救亡圖存的歷史傳承下來。

創作這本書的旅程漫長而艱辛，猶如十年磨一劍，歷經無數的瓶頸與迷茫。然而，正是客家人厚重的歷史、人性的光輝，以及我對父親深深的愛，支撐著我堅持到最後。

這部作品凝聚了我對歷史與先輩的敬畏與熱愛。此書第一版出版後，得到了讀者們的廣泛共鳴與好評，並讓我結識了幾位亦師亦友的鐵桿文友。

感謝中華民族源遠流長的文化傳承，感謝客家祖先前仆後繼的不懈堅持。

感謝上天賦予了父親與二伯父穿越時空的記憶力。聽父親談起梅縣舊事的第一刻，我感到了捨我其誰的歷史使命感。

感謝親人。母女三人在母親生命最後一年的每個周末堅持朗讀此書（姐姐通過視頻）。姐姐參與了出版前的校對。二嫂陳潔玲在二〇一三年把一塌糊塗的初稿打印到電腦。曉青弟於二〇一四年駕車送我返回梅縣收集資料。彤雲姐、曉光哥、曉建哥、曉青弟分享珍貴記憶並允許我把伯父的《華年舊事》詩選附錄書後。

感謝所有用心讀懂這本書的朋友們。感謝作家盧衍學與讀者曙光律師的精闢評論，更感謝盧衍學先生破解《梁氏四房人公約》並參與出版後期校對。

感謝世界客家（蘭臺）出版社兩位社長張加君女士及楊容容女士對此書的肯定與鼎力相助。

感謝出版社參與此書編輯的所有工作人員，他們認眞校對、精心排版，並設計出寓意深刻的封面與書背。

推薦序：時空對話　家國悲歌

作家盧衍學讀《子夜對談——梅縣客家舊事》[1]

宋．俞文豹《吹劍錄》：「東坡在玉堂，有幕士善謳。因問，我詞比柳詞何如？對曰，柳郎中詞，只好十七八歲女孩兒執紅牙板，唱『楊柳岸曉風殘月』；學士詞，須關西大漢執鐵板，唱『大江東去』。」

蘇東坡以「一蓑煙雨任平生」、「明月幾時有，把酒問青天」、「大江東去，浪淘盡，千古風流人物」……開豪放詞風，領袖文壇；柳永柳三變，用「衣帶漸寬終不悔」、「三秋桂子，十里荷花」、「今宵酒醒何處？楊柳岸，曉風殘月」……纏綿悱惻，凄婉動人，開婉約詞之先河。豪放與婉約，不同的文學風格流派，分別為讀者帶來陽剛與柔美的審美體驗，為歷來文人墨客所津津樂道。

我讀梁曉暉女士的《子夜對談——梅縣客家舊事》，卻同時讀到了金戈鐵馬、異域風雨的雄渾磅礴，和花落殘紅、客家哀怨的低唱淺酌。

這個並不寒冷的墨爾本冬天，我跟著曉暉的娓娓敘說，思緒飛揚，時而站在春秋梁國古

1 此書第一版題為《子夜對談——梅縣客家舊事》

城，時而置身南洋異域月影。那些動情的客家山歌和屬於客家人的鄉土故事，那些美麗的童養媳和等郎妹……都讓我靈魂震顫！

這是一部民族奮爭生生不息的壯美歷史。

曉暉開篇〈引子：傳奇〉，筆觸直達公元前五千年以前。開疆拓土、血雨腥風如滾滾雷鳴，由遠及近、由高而下、由朦朧至清晰，大風高歌，呼嘯而至。

第一章〈安定梁氏的遷徙〉，是作者對梁氏進入梅縣五次大遷徙歷史的概述：東漢勢力顯赫的安定梁氏；西晉末年的衣冠南渡；東晉末年的第二次大遷徙；宋仁宗年間的第三次遷徙；南宋年間的第四次遷徙；南宋滅亡後的第五次遷徙。每一次遷徙，都是生與死的博弈，都是生生不息的傳承。

中國近代有四次移民潮，分別是「塡四川」、「下南洋」、「走西口」和「闖關東」。《子夜對談》書中第三章〈出南洋〉：出南洋的謀生之旅，有離鄉背井的艱辛，有新生命帶來的喜悅，有創業的滿足，有南洋的月影和當地民間節日載歌載舞的土族男女。「南洋氣候炎熱，卡拉拍夏季的氣溫持續高達三十多度，當地的華僑爲防中暑，每天早中晚三次照頭淋三十瓢冷水，名爲『醍醐灌頂』。」

風雨中前行，波瀾壯闊的移民史，是華夏民族發展史。軒公在建「才儲堂」時，提出「屋子不宜建大」，他說：「好男兒志在四方，願我家子孫能在四海神州開枝散葉，成爲人之豪傑，國之棟梁；如屋子建得太大，會助長後代不思圖變的惰氣，對家族發展不利。」

民族危亡時，華僑與祖國心心相印。在中華會館學校，梁老師畫的那片「秋海棠葉子」，如泣如訴：「這是我們的祖國。中國的版圖很像這片葉子，它有五千年的文明，有肥沃的土地，有仁慈善良愛好和平的人民！」

面對亡國之痛，二伯朗誦李後主〈浪淘沙．簾外雨潺潺〉，誓言：「老師放心，中國不會亡的！」萬人空巷看球王，捐獻一元造飛機，以及爸爸童子軍的野營操練……都是全民族的聲聲吶喊！爸爸收到二伯一封短信：「見信之日，我已易水蕭蕭。家慈有問，叫她不要牽掛，山花爛漫會有期。」昭示了歷史時代的變遷。

這是一部普世價值光輝熠熠的人性詩篇。

曉暉在〈前言〉中說：「客家」是一個獨特的民系群體；爸爸用童真的眼見證了那個動蕩年代的廣東客家地區的風（時代、傳統和習俗）、土（地貌特產、衣食住行）、人（五代客家人）、情（天情、地情、人情、鄉情、友情、母子情、兄弟情和兒女情）。

客家兒女勤勞。第八章〈月光下的新事舊事〉中，爸爸說：客家女子「學會三尾好嫁人」——「三尾」是「針頭線尾」、「灶頭鍋尾」和「田頭地尾」；出嫁後，還要學會「家頭教尾」。這一切美德，都體現在爸爸最敬重的阿嫲身上。阿嫲「春分到，地氣通」的時候，浸穀種，播撒「斷奶肥」、「送嫁肥」；穀雨前，「阿嫲拿起一把把秧苗，踏著節拍把秧苗整齊地插在田裡」；「芒種忙種。阿嫲要除草施肥除蟲灌溉耘田，回家時摘回一大把蔬菜」；「大暑時分，阿嫲戴著斗笠在搶收；借著星光，把剛收穫的稻穀挑回家」……阿嫲「最喜歡的話題是當天的耕耘與收穫。說的時候臉上掛著淡淡的笑意，娓娓道來，好像在念一首田園詩。」

客家兒女善良。爸爸說：「阿嫲善良，從小教育我們不要做傷天害理的事；做事要憑良心。」在客家女子群像中，幾乎人人都是活菩薩。「阿嫲臥床不起，開琴伯婆每天幫她做點家務，一有空就拿著針線到她的房裡陪她說說話，幫她解開心結」；英承公懸壺濟世，鴉片戰爭前夕，「他痛心疾首：『日之將夕，悲風驟至，我等大好河山將毀於鴉片！』他配置戒煙藥酒，並在他的藥房裡設置戒煙房」。

客家兒女互助。第四章〈搖籃曲〉，英承公蓋下的那棟老屋——四角樓，「用黃泥石灰和糯米做牆，堅固無比……那時候有十二戶人家住在那裡，未成年的男丁就有十八人」；「炎炎夏日，各人拿一張小凳來到清風陣陣的地堂乘涼。坐在那裡的阿嫲跟所有的阿婆阿嬸阿姑阿嫂一樣，借著淡淡的月光，一邊做針線，一邊有上句沒下句地跟旁人聊天，話題大都與在南洋的男人有關」。和睦相處，守望相助，一幅世外桃源畫卷。

客家兒女忠貞。「梁家老宅的童養媳中，年紀最大的是古亞純，她八歲嫁入梁宅爲梁旭光的童養媳。梁旭光就是不回梅縣。所有人都知道，梁旭光早與一個南洋當地的女人結了婚」；中國解放後，村幹部動員古亞純回娘家：「她斬釘截鐵地說：『我八歲就進梁家的門，早就沒有了娘家……』爸爸一九九一年回老家，七十五歲的她還健在，獨自住在屬於梁旭光的房子，平靜地過著她的日子。」

客家兒女更多的是淒苦。等郎妹張鳳招和三十歲的家婆江亞秀，「兩人都在等著一個男人回鄉」；獨守空房的羅嫲，「美麗如綻放的茉莉」，「愛二伯如親生的孫子，呵護之情溢於言表」，最終卻在閒言碎語中求生不能，求死不得……

這是一部繼承傳統澤被世間的文化教程。

曉暉在〈後記：一個對話的開始〉中寫道：「隨著筆記本的記錄越記越長，我意識到，這不僅是我們之間的對話，也是客家與文化，家族與民族，抗日與民生的對話。講者平和，聽者癡迷。爸爸的故事喚醒了我的歷史使命感。有一個聲音在耳邊迴響，『寫出來吧，這是你義不容辭的責任。』」

曉暉深情的筆下，流淌出的不僅是廣闊而悠遠的歷史，滄桑又纏綿的故事，還有一串又一串文化的珍珠：

這裡有祖宗信仰。從人文始祖三皇五帝，到血緣始祖、得姓始祖，宗族文化、姓氏文化是中華優秀傳統文化的核心，是華夏子孫內心深處共同的情感信仰。梁氏以國爲姓，從梁王血灑古城，到後世子孫瓜瓞延綿，血脈、國脈、文脈構築積澱爲梁氏族群特有的文化基因，源遠流長。〈引子：傳奇〉中的「美麗頑強的梁國兒女啊／你們把沒有土地的祖國日夜扛在肩上／你們的姓氏就是梁國永恆不朽的殿堂！」一詠三嘆。颱風過後，阿嫲說：「眞是祖宗積的福啊」；開琴伯公站在「自成樓」前：「剛到南洋身無分文；現在經營煙草，沒有人富大貴，卻也算衣食無憂，沒有丟祖先的臉」……字裡行間，是對祖宗的敬畏與敬仰。

這裡有家族情結。以同宗共祖的血緣文化爲紐帶，記錄中華民族的形成；以「修身、齊家、治國、平天下」的家國情懷，促進客家文明的發展。古老的祠堂，便是一個家族的精神文化家園。「乾隆年間建成的廣東梁氏家廟——千乘侯祠，祠內的青雲書院專供梁姓學子到廣州考舉人時住宿和準備功課」；「上羅衣村的梁氏與劉氏合一個祠堂，祠堂東邊屬劉姓，西邊屬梁姓」；「祠堂是供奉先人和慶祝新生命的地方，是故人和新人的連接點」；「客家人很善於利用那樣的場合，對下一輩進行道德教育和宗族教育」。

這裡有重教傳統。「軒公一生爲師，時時不忘以育才爲本」，「每天清晨，他走出東門向左轉，沿著松源河畔的卵石小道走向一里以外的公嘗私塾。遠遠聽到私塾裡傳出的朗朗讀書聲，便止步靜聽好一陣，然後摸著白鬍子開懷地酣笑」；阿嫲對爸爸嚴肅地說：「你是軒公的後人，以後要做讀書人」。寒門出才俊，二伯考入中山大學，爸爸奪得「嶺東第一學府梅州中學入學考試第一名」，都是對含辛茹苦阿嫲的回報。

這裡有禮儀習俗。「那個時代鳳毛麟角的幸運客家妹子」蕭亞琴和梁晉常的「大行嫁」，極盡鋪陳，熱鬧繁華；八月祭祖，英承公的祭拜日，香煙裊繞，鼓樂齊鳴。客家老人告訴後人：「我們要拜天拜地拜祖先。天是萬物之父，每逢農曆三月十九日的太陽公生日，婦人要在天井外的門樓擺上供桌，插上寫在紅紙上的太陽神位，擺上茶酒和植物果實，焚香，請太陽神保佑全年風調雨順，五穀豐登」……

這是一部血肉豐滿文筆優美的詩學經典。

曉暉自二〇一〇年十月起開始與爸爸展開客家對談，直至二〇二三年秋成書出版，三易其稿。十年磨一劍，用汗水與心血凝成字字句句皆爲經典。

佈局謀篇別具匠心。「全書隨著時間爲主線推進，從十二個方位去描述這一群人樸實無悔的血汗人生。梅縣的河流縱橫交錯，有主流有支流，有合有分，支流匯入江河，江河匯入大海。本書的十二個章節亦如此，或平行共進，或交叉錯落，各章節相互相承。」

人物塑造細緻入微。「阿爺偶然會記起阿嫲剛進門時說起話來那俏皮溫柔的樣子，比起現在這個一是一、二是二的樣子不知強多少。於是時不時會找點小茬兒。他越是這樣，阿嫲越努力地忘記當日出嫁時對未來的憧憬。實實在在地過日子吧。」人物形象、心理狀態、矛盾衝突等，幾句話勾勒出來，惟妙惟肖，如在眼前。

狀物寫景出神入化。「幾人踏著月影，順著寧靜的山間小徑，走過一座小木橋。橋下的小溪流水潺潺，沿溪兩岸水稻飄香。遠處傳來若隱若現的吉他聲。」動靜結合，視覺、味覺與聽覺立體呈現，自然景觀與人文景觀相互交融。

遣詞造句精準生動。「阿嫲站在壟溝，用鐵叉斜斜地插進花生壟，再用腳定住鐵叉，手往下壓，鐵叉尖便往上翹，掀鬆了花生周圍的土。她抓住花生藤往上提，泥裡的豆秧帶著一串串花生破土而出。」一串優美的動作，神采飛揚，簡約生動，畫面感十足……

曉暉用客家女子做針線的巧手，用阿嫲二十四節氣的花香鳥鳴，用四角樓裡仲夏夜的童謠，用南洋的月影琴聲，用對爸爸的愛、阿嫲的愛、客家人的愛，編織成美麗的詩行。

認識曉暉，也是機緣巧合。五月四日，剛回澳洲不足一個月，應Mary之激，在Richmond圖書館參加澳洲微型小說學會二〇二四年《微韻合鳴》新書發布會。維州雅拉市政府、世界華文作家協會、澳華作家協會、墨爾本中文寫作學會……嘉賓雲集，諾大禮堂座無虛席。我當時還不是學會會員，所有來賓除Mary外，一個都不認識，落寞地坐在最後排角落。

下午回家，Richmond火車站，站台上只有互不相識的兩個人，每人手中一本《微韻合鳴》。兩人相視一笑，便開始了老朋友般的長談，一路有說不完的話。這個留著齊耳短髮，臉上兩個淺淺酒窩盛滿笑意的嬌小女子，就是客家梁曉暉。

「客家山歌特出（哇）名（哦），
條條山歌（哇）有妹名（哦），

條條山歌（哦）有妹（呀）份（喏），
一條無妹（呦）唱（唔）成（哦）。

客家山歌特出名（哦），
山歌又靚（呦）聲又甜（么），
男女老少都曉（個）唱（哦），
朝晨唱到月落嶺（哦）。

客家山歌特出（哇）名（哦），
山歌無腳（哇）萬里行（哦），
山裡唱到（哦）城裡（個）轉（喏），
五湖四海飄歌聲（哦）」……

客家歌聲婉轉清脆，隨風飄蕩。

前言

子夜燈前話客家

這本書的內容來源於我和我爸爸關於客家的對談。

對談始於二〇一〇年十月。開始時的話題天馬行空。慢慢地，我被他的客家舊事深深吸引，於是開始全方位地了解他的成長故事。我們的對話基於一問一答的形式。我的問題喚醒了爸爸深層的記憶，他的兒時故事如泉湧出。

爸爸的回答讓我認識了「客家」這個獨特的民系群體。他的記憶及故事屬於那群人，那個時代和整個中華民族。

我和爸爸的對談一直持續到他生命的彌留之際。在他離去的那一刻，我想到了「生生不息」。

我不是在爲爸爸寫傳記。一個人渺小如微塵，何況爸爸只是一個平常人，沒有建立過什麼豐功偉績。

我寫的是爸爸記憶裡的一群人，在一個民族生死存亡的時刻所展現出的韌性和堅持。這群人叫客家人，他們在歷史的長河裡或浮沉，或振臂遨遊。只要一息尚存，就堅持到底，絕不放棄。

這是一部客家人的鄉土故事。這個故事跨越一千六百多年。故事裡的人物並不完美，他們不是家喻戶曉的大英雄，只是一些草根階層的人，被命運左搓右捏，有的甚至被折磨得變了形。但他們的生命力卻如犀牛般頑強，他們不畏滄海桑田的千年巨變，一代代承前繼後。在劣境中緊握命運的巨輪，破蛹化蝶，鳳凰涅槃。這個故事的中心點是爸爸在梅縣成長的十七年。這十七年不同尋常，歷經抗日戰爭、解放戰爭和中華人民共和國成立。爸爸用童真的眼光見證了那個動蕩年代的廣東客家地區的風（時代、傳統和習俗）、土（地貌出產，衣食住行）、人（五代客家人）和情（天情、地情、人情、鄉情、友情、母子情、兄弟情、同學情和兒女情）。

此書的創作經過三個階段。第一稿根據爸爸的故事及我二伯梁常（爸爸的二哥）的《華年舊事》詩選設計了全書的架構。爸爸的梅縣舊事有栩栩如生的人物以及特定的場景、地點和時間。他是一個徹頭徹尾的樂天派，遙遠的年代卻爲他的記憶染上了傷時感事的懷舊色彩。爸爸有出神入化的記憶力，他的故事時序性很強，按著時間的順序記錄下來就成了全書的經。全書跟隨時間的主線推進，從十二個方位去描述這一群人樸實無悔的血汗人生。梅縣的河流縱橫交錯，有主流有支流，有合有分，支流匯入江河，江河匯入大海。這本書的十二個章節也是如此，或平行共進，或交叉相錯，各個章節相互相承。

第二稿著重於歷史考證和索源。我不是歷史學家，沒有對爸爸記憶中的人和事作過嚴謹的考究與對證。他的記憶可能會與歷史有所出入，但記憶的偏差自然有它的背景和道理。他離開梅縣時還不到十九歲，童年和少年時代的他自然只會觀察事情的表面，無法深入探究它們發生的根源。可幸的是，他這不加猜度、偏袒和注解的記憶，比純粹的歷史更加有血有肉，也更能讓讀者根據自己的人生經歷，爲其中的人和事下自己的注腳與評判。

第二稿的工作不是爲了考證爸爸記憶的正確性，而是在尋找答案：是什麼歷史原因使故事中的人物作出了那樣的人生抉擇？我的好奇心引發了我的考證與索源。在互聯網上的考證進行得很疏散，可能經不住歷史學家們的推敲。

第三稿是文學創作稿。爸爸的故事很多時候只是一些碎片，將它們拼湊起來構成了一個骨架，卻存在許多空白處。遇到他記憶中的模糊處和斷裂層，我根據自己對那段歷史及人事的理解，大膽地用我的想像與虛構去塡補細節與空白。這些創作成了此書的緯。經緯之間，實中有虛，虛中有實；眞亦假時，假亦眞。我編織的細節可能還原歷史眞相，也可能與歷史失之毫釐，繆之千里。

爸爸記憶中的這一群人沒有改變歷史，他們本身就是歷史，其人性和血性代代相傳。隨著時光的洪潮，這群人前仆後繼，譜寫著那部屬於他們的沒有休止符的史記。這群人的人性光芒超越地域和時代。

「子夜」和「零時」是同一個時間點，既是結束也是開始，是陰陽生死的交接點，書名由此而來。

希望這段與爸爸的對談能夠印證歷史的波瀾壯闊，人性的複雜與不完美，以及命運的浮沉變幻。

引子：傳奇（公元前五千年以前—公元前六四一年）

客家梁氏源出何處？梁氏為伯益後代，舜帝賜高貴的「嬴」姓。是什麼歷史契機使他們後來改姓「梁」？

《元和姓纂》有言：「梁，嬴姓，伯益之後，秦仲有功，周平王封其少子康於夏陽，是爲梁伯，後爲秦所滅，子孫以國爲氏。」

根據《大戴禮記》、《史記》、《呂氏春秋》和《資治通鑑外紀》，顓頊爲黃帝之孫，是中國上古傳說中的五位聖明君主之一。他的孫女女修吞食了玄鳥之卵，生下兒子大業，大業則生下伯益。

約四千多年前，舜帝授命大禹治水。伯益輔助大禹疏通河道，拓寬峽口，根治了黃河流域的洪患之災。舜帝將象徵高貴的「嬴」姓賜給伯益。伯益成爲古代嬴姓各族的祖先。

到了西周時期，伯益的後裔秦仲父子征戰西戎，屢建奇功。公元前八二一年，周文王封秦仲次子康伯在夏陽的梁山（今陝西韓城附近）建立了梁國，并立他爲國君。

梁康伯建國後，積極推動國內發展，國力逐漸強盛。農業、手工業及製造業日益繁榮。梁國一共經歷了七位國君：嬴康、嬴輈、嬴宏、嬴輯（僖）、嬴定、嬴室、嬴寅（演）。[1]然而，末代梁王嬴演好大喜功，大興土木修建皇宮和城牆，致使老百姓怨聲載道。但眞正導致梁國滅亡的是秦國的侵略。

秦國與梁國相連，原來只是位於西隅的一個小諸侯國。

公元前六五九年，雄才大略的秦穆公登上秦國的王位，并招攬了一大批才華卓越的謀士

1 趙康_百度百科。baike.baidu.com。

和文武大臣。爲了擴大疆土，秦穆公親自率領軍隊攻打茅津之戎（今山西平陸一帶），一路所向披靡。

公元前六四一年，秦穆公在滅戎之後，率領幾十萬大軍直逼梁國。梁國的西面和南面與秦國接壤。[2]秦國大軍從這兩個方向逼進。

梁王演登上城牆。城牆下的秦國兵馬黑壓壓一片，塵土飛揚，戰旗搖動，戰馬嘶鳴。梁王不禁又害怕又難過。身邊有幾個大將請求爲國出戰，梁王搖搖頭，吩咐高懸免戰牌，緊閉城門，一步步走下城樓。

梁王雖然耗費國力大興土木，面對大軍壓境，卻不失王者風范。他對重臣和將領說：「敵強我弱，這仗怎能打？梁國的城池土地是保不住了。」

幾個勇將說：「爲了保衛家國，我們願戰死沙場。」

梁王嘆口氣說：「不要做無謂的犧牲。秦軍凶猛殘暴。滅戎時，無數軍民被殺，生還者被迫淪爲奴隸。你們願意梁國的子民遭受同樣的厄運嗎？死是容易的，活需要更大的勇氣。

春秋初期的諸侯國分布圖

2 春秋時期，與秦國同宗同源的一個小國，為何被秦國消滅。inews.qq.com

朕要你們爲梁國而活。從今天開始，我們擯棄嬴姓。怎麼也不能跟要滅我疆土的秦國同姓嬴。我們從此刻以國號梁爲姓。朕要梁國的子孫代代薪火相傳，生生不息。梁國就是梁國的子民。梁國的子民就是梁國。你們要像水一樣柔韌。敵人擋道，你們要繞道而行。你們走得越遠，梁國就越大。朕要梁國與天地乾坤同在。要梁國子民笑看秦國滅亡。」

「你們各人立刻到銀庫和糧草倉取出銀錢和糧草分了，速速帶上你們的族人分頭向東逃往晉國。那些年老體弱不能走的就穿上戎裝和朕一起走上城牆。」

衆將流淚懇求梁王先逃。梁王說：「只要朕站在城牆上，秦穆公就不會強攻。朕替你們拖延時間。你們不要辜負了朕的苦心，立刻帶族人逃吧。朕也不做無謂的犧牲。一等衆將逃離，就會大開城門，自願請降。記住，你們責任重大。柔弱勝剛強。秦國現在看上去很剛強。但物極必反，早晚會被滅的。梁國不受國土城池限制，將永遠不會亡。」

梁王就這樣替梁國民衆爭取了寶貴的逃亡時間。秦穆公攻破城門時，發現除了梁王外，守城的都是年老病弱者。怒髮沖冠，殺戮了包括梁王在內的所有投降者。

遵從梁王的願望，所有逃離梁國的生還者從此改姓梁。根據中華人民共和國公安部發布的《二〇二〇年全國姓名報告》，梁姓在現有的三千多個姓氏中，按人口數量爲標准排名二十二。梁國與天地乾坤同在，不再是一個末代諸侯王的夢。

文明古老的傳奇梁國啊，
敵人奪走你的土地牛羊，
卻奪不走你子孫的豪邁奔放。

美麗頑強的梁國兒女啊，
你們把沒有土地的祖國日夜扛在肩膀，
你們的姓氏就是梁國永恆不朽的殿堂。

第一章：安定梁氏的遷徙（公元前七十年—公元一四〇〇年前後）

安定入梅梁氏的五次大遷徙的歷史背景是什麼？東漢勢力顯赫的安定梁氏，西晉末年的衣冠南渡，東晉末年的第二次大遷徙，宋仁宗年代的第三次遷徙，南宋年間的第四次遷徙，南宋滅亡後的第五次遷徙。每一次遷徙都是生與死的搏弈，是生生不息的傳承。

問：「是誰告訴你梁氏遷徙的歷史？」

答：「我收藏了一篇由梁德新和梁乾輝寫的〈梅縣梁姓淵源與宗族文化〉[1]的文章。我沒有考究過它的歷史真實性。你有空可以看看，作為參考。」

問：「梁姓客家人在梅縣落戶有多久了？」

答：「梁姓客家人在梅縣已經落戶七百多年。我是定居於梅縣的梁氏宗族第二十二代傳人。」

安定梁氏的崛起要從漢武帝說起。漢武帝大力推崇儒家思想文化，表彰歷史上對儒家傳播有貢獻的人物。孔子的學生梁鱣也被封爲聖儒之一。漢武帝封他的十世孫梁睦（梁氏第廿一世）爲迪國侯。

公元前一三九年和公元前一一九年，漢武帝兩次派張騫出使西域，開闢了絲綢之路。公元前七十年左右，梁睦的兒子梁子都和孫子梁橋（梁氏第廿三世）以甘肅北地郡，寧夏安定郡和新疆疏勒郡爲據點，通過絲綢之路與西域各國從事貿易。梁橋坐鎮安定郡，成爲富甲一方的巨商大賈。

1 http://a23633036.blogspot.com/2008/04/blog-post_6751.html?m=1 梁氏五次遷徙資料參照了網頁上梁德新的文章〈梅州梁姓淵源與宗族文化述略〉。

爲表彰梁橋對國家的貢獻，漢成帝於建始元年（公元前三二年）任命梁橋爲軍司馬。梁橋家族由此進入政壇，家族勢力從輝煌走向登峰造極。公元一〇年，梁橋去世，享年八十八歲。安定梁氏後裔以安定爲郡望，尊奉梁橋之父梁子都爲安定梁氏太祖，尊奉梁橋爲開基一世祖。後來，從安定遷出的梁姓子孫皆以「安定」爲堂號。[2]

從漢順帝（一二六年）到漢桓帝永興二年（一五四年）間，安定梁氏八世梁冀家族前後有七人被封侯，三人爲皇后，六人爲貴人，二人爲大將軍，三人娶了公主。安定梁氏家族盛極而驕，最終於漢恆帝延熹二年（一五九年）全族遭滅門之禍。現居於福建和廣東梅縣的梁氏，皆爲當年滅門案中僥倖逃脫者的後裔。

或許是他們無法擺脫的宿命，從秦滅梁國的那一刻起，梁國的子孫便一次次被迫爲了生存踏上逃亡遷徙之路。然而，他們始終如一地保持著水一般的柔韌。安定梁橋的後人經歷了五次大遷徙，最終到達梅縣。每次遷徙都是生與死的洗禮，都是家族生生不息的傳承。

第一次遷徙發生於西晉晉惠帝司馬衷末年。當時政府腐敗無能，適逢十年之久的大旱，旱災後又遭遇蝗災和瘟疫。北方的氐、羌、羯、鮮卑、匈奴族等游牧民族紛紛湧入中原，激化了民族矛盾。

此時，地方諸王和公侯伯爵趁天災人禍之際，發動了一場歷時十六年的政權爭奪戰，史

2 https://news.ifeng.com/a/20160521/48816223_0.shtml。

稱「八王之亂」（二九一年至三〇六年）。八王之亂結束後，各地方勢力紛紛稱王自立，匈奴、鮮卑、羯、羌、氐五大北方游牧民族大規模起兵南下，中原大亂，史稱「五胡亂華」，中國進入了五湖十六國的時期。

三一六年八月，西晉滅亡。次年，司馬睿避亂渡江，在建康（今江蘇南京）建立了東晉王朝。自五胡亂華以來，爲了躲避戰亂和飢荒，西晉的大批王室官員、大夫、庶民和百姓自黃河流域南遷至長江中下游，史稱這次遷徙爲「衣冠南渡」。在這股南遷的人潮中，有梁氏的領頭人梁芳。他是安定堂梁橋的第十二世孫（梁氏卅五世）。

梁芳是西晉末代皇帝晉愍帝的大將軍，其弟梁芬則是晉懷帝的皇后興壁的父親，也是晉愍帝的司馬徒。

這次南遷路途遙遠，長達三千多里，需跨越黃河、渭水，穿越秦嶺山脈，最終渡過長江與淮河。參與衣冠南渡的人數眾多，東晉在長江南岸的郡縣設立了「僑州」、「僑郡」、「僑縣」來安置北方的難民。在此之前，江南地區農耕落後，北方漢民將中原文明帶到了這片土地。

梁氏家族第一次大遷徙的倖存者有一部分定居於江淮地區，另一部分在稍作休整後繼續南遷，最終在浙江錢塘含浦地區定居。

東晉成立後不到八十年，又進入了一個血雨腥風的諸侯爭霸時代。信奉五斗米道的孫恩趁機於三九九年集結信徒起兵反叛東晉。史稱「孫恩之亂」，此亂持續了兩年，使東晉元氣大傷。四二〇年，東晉滅亡。中國進入了南北朝時期。

梁氏宗族在東晉末年的大動蕩中進行了第二次大遷徙。此次遷徙的領頭人是梁芬的孫子梁遐（梁橋十四世，梁氏卅七世），他曾任晉安帝的僕射大將軍。

這次遷徙路程長達六百多里，最終梁遐與家人抵達福建三山（今福州）定居。梁遐成爲入閩梁氏一世祖。

梁氏宗族的第三次遷徙發生在宋仁宗年間，約公元一〇五〇年左右。宋仁宗趙禎在位四十一年，是一位日理萬機、知人善用、勤儉寬厚、清明仁慈的皇帝。他的休養生息政策，使宋朝進入了一個文化、經濟和科技的鼎盛時期。

這段時期人才輩出，如秉公執法的包拯（包青天），倡導「先天下之憂而憂，後天下之樂而樂」的范仲淹，以及主張變法的王安石。此外，唐宋八大家中的蘇洵、蘇軾、蘇轍、歐陽修、曾鞏和王安石，都在這一時期進入了創作黃金期。中國四大發明中的活字印刷術、火藥和羅盤也相繼出現。

然而，歌舞昇平的背後潛藏著隱患。宋仁宗在位期間，未實施土地限購政策，繁榮的市場經濟促使一些財力雄厚的士族大肆購買土地，導致嚴重的土地兼併問題。隨著社會安定，北宋人口迅速增長，人口壓力進一步加劇了土地兼併和耕地不足的問題。爲解決這一困境，政府鼓勵民衆開發南蠻之地。

梁氏家族便在這樣的背景下，參與了開發南蠻之地，並進行了第三次大遷徙。此次遷徙的領頭人是梁熙嘏（梁氏六十二世，梁橋卅九世）。他於一〇三六年出生，是第二次遷徙領頭人梁遐大將軍的廿七世孫。這次遷徙從福建慧安遷至廣東順德，路程長達兩千多里。梁熙嘏後來官至奉增太師，並被封爲英國公。

梁熙嘏的孫子梁克家（梁氏六十四世，梁橋卌一世）於一一六〇年高中狀元，後在宋孝宗年間官至右丞相。梁克家告老還鄉後，編纂了一部梁姓族譜，名爲《樑序》。[3]

「靖康之變」發生於公元一一二七年，將中國再次推向了戰事之中，中原漢族面臨滅頂之災。當年四月，女眞族金兵攻陷都城東京（今河南開封），滅亡北宋，俘虜了宋徽宗和宋欽宗二帝，並掠奪了京城的國庫和私人財物。

宋高宗趙括南逃，建立了南宋，定都杭州。他採取妥協求和的政策，於一一四二年殺害抗金名將岳飛父子，並與金國簽訂了《紹興和議》，割地稱臣，每年向金國繳納貢銀一十五萬兩、絹二十五萬匹。爲了支付龐大的軍費和貢納，南宋中央與地方政府層層加稅，導致稅額暴漲。

在外族入侵、政權動蕩、稅賦高昂和治安混亂的局勢下，梁氏家族進行了第四次遷徙。

3 論客家人的宗族文化與公嘗文化 - 宗親 - 客家網。Hakka.com。

梁克家的孫子梁孟堅（梁氏六十六世，梁橋卌三世）生於南宋紹興二十二年（一一五〇年），成爲這次遷徙的領頭人。此次遷徙從順德遷至福建寧化石壁，路程長達兩千多里。梁孟堅成爲寧化石壁梁氏一世祖。他後來官至從二品兵部左侍郎。

五十年光陰轉瞬卽逝。一二三五年，蒙古軍向南宋發動全面進攻。一二七六年二月四日，元軍攻佔南宋都城臨安（今杭州），俘五歲的宋恭宗，南宋至此滅亡。然而，由文天祥領導的廣東軍民抗元義軍，以梅州爲基地繼續與蒙古軍浴血奮戰。

一二七八年冬，文天祥兵敗被俘，元兵隨卽在梅州展開大規模屠殺，村莊被屠戮殆盡，屍橫遍野，血流成河。浩劫過後，梅州境內大片村莊無人煙，陷入荒蕪。

元朝皇慶元年間，約公元一三一二年前後，福建的客家人開始大規模遷徙入梅州。寧化石壁梁氏家族展開了第五次遷徙。遷徙的領頭人爲梁文生（梁氏六十八世，梁橋卌五世）。他是南宋年時期的探花。梁文生率領百餘名家族成員，歷經艱辛，最終抵達梅縣松源堡，成爲入梅始祖。

梁氏後裔在松源鎮青塘建造了祠堂，卽如今的閩粵梁氏總祠。〈梁姓淵源與宗族文化述略〉一文提到，「梁氏由寧化入梅開基至今約七百年，現在人口繁衍已經超出十萬人，其中梅州境內約有三萬人，另有約八萬人分佈於國內各省及世界各地。」

由於松源耕地有限，梁文生的後代紛紛向梅州各地擴展。梁文生的玄孫梁福（梁氏七二世，梁橋卌九世），成家後遷至松口鎮仙口村另起門戶。仙口村位於松源河西岸。梁福經風水先生指點，在臨河之地建了一座約二百餘間的長方形圍龍屋，此屋的風水格局被稱爲「鯉魚上水」，是松口有名的祖屋之一（此屋今仍存一半遺址）。[4]

後人尊稱梁福爲山口梁姓一世祖，號「松崗公」。他後來中了舉人，官至汀州太守。有一年大旱，他未能完成政府的徵稅指標，被貶爲嘉應州巡檢。他一生娶了九個妻子，育有十二子，後裔人丁興旺人才輩出。

松崗公的十一個兒子中，有一位名爲梁德清，爲人品行端正，文化素養高且具有責任感。他的妻子藍氏出生名門望族，知書達理。嫁入梁家後不久，便成爲了松崗公一家的總管。藍氏心地善良，尊老愛幼，並以和善的態度化解族中各種大小糾紛。她晚年子孫滿堂，族人尊稱她爲「藍婆太」。

藍婆太百歲之年，鬢髮如雪，目光祥和，身體依然硬朗。過年時，兒孫們從四面八方趕回松口老宅，向老太太請安。年初二，出嫁的女兒和孫女們也紛紛回家。家裡熱鬧非凡，聚集了百餘人。大廳上廳下廳內外設宴，藍婆太坐在首席，兒孫們按輩分向她叩頭請安，敬奉香茶。

藍婆太慈祥地揮手，示意大家各自回位開宴。全族人喜氣洋洋，說著、笑著、吃著、喝著。

4 論客家人的宗族文化與公嘗文化 - 宗親 - 客家網。Hakka.com。

藍婆太臉上挂著心滿意足的笑容，頭漸漸低了下去。

歡笑霎時變爲哀哭。喜慶的衣服換成了孝服和草鞋。親朋好友、鄉里鄉親紛紛前來吊唁。送來的匾額與挽聯挂滿廳堂，靈位前擺滿香燭與紙錢。

前來吊唁的人安慰道：「這是喜喪。藍婆太盡享天年，福壽雙全。她福澤深厚，子孫五代齊聚身邊送終。這是幾輩子修來的福分。她去世時端坐在椅上，靈魂必定能安然升天。」

兒孫們請來風水大師，選擇了一塊安葬的吉地，並請衆僧誦經禮懺。

出殯的吉日良辰到了，送葬隊伍熙熙攘攘，隊伍中有草龍、銘旗、孝燈、吉燈、放生籠、銘旌、香亭、像亭、魂轎和低橋。樂隊在前開路，孝子嫡孫披麻戴孝，一路撒著紙錢。

送殯隊伍一路行至新挖的墓穴。墓穴位於層巒疊翠之間，山腳下有一條清澈的小河蜿蜒而過。靈柩安置於墓前，禮生主持祭奠和答謝儀式。祭奠結束後，將隨葬品與長明燈放置於墓坑壁上龕內，掃去腳印，隨後徐徐下葬。陰陽先生用羅盤矯正方向，長子嫡孫開始鏟土掩棺。十年後，族人爲藍婆太修建了一座螳螂虎型的墓地，將「金塔」安置於內，並立上墓碑。

清朝同治年間，藍婆太墓地的好風水得到驗證。當時，粵西下西府（今雷州半島一帶）的梁耀框高中狀元。[5]

按照清朝慣例，中狀元者必須由國師查核三代祖居和祖墓的風水。國師精通周易、天文

5 客家是否出過狀元?-?-?-第6頁-客家人物-客家風情——客家人·客家網。Hakka.com。

地理和風水之術，若未能於三代祖居中發現寶物靈氣，中狀元者將被以欺君罪論處。

國師來到梁耀框出生地，未發現其府第、祖居及祖墓周圍的山川河流中有任何寶物靈氣。地保告訴國師：「梁耀框的父親是從嘉應州來的」。

於是國師追至梅縣松源鎮的梁氏祖祠（閩粵梁氏宗祠）尋跡。當查至藍婆太的螳螂虎形墳墓時，國師驚嘆：「啊，藍婆太的墓真是一塊風水寶地，梁耀框高中狀元的洪福來源於此！」。國師隨即吟詩一首：

乾山乾象水長流，
乾上高峰出狀元；
水流西北多富貴，
山轉東南旺兒男。[6]

從此以後，藍婆太的後人皆自稱其子孫。我亦是其中之一。

6　梁耀框是入梅梁氏後人，與我們一族同宗。

第二章：梁氏宗族（一六九五年—一九二二年）

先人中有康熙乾隆時期的私塾老師、中晚清朝的濟世中醫、晚清的落魄秀才。歷經清朝從盛世到搖搖欲墜，最終滅亡。面對鴉片戰爭、以客家人為主的太平天國起義、科舉考試的失敗、民國推翻清朝，我的祖先們如何選擇他們的人生之路？

問：「宗族的具體意思是什麼？」

答：「『宗』就是先祖。『尋宗』就是尋找自己的老祖宗。『族』則是同宗的人聚在一起。所有的族人都是親人，都有同一位太公。族人之間一家有難，百家支援。全族參與紅白喜事。比如，我小時候就是與四五代同宗的人住在一起的。」

問：「除了你的太公之外，你還知道其他哪幾位先祖嗎？」

答：「我曾參加過三位祖先的公嘗：軒公的公嘗、奎公的公嘗和太公的公嘗。軒公是英承公的曾祖父。奎公是英承公的父親。我的曾祖父是昌泗公。我的祖父是汝台公。」

問：「公嘗是什麼？」

答：「公嘗是宗族的公有祖產，包括耕地、山林、店鋪或學產等。嘗產的收入用於宗族的公共開支，並由宗族選出的能人管理。公嘗主要負責辦學、祭祀先祖以及宗族公益事業。」

上章提到的藍婆太有一位後人叫軒公（梁氏八十七世，梁橋六十四世，入梅十五世），是我的遠祖父（我是他的第八代傳人）。根據梁德新〈廣東梅縣松口仙口村客家民俗田野調查〉一文中的記載，軒公生於康熙三十四年（一六九五年）。他三十歲時考取「歲進士」，並於乾隆年間在梅州培鳳書院任教諭。軒公爲人師表，言行並重，勤勉教學，循序漸進地引導學生，啟發他們舉一反三，培養出許多優秀人才，桃李滿天下，深得學生與家長的敬重。

當時的州官王輔者有個十歲的兒子，頗爲調皮難教。王輔者曾請了幾位私塾老師來教導，但都紛紛辭職不幹。無奈之下，王輔者將兒子送到培鳳書院。果然，這孩子在書院裡依然調皮搗蛋，經常在課堂上搞小動作，影響其他學生學習。軒公罰他站到學堂外，但他卻在學堂外手舞足蹈，大聲講述尉遲恭救李世民的故事，且講得頭頭是道。

軒公走出學堂問：「你是從哪裡聽來尉遲恭的故事的？」

王輔者的兒子答：「家裡一個長工經常乘涼時講尉遲恭的故事。」

軒公又問：「你知道後人爲何敬尉遲恭爲守門神嗎？」

那孩子答：「因爲他能打。一夫當關，萬夫莫敵。他一瞪眼睛，妖魔鬼怪就立刻逃走。」

軒公笑道：「古往今來，武藝超群的人多得是。尉遲恭之所以被敬爲守門神，還有更重要的原因。你知道嗎？」

王輔者的兒子搖頭道：「不知道。」

軒公點頭說：「能夠承認自己不知，這才是眞正可教的孩子。你先回學堂好好聽課，如果今天你表現良好，明天我會給你一小段時間，讓你向其他同學講述尉遲恭的故事。講完後，你還要告訴大家，尉遲恭爲何會被尊爲守門神。」

王輔者的兒子果然乖乖地回到課室聽課。

第二天，軒公在上完主課後，果然請王輔者的兒子講尉遲恭的故事。軒公鼓勵他說：「與人交談也是我們課堂學習的一大學問，你就像昨天在課室外那樣講吧。」

王輔者的兒子講了唐太宗名臣魏徵斬涇河龍王的故事，並說：「龍王冤魂夜夜在唐太宗的宮門外哀號討命，擾得太宗憂思成疾。急詔秦叔寶和尉遲公把守宮門。兩位大將一到，唐太宗病痛全消。於是唐太宗命畫師為這兩位大將軍畫像，貼在宮門前。」

故事一講完，軒公贊許地點點頭說，「講得有聲有色。你再說說尉遲公是如何投奔唐太宗李世民的？」

王輔者的兒子不好意思地說：「我沒有聽說過。」

軒公於是對學生講：「尉遲恭原本是隋朝將領劉武周的大將，但劉武周在隋朝末期依附了突厥。尉遲恭深明大義，不願意做賣國賊，於是統領舊部八千人馬倒戈投奔李世民。」

軒公轉向王輔者的兒子，問道：「我昨天問你，世人為什麼這麼敬重尉遲恭，尊他爲守門神？你現在怎麼看？是因爲他武功強，還是因爲他深明大義？」

王輔者的兒子說：「兩樣都是。」

軒公點頭說：「說得好，尉遲恭既深明大義，又武功高強。但在兩者之間，深明大義是最基本的品德。你敢用一個品行不正但武功高強的人當守門神嗎？強盜還沒來，他可能就把你搶劫一空了。所以，你們在讀好書之前，要先立德立義。學會做一個深明大義的人，比什麼都重要。」

軒公就這樣因勢利導，教育學生們明辨是非，崇尚正義與忠誠。王輔者的兒子也從一個調皮的學生漸漸變成了一個好學生。

軒公以啟蒙育人爲己任，不善納財，執教到六十歲還住在祖輩留下的老屋。爲了報答他的桃李之恩，王輔者的兒子長大成才後向同學們募捐籌資爲他建屋。軒公的學生們多已學有所成，籌集了一筆可觀的錢兩。

幾個領頭學生於是與軒公商議建屋事宜，軒公提出了三點想法。

「一，孟子云：『得天下英才而教育之，至樂也。』能爲人師表，是我的榮幸，從未圖謀回報。今日學生們學有所成，知恩圖報，我深感欣慰。」

「二，以宗族大業爲重，屋子不宜建大，足夠一家大小安身卽可。」

眾人忙問「何解？」

軒公答：「松源河畔雖爲寶地，但地狹人稠，子孫後代應立志讀書，造福社會，外向擴散，扶助國梓。好男兒志在四方，願我家後代能在四海神州開枝散葉，成爲人之豪杰，國之棟梁。如屋子建得太大，恐助長後代不思圖變，懈怠惰性，不利於家族長遠發展。」

「三，屋子建好後若有剩餘錢財，應用以創立私塾，造福後人。」

學生們依照軒公的吩咐，在松口鎮的山口村購置了一塊稻田，爲他開基建屋。

屋子建得七七八八，眾人邀請軒公去巡視新居。軒公看到山口村四面環山，清澈的松源河蜿蜒流經村中，屋子坐落在河畔西岸，正門朝東。一開門便見平緩的河床上一葉輕舟徐徐飄來，船上是一位戴斗笠的村姑，輕巧地搖著船槳。沿河東岸是一片翠綠的竹林。屋子後方的山坡在金色的陽光下油綠蒼翠，生機盎然。軒公讚嘆道：「此屋風景之美，與王維的〈竹里館〉相比如何？」

眾人異口同聲地說：「絕不遜色。」

軒公徐步跨過大門，走進新屋。屋子雖小僅一層，卻是麻雀雖小，五臟俱全。堂、廳、房間、走廊和天井錯落有致，後方還有一座雅緻的花園，與後山坡緩緩相接。軒公大喜道：「此屋眞是我安度晚年的理想居所。足不出戶，便可『採菊東籬下，悠然見南山』。」

眾人請他爲新屋取名，他沉思片刻，說：「就叫『才儲堂』吧」。

眾人附和道：「軒公一生育才，時刻不忘教育之本。此屋將來定會人才輩出。」

屋子落成入伙時，學生們送來兩塊橫匾，一塊書有「才儲堂」，懸於大門之上；另一塊寫著「歲進士」，懸在中廳牆上。

村裡的人卻戲稱這屋爲「八斗租」，意指這屋原是稻田，每年交租八斗穀。

軒公搬進「才儲堂」後，用剩餘的錢將祖上遺留的一間寬敞的柴房改建爲私塾，規定所有族中適齡男子皆可免費入塾讀書。

軒公的幾個兒子在他生前相繼功成名就。他們與軒公共同創立了「公嘗」，並將私塾納入公嘗產業，後來又陸續購置田地，設立了一系列運作條例。

公嘗田中有一塊地由嫡系子孫輪流耕種。輪到耕種公嘗田的房戶需負責當年的先祖祭祀，祭祀結束後，所餘祭品歸該房戶所有。其他田地則出租給佃戶，收取田租，租金由家族推舉出的有文化、有道德的嫡系子孫管理。

公嘗收益除了用於敬奉祖先祭祀，還用來支持私塾運作和族中子弟的文化教育。若族中有貧困子弟立志出城參加科舉，公嘗會根據實際情況資助他們，補貼旅費與盤纏。若有盈餘或遇到需要時，公嘗收益也可用於宗族的公益事業，如修建水利、橋梁、渡船，或救濟族中有特殊困難的嫡系子孫。

到了軒公晚年，他所創立的公嘗已進入穩定運作的軌道。公嘗有固定收入，不論子孫家境貧富，男女皆可入私塾讀書。每天清晨，軒公走出東門，沿著松源河畔的卵石小路，緩步走向一里多外的公嘗私塾。遠遠聽到私塾內傳出的朗朗讀書聲，他便止步靜聽，隨後摸著白鬍子，開懷大笑。

軒公卒於乾隆三十一年，享年七十二歲。他的臨終遺言是：「後人謹記，仁義禮智信，讀萬卷書，行萬里路，飲水思源，永不忘本。」

當時家族中很多子孫都遵他的教誨，讀書有成，在外地謀事。聽聞軒公辭世的消息，紛紛從全國各地趕回山口村，參加他的葬禮。

軒公的後代不負厚望，人才輩出。科舉時代，家族中有許多人考取了功名。科舉制度廢除後，家族中又湧現了許多教授、工程師及高級幹部。遵循軒公遺訓，這一支系的外遷率特別高。有的外地爲官謀事，有的遠渡重洋，前往南洋或世界各地施展才華。

爸爸小時候，家裡的長輩總是對他說，「軒公這一支系的人特別注重人品、讀書和外出謀生。你是軒公的傳人，一定要做個有德之人，把書讀好，長大後要走出去闖事業，不能愧對祖宗。」

我的天祖父梁英承是軒公的曾孫，後人尊稱他爲英承公（梁氏第九十世，梁橋第六十七世，入梅第十八世）。他生於一八一〇年左右，自幼聰慧過人。十二歲時，偶然得到了一本手抄的《黃帝內經素問》，從此迷上了人

梅縣松口鎮山口村松源河在軒公的才儲堂前流過

軒公的才儲堂

體經絡、臟腑及中醫草藥針灸。家中並無行醫賣藥之人，他便讀遍所有能找到的有關醫藥和針灸書籍。邊讀邊在自己身上試藥試針，並記錄下所有疑問。一有機會便前往鄰村，向一位告老還鄉的老醫師求教。

起初，老醫師以爲英承公不過是個乳臭未乾的小孩，隨便敷衍幾句了事。然而，英承公對老醫師極爲尊重，持之以恒，虛心求教。老醫師漸漸被他的熱誠與執著所感動，最後正式收他爲徒。

英承公拜師後，日夜隨師傳學習，從抄寫處方開始，勤學不懈，細心觀察。老醫師最終將畢生所學傾囊相授，並允許他抄寫自家珍藏的醫學書籍，爲他的醫學之路奠定了堅實的基礎。

英承公二十多歲時，老醫師對他說：「我已將畢生所學悉數傳授於你，從今以後，你可獨立行醫了。身爲醫者，必須懷有如父母般的仁愛之心。要立志懸壺濟世，救死扶傷，切勿唯利是圖。」

英承公叩首拜謝，答道：「徒弟終身不忘恩師教誨，定不辜負師父的期望。」

英承公獨立行醫後，依然刻苦鑽研，處處虛心向同行及病人請教。不久，他便以高尚的醫德和精湛的醫術，贏得了病人的尊敬與信賴。他對每一個疑難病症都一絲不苟，從不誇誇其談，隨意用藥。每次診斷病情，他總是細心地進行望、聞、問、切四診法，務求準確無誤。

遇到疑難病症時，他會誠懇地對病人說：「非常抱歉，目前我尚無法確診，故不能隨意開藥。我會查閱醫書，並向同行請教。一旦確診病情，找到合適的療方，我會將藥方與藥材一同送至您處。當然，您也可以請其他醫生診治。如果其他醫生治好了您的病，務必告知於我，我將登門拜訪，學習他的方法。今天您先回去吧，我不收您的診金。」

道光年間，清朝廢止了太醫院的針灸科，針灸一度受到打壓。然而，英承公深信針灸對許多急症有奇效。他從老醫師那裡抄錄的一部醫書正是明代楊繼洲所著的《針灸大成》。此書中的精辟論述，常令英承公拍案稱奇。他將書中的理論應用於臨床實踐，練就了一手高超的針灸技術。然而，他從不墨守成規，每次施針前都會仔細進行望診，通過觀察與判斷，準確定位病灶，對症下針。

一天，一個鄰村的鄉紳帶著母親來到英承公的診所。鄉紳說：「我阿媽年過五旬，身體一向硬朗，耳聰目明。然而這一年多來，不知何故，她的視力逐漸模糊，如今幾乎看不見東西。請教過多位醫生，均無效。同村有人推薦我帶她來求診。」

鄉紳話音剛落，他的母親已經開始抽泣，斷斷續續地說：「我快要瞎了，家中還有老小需要照顧。梁醫生，求求你救救我的眼睛。」

英承公彎下腰，湊近仔細檢查婦人的雙眼，發現她患的是俗稱「胬肉攀眼」的疾病，內眼角長出數條胬肉，尖端已伸向瞳仁。

他耐心向病人解釋病因，並安慰道：「我之前治療過類似的病症。你放心，我有信心治好你的眼睛。只是需要一點時間。考慮到你們每日翻山越嶺前來看診不便，如果不嫌棄，可在我這裡暫住。我有一間廂房，專供遠道而來的病人留宿。」

婦人和鄉紳感激不已，欣然同意。

英承公隨即展開治療。他先用短毫針剝離胬肉的頭部，接著從頭部至根部輕劃，再在胬肉根部點刺，讓其微微出血。同時，他針刺了內眼角旁的睛明穴和頭部的太陽穴。連續三天如此治療。從第四天開始，他停止對胬肉的點刺，專注於針刺穴位。婦人的視力日漸恢復，初來時的愁容逐漸消散。

第十天，治療結束後，英承公遞給婦人一根針和一團線，說：「阿嬸，你試試看，能否把線穿進針孔？」

婦人半信半疑地接過針線，忽然驚喜地喊道：「梁大夫，太神奇了！我可以清清楚楚地看見針孔了！」

她右手拿線，左手持針，線從容地穿進了針孔。婦人激動得淚流滿面，喊道：「祖宗保佑，神靈保佑！梁大夫，我怎麼才能感謝您呢！我一輩子都不會忘記您的大恩大德！」

婦人的兒子也連連向英承公作揖致謝，滿口贊道：「您真是華佗再世，妙手回春啊！」

英承公謙虛地拉著他的手，微笑道：「區區小技，何足掛齒？怎敢與華佗相提並論？若要道謝，還應該先感謝你母親，讓我有機會驗證我的診斷是否正確。」

有一次，英承公到鄉間出診，遇到一個因腹痛腹瀉而痛苦不堪的病人，正躺在床上來回翻滾。病人告訴他，這疼痛已持續了一整天。英承公立即針刺病人的足三里穴和天樞穴，並用艾條灸天樞穴。治療尚未結束，病人便已感覺疼痛全消，當即如釋重負。這立竿見影的效果讓病人的家人驚嘆不已。第二天，病人便如常下田耕作了。

英承公心地仁厚，對所有病人一視同仁。對於貧困的病人，他從不計較酬勞，總是和藹地說：「沒關係，先把身體養好最要緊。」

有的病人無法支付診金，心中過意不去，便送些自家種的新鮮蔬菜或雞蛋給他，他總是欣然接受。有些病人甚至主動幫他修理門窗等雜活，他則拱手回禮道：「打幫，打幫！」

久而久之，英承公的醫術和仁德在當地廣爲人知。他在嘉應州府程鄉縣（今梅州市梅縣區）開了一間名爲「承本堂」的診所，門庭若市，求診者絡繹不絕。儘管如此，英承公依舊保持著平民化的醫德風範，不驕不躁，仁心仁術如初。

英承公的診所越辦越大，並收了幾名徒弟。他時常教誨徒弟們：「用藥的原則在於精准平，絕不可用藥謀利。所謂『精』，是指不要濫用藥物。如果不需要藥物就能治好病，那就不要開藥。若是兩三味藥能治癒，就不要開出四五味藥的方子。『准』，指的是藥物的選擇和用量都必須精准。古人留下的醫書中，有些藥名和我們當地的土名不完全一致，必須謹慎對照，不能以訛傳訛。用量同樣重要，需根據每個病人的體質來調整。若三分藥能治好病，就不必開四分藥。至於『平』，則是指不要迷信昂貴的藥材。若是一劑廉價的山草藥能治癒，就不必用那些天價的靈丹妙藥。」

英承公在積累了一定的資財後，便在上羅衣購得一塊風水寶地，建造了一棟兩層、三堂四橫的四角樓。整座樓房坐北朝南，依山而建，背後是一片風水林，總建築面積達兩千多平方米。

房屋建成後，英承公請來風水先生主持「出煞」儀式。風水先生臨走前，再三叮囑他需購置一件鎮宅之寶，擺放在下廳以保家族老少平安。於是，英承公購得了一個一米多高、乾隆年間製作的青花瓷花瓶。瓶身上描繪著一幅秀美的山水畫，瓶頸處繪有一圈竹葉和一圈牡丹。

家人問他：「這花瓶眞能鎮宅嗎？」

英承公笑著說：「當然可以。你們看看這瓶上的畫，群山環繞，綠水悠悠，河水在山間迂迴，風和日麗，山腰祥雲繚繞，河中輕舟蕩漾，山腳松柏挺拔。整個花瓶更有竹葉點綴。這不正是我們高祖軒公居住的松源河畔山口村的景致嗎？這個花瓶不僅把祖宗的風水寶地請了進來，也將我們的祖宗迎進了家中，自然能保佑我們世代平安。」

搬進新居後，英承公參拜祠堂，供奉祖先，買田置業，設立公嘗，並修訂了家族字輩：

「昌、汝、開、常、光、祥」，希望由他開枝散葉的家族能子孫繁衍，代代相傳，人才輩出。

英承公有四個兒子，分別是昌兄、昌其、昌盛及昌泗。四位兒子對醫學都不感興趣，英承公也不強求。他告誡兒子們：「你們既然對醫道沒有興趣，也無需勉強繼承我的衣缽。醫者可為亦不可為。從醫之人必須具備仁心仁術，天資聰穎，且讀萬卷書。明醫能以醫術濟世，庸醫則視藥物為利器。現今社會中，無天資而勉強行醫的庸醫比比皆是。這些人只為謀財，卻對醫術不求甚解，導致誤診誤治。此等庸醫不僅殘害病患，還玷污了醫生救死扶傷的美名。梁氏家族世代清白，萬萬不可背負這樣的罪名。」

英承公親身經歷了西方列強從經貿與文化滲透，到輸入鴉片、武裝侵略，再至瓜分中國的過程，見證了清朝由繁榮走向衰敗的歷史變遷。

一八四〇年鴉片戰爭前夕，洋人每年偷運至中國的鴉片超過四萬箱。嘉應府的一些市民和官吏也染上了煙癮。英承公眼見一個個原本健康勤勞的鄉民變成了病夫，痛心不已，歎道：「日暮西山，悲風驟至。我等大好河山竟將毀於鴉片之手！」於是他配置了戒煙藥酒，並在他的藥房中設立了戒煙房，幫助鄉民戒除鴉片。

第一次鴉片戰爭後，英承公經歷了一場以客家人為主的歷史事件。一八四六年至一八五〇年間，廣東、廣西地區的農村連年遭遇水災、旱災及蟲害，土地貧瘠，民不聊生。百姓在飢餓與死亡的邊緣掙扎，而清政府為償還戰爭賠款加重了賦稅。貪官污吏與土豪劣紳趁機橫徵暴斂，百姓生活苦不堪言。

一八五一年一月十一日，客家人洪秀全在廣西揭竿而起，建立了太平天國，這場起義以客家人爲主。洪秀全的家族原籍嘉應州石坑堡，後來於康熙至道光年間分批遷入花縣官祿布。太平天國的六王中有五位是客家人，太平軍士兵中近九成也爲客家人。

一八五三年三月廿九日，太平軍運用掘地爆破法攻入南京，隨後攻破滿城，屠殺城內所有滿族人。太平天國將南京定爲首都，並改名爲天京。

一八六四年六月一日洪秀全病逝。同年七月十九日，天京失守。此後，太平天國的餘部轉戰於粵北、贛南、閩西一帶。

一八六六年一月廿八日，左宗棠率領的清兵與太平軍餘部在嘉應州進行了最後的大決戰。太平軍康王汪海洋陣亡，偕王譚體元被捕處斬。二月八日，太平軍全軍覆沒。

在太平軍與清兵在嘉應州作戰期間，英承公秘密爲受傷的義兵治療戰傷。他的女婿李聯慶是太平天國的支持者。太平軍覆沒後，清兵在嘉應州大肆屠殺與太平天國有牽連的人。英承公冒著生命危險，將李聯慶藏在他的診所地窖裡，並出資幫助李聯慶逃往南洋。

鴉片戰爭的失敗和太平天國起義的打擊，令清朝政府元氣大傷。十九世紀六十年代以後，清政府內的洋務派提倡「師夷長技以自強」，發起了洋務運動。當時年逾五十的英承公求知欲依然旺盛，托人購買了傳教士翻譯出版的西醫書籍，並一有時間就悉心研讀。他對解剖學以及人體器官分布的理論特別著迷，並經常對徒弟們說：「西醫對人體臟腑的研究比中醫更爲深入，其成藥可即時服用，無需煎熬，方便民衆。將來西醫定會被國人廣泛接受。如果能將中西醫結合，必定會對醫學產生重大裨益。」

即便到了七十多歲，英承公仍然勤奮敬業，每日親自到藥鋪坐堂。他的兒子們勸他道：「父親，別人到了您這個年紀早就享清福了，您爲何還要這麼勞累？」

英承公嚴肅地回應：「每個人的享福方式不同。難道要停止做自己喜愛的工作才算享福嗎？你們看我忙碌，我卻樂在其中。我自幼迷戀醫術，幸運的是得到恩師的指點。五十多年來，治病救人無數。對我而言，一個人最大的福氣，就是能終生從事自己熱愛的事業。我能多行醫一天，便是享福一天。」

英承公福壽雙全，兒孫滿堂，於甲午年初安詳辭世。他一生勤儉節約，積累了一些家產。除了在州府的藥店外，他在鄉下也購置了幾塊田地。在臨終前，他將財產分配妥當，一部分給了四個兒子，另一部分則留給以他開宗立派的家族公嘗。他還再三叮囑後人，房屋前方的空地乃家基的風水重地，萬萬不可加建任何建築物。

英承公的葬禮結束後，他的四個兒子共同立下了「老屋四房人等公約」。這份公約被刻在了祖屋南面的牆上，字跡至二〇一四年仍依稀可辨：

英承公，創造屋宇四損。買有周圍地基甚多。曾分與四房人等，各做糞間豬廚多少。

惟有上片泰龍轉角空地，重要所關。自今以後，四房人等，不得做糞間豬廚等情。人富驅龍，大有干涉本身榮辱。風水所關，後人金識見聞。製造必有大化。莫謂恃強押眾，做則通眾必折。難免有違，故以籟早通聞。

甲午年春月四房人等

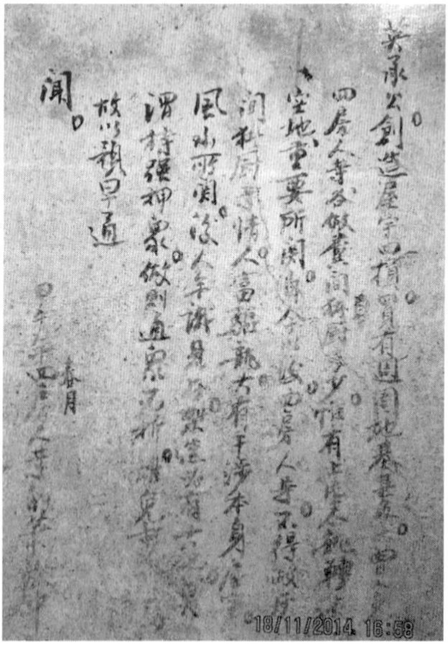

四房人立的公約

英承公的四兒子梁昌泗是我的高祖父（梁氏第九十一世，梁橋第六十八世，入梅第十九世）。他大約是清朝咸豐年間人。昌泗公一生志在考取功名。年輕時考過了縣試和府試，卻終其一生沒有通過院試。

昌泗公未能實現的願望卻由他的兩個兒子達成了！他有三個兒子：汝台，汝彬及汝蘊。汝台和汝彬自幼聰穎好學。昌泗公從他們四五歲時便開始教他們認字和背誦詩文。兄弟二人順利通過了縣試和鄉試，隨後一同前往廣州參加院試，雙雙高中秀才。汝台公更是成績優異，名列一等，成爲「廩生」。當時，考上秀才就意味著進入了士紳階層，每月可以從嘉應府領取補助的糧食。不僅免除賦稅徭役，犯了法也不會隨意受到刑罰，還可獲得參加三年一度的

汝台太公中秀才時立的花崗岩石桅竿還立在村口

鄉試資格。

為了表彰村裡出了兩位秀才，衙門派人在下羅衣村口豎立了兩根花崗岩桅竿，這成爲梁家乃至上羅衣村當年最盛大的喜事。梁汝台便是我的曾祖父（梁氏第九十二世，梁橋第六十九世，入梅第二十世）。

汝台太公字養吾，生於一八四八年。[1]他自幼聰慧，深受英承公的喜愛。他跟隨昌泗太公學習《四書》《五經》及書法。五六歲時，他已能將書中的精警之句背誦如流；八九歲進入私塾後，更是能出口成詩。十一二歲時，他的書法已頗具造詣。中秀才後，求他寫字的人絡繹不絕。來求字的人常常坐下來喝茶閒聊。有一次，有人借給他《三國演義》和《水滸傳》兩本小說，從此汝台太公迷上了章回小說，經常手不釋卷，並開始嘗試寫作。

昌泗公見汝台公對科舉考試逐漸失去興趣，心中失望，擔憂之情愈發加重，於是請求英承公回鄉，幫忙勸導他。

英承公握住汝台公的手，語重心長地問道：「聽說你最近迷上了章回小說，這是怎麼回

1 梁常：《南嶺夕照樓詩稿選——華年舊事》之四。

事？你從小聰明勤奮，悟性極高，如今中了秀才，正應該全力準備明年秋天的鄉試。參加鄉試前，你還要通過學政的考評。若能在考評中合格，便可在縣衙擔任吏員。你現在已有家室，總要謀個正經營生。讀書，不就是爲了立德立身，報效家國嗎？」

汝台公回答道：「阿公，我並非偷懶，也想有所作爲。我心中一直有個願望，想寫一部像《紅樓夢》那樣的奇書。那種書能夠醒世、警世，讀了那些小說後，我才發現八股文沒有任何實際意義。」

英承公微微皺眉，勸道：「寫白話文小說乃是小民賤業，科舉卻是我們這類沒有背景的人唯一能走的仕途正道。」

汝台公堅持道：「阿公，好小說能夠將人生道理講得透徹，像春雨一樣潤物細無聲，感化讀者。總要有人去做這件事，也不見得非得走仕途才算有出路。」

英承公沉思片刻，語重心長地說：「你未免把自己看得太高了。要寫出有分量的東西，作者必須歷經世事，受過千錘百煉。你終日蝸居在這偏僻的小村，能知多少世事？若寫不出深刻的內容，又何來感化世人的分量？」

汝台公心頭一震，暗想：太公果然見識非凡，連寫書的事也看得如此透徹。從那天起，他收起了寫書的念頭，重新專注於鄉試的準備。

汝台公天資聰穎，順利通過了學政的考評。不久後，他整理行裝，離開嘉應州，前往廣州備考鄉試。

自一七五七年開始，清朝規定西洋商人只能在廣州進行通商活動，廣州因此成爲西洋商人的總匯之地，並成爲中國與世界轉口貿易的中心，被譽爲空前繁華的「天子南庫」。清代詩人屈大均在《廣州竹枝詞》中寫道：「洋船爭出是官商，十字門開向三洋；五絲八絲廣段好，銀錢堆滿十三行。」

自一八二〇年起，鴉片和各種商貨的走私貿易逐漸衝擊廣州的經濟，導致多家商行營業虧損，甚至負債倒閉。廣州的繁榮開始衰退。

第一次鴉片戰爭失敗後，清政府於一八四二年與英國簽署了不平等的《南京條約》，割讓香港予英國治理，並向英國賠償二千一百萬銀元，開放廣州、福州、廈門、寧波和上海五個沿海港口進行通商。

五口通商後，上海因接近絲綢和茶葉的產地，並擁有南北海運中轉站的地理優勢，迅速取代了廣州，成爲中國最大的貿易港口。廣州對外貿易的繁榮不復往日。

一八七〇年初，汝台公來到廣州的青雲書院。這書院設於乾隆年間建成的廣東梁氏家廟——千乘侯祠。該家廟以孔子弟子七十二賢之一的梁鱣命名，梁鱣在孔子門徒中位列第三十位，後來被宋真宗加封爲「千乘侯」。祠內的青雲書院專爲梁姓學子提供在廣州考舉人時的住宿和準備功課的場所。

汝台公來到廣州準備鄉試時，廣州的市容已顯得相當破舊。市內大多數市民從事小販買賣，沿街的騎樓店鋪陳舊不堪，搖搖欲墜。樓上住戶走幾步，樓下的店鋪便會「吱吱吱」地晃動半天。街面上的攤檔零零散散，佈局混亂。街上有不少無業遊民，穿著打滿補丁的灰色唐裝，沿街乞討的人多數是一眼便能看出染上了鴉片煙癮的癮君子。街角還有三五成群的人聚在一起賭博，景象頗爲凋敝。

汝台公每日上午閉門苦讀，下午便愛到廣州的大街小巷、茶館酒肆尋找閑人閒聊。他東聊西扯，天馬行空，樂在其中。有的人只是聊幾句便話不投機，興致索然；但也有些人是天生的說書好手，正好樂得有人聽，便滔滔不絕地講起許多天荒地老的陳年舊事。直到黃昏漸至，說故事與聽故事的人方才意識到天色已晚，便相約次日同時同地再見，非得把未完的故事說清楚不可。這些說書人有的是曾走南闖北的商販，有的是南征北戰的老兵，亦有落魄的讀書人、昔日富家子弟、還有背井離鄉的逃難農民。故事講完，說書人和聽故事者瀟洒作別，偶爾遇到意氣相投的，便約定下次再會。

汝台公聽完這些精彩的故事，便回到青雲書院，把聽來的內容記錄下來。他對世間的百態變幻漸生濃厚興趣。

一八七〇年八月，鄉試如期舉行。汝台公自覺考得不錯，便留在廣州等待放榜。考後的日子裡，他依舊往返於街巷茶館，與各色人等閒聊，記錄的故事越來越多。

某個陰鬱潮濕的黃昏，汝台公應約來到荔灣橋，卻發現講故事的人未如約而至。他隨意漫步，經過荔枝灣西關一帶的橋台畫舫。那裡是文人墨客和公子哥兒們的聚集地，沿溪的茶樓上掛滿了紅燈籠，樓上是妓院。汝台公走過溪邊，只見轎子穿梭來往，紳士公子們從轎中下來，進入這片紅燈籠下的繁華世界。

突然有人拍了拍他的肩膀。汝台公一看，原來是個熟悉的剃頭佬。這剃頭佬大約五十歲上下，黑瘦精悍。汝台公剛來廣州時，曾遇見過他幾次，他挑著擔子沿街替人剃頭，汝台公也曾幫襯過他幾次。交談之中得知他是嘉應同鄉。這幾個月未曾再見，沒想到竟在荔枝灣巧遇。當晚見到的剃頭佬，與幾個月前相比倒有些不同，特別是頭髮上了油，閃閃發亮。

剃頭佬說：「梁秀才，難得在這碰上，快隨我上樓喝杯茶。」

汝台公問：「你住在樓上？」

剃頭佬神秘地眨了眨眼，攥著汝台公的手說，「跟我上去，你自然就知道了。」

汝台公的手被剃頭佬牢牢抓住，心裡雖有些疑惑，但也勾起了一絲好奇，便隨他穿過木門檻，走進一條幽暗的麻石巷。巷子的盡頭，左側是一條窄窄的直樓梯，抬頭望去，只見高高的屋梁上掛著一個昏暗的燈籠，勉強照亮了樓梯的輪廓。剃頭佬提醒道：「小心走好。」兩人腳步輕響，吱吱咯咯地踏上了狹窄的樓梯。

上了樓後，向左轉入一條黑暗的走廊。汝台公閉上眼睛適應了一會兒，才微微睜開，依稀看見走廊左邊有幾扇關著的門。剃頭佬拉著他走到第四扇門前停住，隨後「咯吡」一聲推開了門。

房間不大，一張大床佔去了三分之一的空間，暗紅色的幔帳散發著一股淡淡的霉味。床邊擺著一張沉重的方形木桌，桌上點著一盞壺狀的油燈，燈火微弱，照亮了一旁的木椅。

剃頭佬將汝台公推進屋內，汝台公轉身，瞧見門後躲著一名年輕女子。女子身穿蔥綠色的衣裳，年約二十出頭，面容細膩如瓷，雙眼晶瑩剔透，眼神中滿是悲哀，見之令人心生憐憫。

剃頭佬帶著一絲冷笑，話語中藏著幾分威脅，對那女子說：「秋芸，快好好接待客人，這可是自己人，別怠慢了。你的婆家收了我重禮，怎能失禮？難得遇上同鄉，你好好陪陪這位梁兄，他可是才子秀才，剛參加完鄉試。你得用心侍候他。」

汝台公有些不知所措，站起來說：「對不起，冒犯了。我告辭。」剃頭佬卻突然把秋芸扯到房子中間，跨步走到汝台公身邊，另一手將他推回凳子上，眼神陰冷地瞪了秋芸一眼，冷聲說：「不要敬酒不吃吃罰酒。」話音未落，便走出門，並「啪」地把門關上。

汝台公急忙站起來去拉門，卻發現門已被反鎖。他看了看四周，昏暗的油燈映在那女子的臉上，雖然雙眼哭得紅腫，卻不掩其正氣凜然。爲了打破尷尬的氣氛，汝台公自言自語地說：「我與剃頭佬非親非故，不會難爲你。現在門被反鎖了，剃頭佬早晚會來開門。你坐下吧。如果願意，說說你的事，我雖然不一定能幫上什麼忙，但我會耐心聽你講。有時候，把心裡的委屈說出來，會好受一些。你也可以選擇不說，等剃頭佬回來我就走。」

秋芸默默流下眼淚，淚水像決堤一般，從無聲的飲泣變成了「唏唏噓噓」的哽咽，接著她斷斷續續地說出了自己的不幸遭遇。

「我本來出生於書香門第，自幼父母疼愛，教我讀書識字。可十二歲時，父母雙雙過世，嬸嬸心狠，將我送出去做了童養媳，飽受折磨。誰知還不到十四歲，小丈夫就得了重病，婆家為了沖喜，匆忙替我們成親。但不到半個月，丈夫便病亡。婆婆公公把他的死全怪到我頭上，罵我是剋星。兩個月前，剃頭佬回鄉找個年輕女人做塡房，公公婆婆聽說他願意出重禮便把我賣給了他。」

「我那時還以為，雖然剃頭佬比我大了三十多歲，但嫁雞隨雞、嫁狗隨狗，總比留在婆家強。誰料這剃頭佬沒安好心。他娶媳婦是假，一把我帶到廣州，就軟硬兼施，逼我為娼。他說他兒子抽鴉片欠下巨債，債主逼得他走投無路，子債父還。他還說，如果一年內不能還清債，他兒子就沒命了。剃頭佬承諾，只要還清債，就會把我當救命恩人供奉。我寧死不從，不會向他屈服。早晚我會拿刀子往脖子上一抹。」

汝台公連忙勸道：「你還年輕，活下去才有希望。只要活著，就總能找到辦法。死了可就什麼都沒有了。讓我們一起想想，也許能找到萬全之策。」

秋芸突然神情堅毅，說道：「剃頭佬日夜盯著我，哪裡還有什麼萬全之策？我早說過，寧爲玉碎，不爲瓦全。所以他還不敢強迫我。他這次讓你進來，可能看你不像粗俗之人，猜我會吃軟不吃硬。我把身世告訴你，是因爲你沒有把我當作一個娼妓。我們現在兩不相欠，我也不需要你的同情，更不想與你有什麼牽連。剃頭佬一回來，你就走吧，咱們各不相干。」

汝台公急忙擺手：「既然知道了你的不幸，我不能見死不救。我會找剃頭佬講道理。」

秋芸猛地站起來，眼神冷然道：「好話壞話我都說完了，我與你無干系！」

話音剛落，剃頭佬「嘩啦」一聲推開房門。汝台公和秋芸都被驚了一下。汝台公回過神來，大聲喝問：「剃頭佬，還虧你也是客家人，怎麼能做出這種傷天害理、沒良心的事？她不是普通女子，你既娶了她，就應該好好待她！」

剃頭佬冷笑道：「哼，你跟她在這裡要生要死的，現在卻來扮什麼正人君子？我成全了你的好事，你還想賴賬？」

汝台公氣得全身顫抖，指著剃頭佬怒道：「你血口噴人！你——」

身後突然傳來「咚」的一聲巨響，整個房子爲之一震。汝台公猛然回頭，只見秋芸已經一頭撞向桌角，鮮血飛濺。這突如其來的一幕讓他驚愕得呆立當場，不知所措。

回到書院後，汝台公心神恍惚，精神極度疲憊。九月十五鄉試放榜，他榜上無名，打擊之大更使他雪上加霜。他將自己鎖在祠堂的房舍裡。整整幾天，他不吃不喝，自言自語。最後，與他一同在廣州備考的弟弟梁汝彬將他帶回了家鄉。

回到家鄉後，汝台公長期陷入抑鬱，對人生意興闌珊。有人問起廣州的經歷，他總是避而不答，拔腿就走；提起科考，他更是嗤之以鼻，從此不再參加任何鄉試。一九〇五年九月，清政府正式公告，「著自丙午科爲始，所有鄉會試一律停止。各省歲科考試亦即停止。」

清末民初，中國報業迅速繁榮，梅縣湧現出多種報紙，並有白話文報刊頻頻刊登汝台公的文章。這讓他找到了發揮才華的平台，創作成爲他心靈的出口，終於將他從抑鬱的陰霾中拉了出來。

黃遵憲辭官歸梅後，汝台公率先響應他發起的新體詩運動，兩人因此結交，詩詞唱和，成爲莫逆之交。爲了專心創作，汝台公在老宅外用竹蓑搭建了一間書齋，命名爲「養吾居」。書齋內掛著黃遵憲的詩作條幅：「宵來一醉長安市，竟夕相思大海南」，字跡蒼勁有力，滿懷豪情。

那段時間，汝台公的創作熱情如火如荼，日夜筆耕不輟，書桌上經常堆滿厚厚的書稿。他的作品頗受讀者喜愛，嘉應地區的幾家民報常邀請他撰稿，小說、散文皆有涉獵。他還積極研究客家民俗，尤其關注客家婦女的地位和命運問題。當黃遵憲編寫《嘉應地方志》時，特邀汝台公撰寫客家民俗的一章，汝台公欣然應允。他以〈客家的特點〉爲題，介紹了客家婦女「天足爲美」、「出得廳堂，入得廚房」的獨特文化。這篇文章後來被同濟大學《客家研究》第一集提及，成爲了客家文化研究中的一個參考。

汝台公的書齋簡陋如茅寮，冬日寒氣逼人，環境惡劣。長期在這樣的條件下生活和創作，他最終染上了肺氣腫和哮喘。家人屢次勸他放下筆桿，靜養身體，但他始終執著於寫作。能發表的文章他就送去刊登，無法發表的則堆放一旁。與此同時，他也開始著手撰寫那部在心中醞釀了大半輩子的長篇巨著。

汝台公一生未曾謀求過任何官職，也沒有穩定的收入來源。最初，靠變賣祖父英承公留下的田地來維持家用，隨著田地耗盡，家境日漸破落。一九一〇年前後，他的大兒子梁開勝（我的伯公）跟隨梁汝蘊太叔公遠赴南洋謀生，試圖緩解家中的經濟困境。

像許多南洋華僑一樣，開勝伯公定期寄錢回家供家用。汝台公的女兒玉鴻嫁到了長沙墟，收錢比較方便。開勝伯公便將錢寄到妹妹玉鴻家中，由汝台公親自取回。

一九二八年的一個秋日，汝台公又一次到玉鴻家取錢。返家的途中，他一邊走，一邊吟誦詩文，沉醉於金秋的美景。清秋的涼風吹過，他的肺氣腫忽然發作，只得步履艱難地挪回家。天色由明轉暗。寂靜的山林迴響著他的哮喘聲，一高一低，一長一短。那一年，山林中有老虎出沒，村民組織了打虎隊，每日黃昏巡邏。聽到遠處傳來的哮喘聲，打虎隊誤以爲老虎現身，舉起台槍循聲開火。曾祖父不幸中槍，踉蹌逃入森林。家人四處尋找，卻無法找到他的遺體。

汝台公失蹤後，他的書齋「養吾居」空置了下來，書桌和幾個書櫥裡堆滿的厚厚書稿逐漸蒙上了灰塵。數年後，獨自在鄉下守著老宅的開勝伯婆，將所有書稿當作柴火燒掉。汝台公的心血之作就此化爲灰燼，而「養吾居」也最終變成了存放農具的工具房，與過去的輝煌徹底告別。

第三章：出南洋（一八九五年—一九三三年）

出南洋的謀生之旅有背井離鄉的艱辛、有新生命帶來的喜悅、有創業的滿足、有南洋的月影和當地民間節日載歌載舞的土族男女。也有華僑對日本侵華戰事的關注。此章以人生無常，命運多變，骨肉生離死別做結。

問：「你還記得南洋的事嗎？」

答：「當然不記得。我不到兩歲就回梅縣。」

問：「你說的那些南洋舊事是哪裡聽來的？」

答：「小時候聽阿媽說起。你的二伯九歲才從南洋歸國。他對南洋的記憶很深，八十年代以後寫了不少有關南洋舊事的詩詞，收錄在他的嶺南詩集裡。」

問：「你知道阿嫲從南洋回國時帶了什麼東西？」

答：「她把存起來的錢換了金銀首飾。聽說我回家時手上和腳上都戴了好幾條金銀鏈子。這些首飾幫助我們一家度過了一九四三年的飢荒。」

汝台公育有兩個兒子及女兒玉鴻。長子梁開勝，次子梁開壽。梁開壽是我的阿爺（梁氏第九十三世，梁橋第七十世，入梅第廿一世）。阿爺生於一八九五年前後。他小時候，汝台公雖已逐漸克服了憂鬱症，心思卻都在寫作上，顧不上子女的教育。阿爺過著平平淡淡的鄉下男孩的生活，到了九歲便到私塾讀書。

汝台公的三弟汝蘊於一八九七年跟隨英承公的女婿李聯慶到印尼爪哇島謀生。汝蘊公沒有兒子。一九〇二年，汝蘊公回鄉幾個月。其間，汝台公同意把七歲的阿爺過繼給汝蘊公爲兒子。阿爺是一個很倔強的男孩。他哭著問阿媽：「爲什麼不要我？爲什麼要把我過繼出去？」

他的阿媽摸摸他的頭說：「傻孩子，我們不是不要你。你阿爸把你過繼給三叔是不忍看見你三叔沒有後人續燈。過繼只是個名堂。你還是我們家的兒子，照樣住我們的梁家大宅，在族譜裡還是梁家的人。你在別人面前轉個叫法，沒人時你還叫我『媽』，還叫你阿爸『爸』。」

話雖這麼說，過繼的事卻成了阿爺終生解不開的一個結。他以爲父母不喜歡他才會把他過繼給阿叔，因此變得性格古怪，沉默寡言，對別人十問九不應。他最忌別人提起他過繼出去的事。一旦聽別人說起，不管對方是誰，不分親疏貴賤，輩分高低，他都勃然大怒。

一次，阿爺無意聽到家裡的兩個阿婆指手畫腳地議論他和大哥開勝：「阿勝和阿壽是同一個爸媽生的，爲什麼兩人性格這麼天差地別？阿勝開朗懂事，對長輩有禮貌。阿壽卻那麼古怪，要麼苦口苦臉，要麼沒事找架吵。要是他爸媽當初過繼出去的是開勝，現在後悔死了。」聽了這樣的話，阿爺又難受又氣憤。他衝出去指著那兩個阿婆罵：「我過繼出去怎麼了？我有兩個爸，兩個媽。你們有嗎？你們妒忌吧？」

阿爺雖然性情孤僻，人卻長得高大英挺，腰板特別直。長方形的臉，端端正正的五官。跟大部分客家男人不同，他對讀書沒什麼興趣，卻非常喜歡務農。跟別人生氣吵架以後，他便扛起鋤頭犁耙到田裡埋頭幹活。除了務農，阿爺還有一雙很巧的手。他是村裡出了名的竹篾編織能手。他織的竹籠、竹籃、竹椅、背簍、筲箕等各種器具用蔑均勻，式樣美觀，人見人愛。他用竹子做的風箏飛得很高很穩。

阿爺喝酒很容易醉。醉了就變成另一個人，嬉笑怒罵在常人意料之外。

一九一四年，阿爺娶了隔山的妹子李酉梅爲妻。我的阿嫲是一個頂尖的客家妹子。兩隻水靈靈的大眼睛，高高直直的鼻梁，壯實的腰腿，大大的腳板。家裡和田裡的一切活計都會操持。雖是山裡人家長大，卻很懂得人情世故。勤勞善良，處事不驚，有計有謀。她一進梁家就成了家裡的主要勞動力。播種、插秧、施肥、除草、收割，樣樣皆能。非農忙時，上山砍柴，紡紗織布，縫補衣裳，飼養家畜。每天披星戴月，一絲閑工夫也沒有。梅縣山區的耕地不多。非農忙季節，田裡的活都由女人包了，男人多數都出外做事。阿爺娶了能幹的妻子，卻弄得自己半失業。無聊時，他這邊看看鬥雞，那邊看看鬥蟋蟀，或者乾脆蹲在老宅的門樓外抽煙斗，看著太陽一點一點地向西邊沉去。

阿爺阿嫲的婚床還在

阿爺對阿嫲一百個稱心，卻不懂得怎麼表達，反而處處裝出一副大男人的樣子。剛結婚時，阿嬤對阿爺小心照顧，每做一件事都問問阿爺的意見。阿爺卻改不了喜歡與別人抬槓的壞毛病。

有時阿嬤特意爲他加料炒一道拿手菜，吃飯時便問阿爺：「這道菜你有沒有吃出什麼特別之處？」

阿爺板著臉說：「這麼平平常常一道菜，人人都是那麼煮的，能有什麼特別之處？我也不稀罕什麼特別之處。」

播種的季節到了，阿嬤問阿爺：「剛剛下了一場大雨，土地濕濕的，明天我們去種番薯嗎？」

阿爺沒好氣地回答：「這還用問嗎？我老早就跟你說過『下了一場好雨就去種番薯』。何必明知故問？」

農忙的季節，阿爺是一把好手。犁地的時候，牛都累倒了他還不願停下來。

阿嬤心疼地說：「歇歇吧，別累著了。」

阿爺悶聲悶氣地回答：「虧你還說得出來。大半的地都沒有耕，怎麼歇得下來？這下季的穀子還種不種了？」

阿嬤一番好意卻被澆了一桶冷水，只好應付著說：「自然要種。」

「那就別說廢話。」

阿爺的回答讓阿嫲覺得自討沒趣，慢慢就覺得沒有什麼話跟阿爺說了。那個時代的客家的女人從來不期待婚姻的甜蜜。只要嫁了個沒有缺胳膊缺腿的男人已經是萬幸。阿嫲覺得自己是幸運的。阿爺終究還是個結實高大的本分人。她願意一輩子替這個男人扛起一個家。多說幾句，少說幾句都沒所謂。反正一年四季三百六十天，從日出到日落都有幹不完的活兒。於是阿嫲說的話變得越來越少。

「吃飯了。」

「唔。」

「明天收割稻子。」

「哦。」

阿爺偶然會記起阿嫲剛進門時說起話來那俏皮溫柔的樣子，比起現在這個一是一，二是二的樣子不知強多少。於是時不時找點小茬兒。他越是這樣，阿嫲越努力地忘記當日出嫁時對未來的憧憬。實實在在地過日子吧。

一九一五年，我的慶常大伯出生了。阿爺升級做了爸爸，自然很高興。他想到自己的燈火不會滅，後繼有人，不禁露出自豪的笑容，看阿嫲的眼神也溫存了很多。阿嫲看在眼裡，喜在心裡，說起話來也大聲了點兒。

阿爺見阿嫲圍著兒子忙個不停，有時也想幫上一點忙，卻總是越幫越忙。一次阿嫲幫兒子換了屎褲，阿爺剛好在旁邊。她便順手把兒子遞給他。自己拿起髒褲子去天井洗。阿爺抱著軟軟小小的兒子，一動也不敢動。兒子的身體順著裹布往下滑，阿爺急忙拉了一把裹布，嬰兒就勢滑落地下，「哇」地一聲大哭起來。

阿嫲聽到兒子的哭聲，立刻把髒褲子扔在天井，跑回房間。阿爺慌忙得手足無措。阿嫲一把抱起在地上哭喊著的兒子，盯了阿爺一眼。

阿爺頓時羞愧無比：「你瞪什麼？別以爲你生了個兒子就可以在我面前逞能。他是我兒子，我什麼時候要摔他在地上都可以。」

阿嫲從此像隻母鷹一樣照看兒子。阿爺被擱在一旁，心裡不是滋味，乾脆一有空就看一些閑散的人鬥魚，賭變金。阿嫲知道他在賭氣，心裡也不好受。

梅縣那年碰上了大旱，田裡的稻子被晒成焦黃的草。蔬菜在太陽暴晒下變成菜乾，用手指一捏就變成粉末。嗚蟬在酷熱中扯叫，讓人聽得心煩。有門路的青壯年男子都去南洋謀生了。

阿嫲的兩個哥哥也去了南洋。家裡有一個嗷嗷待哺的嬰兒，而阿爺卻是一付無關痛癢的樣子，讓阿嫲心急如焚。終於有一天，她忍不住對阿爺說：「有門路的人都去了南洋，我的兩個哥哥也去了。你的過繼阿爸在南洋，可以求他帶你出去。總要給自己找條生路，也可以寄點錢回來。我們眼看著就要斷糧了。怎麼拉扯大慶常？」

阿爺不高興地說：「我去了南洋就那麼好嗎？好歹你還有個男人在家。我一走，你就要守活寡。是不是心裡早就有了個相好，就等著我走？」

阿嫲氣得「嗚嗚」地哭了起來。

阿爺心裡也後悔對阿嫲說出這樣侮辱性的話，但嘴上卻軟不下來。他知道阿嫲說得對，總不能一家三口抱著一塊等死。

一九一六年，阿爺終於跟著繼父汝蘊會叔公去南洋爪哇。離別時，阿嫲提著阿爺的布包跟在後面。出了大門沒幾步，阿爺便一手奪過布包說：「送什麼送，家裡還有大把事情要做。我過了那邊寄錢回來就是了。」

阿嫲爲他這個承諾而感動，哽哽咽咽地哭了起來。

「你好好照顧自己，先安頓好，找個事做。有盈餘再往家寄點。我會照顧好這邊的。」

阿爺看著阿嫲流露出關切的樣子，彷彿回到了初嫁時的模樣。他對阿嫲溫柔地說了一句：「回去吧，我掙夠了錢就回來帶你們母子出去。」

到了印尼，汝蘊會祖父便介紹阿爺到爪哇的滿低拉夜（Mandilaja）的一家雜貨店當店員。

滿低拉夜是中爪哇山區的一個小鎮。除了當地土人外，只有兩三戶華人。阿爺替別人看守雜貨店，薪水低微。土人不時在夜間騷擾，搶劫貨物，阿爺夜夜提心吊膽。

一九二二年，阿爺連續遭兩次挖牆搶劫，有一點風吹草動就如驚弓之鳥。思鄉情懷如同一條擱在心窩的蟲子，把人生的樂趣全都吸走了。於是他收拾行裝，離開印尼。

阿爺回家時，大伯已經七歲。阿爺見到大兒子聰明伶俐，心裡非常高興。大伯見到父親更是開心，整天跟著他進進出出。阿嫲心疼阿爺在外闖蕩了六年，對他溫柔體貼，讓阿爺繃緊的神經日漸鬆弛。

一九二三年八月初二，我的二伯父梁祝常出生（梁氏第九十四世，梁橋第七十一世，入梅第二十二世）。長子需要進學堂，幼子嗷嗷待哺，阿爺便於一九二三年底再次收拾行囊，漂洋過海。慶常大伯在老宅門前抱著阿爺的腿，依依不捨。

阿爺回到南洋後，經同鄉推薦，在格郎干（Gelangan）找到一份店員工作。格朗干有十來戶華僑，環境優美。鎮裡的住家前後種著椰子樹、木瓜和香蕉，鎮的四周是稻田和木薯地，田野外圍則是熱帶林木山丘。阿爺在這家寂寞的山區小店咬牙堅持了五年，勤勤懇懇，省吃儉用，終於賺夠了申請阿嫲及兩個兒子到南洋的盤纏。

一九二八年，阿爺在南洋替阿嫲、大伯和二伯辦妥了到印尼的手續。一九二九年春，阿嫲收拾好簡便的行裝，把家裡的兩間房子裡裡外外打掃了一遍，關好門窗，帶著大伯慶常和二伯祝常，跟著阿爺安排好的水客梁君睦乘車乘船，越洋過海。[1]大伯那年已經十四歲，長

1 梁常：《南嶺夕照樓詩稿選——華年舊事》之八。

得很像阿嫲，一雙炯炯有神的眼睛好奇地觀察著沿途的人和事。他一想到要與父親團聚就激動不已。二伯才六歲。雖然沒有對父親的記憶，但也對父親充滿期待。

阿嫲一路暈船，大伯則一路細心照顧，阿嫲見他獨自打點大小事，別提有多欣慰了。輪船抵達印尼三寶壟，阿爺早已在碼頭等候多時。他看見阿嫲臉色蒼白，頓時心生憐愛，接過她手上的包袱，說道：「一路還好吧？是不是病了？」

阿嫲見到阿爺，悲喜交集，看到阿爺比五年前黑瘦了些，心疼不已，眼淚如泉湧出，哽咽咽地說：「我還好，一路暈船，幸好阿慶幫了不少忙，阿祝也很聽話。」

阿爺帶著母子三人坐車來到安寧的格郎干小鎮，一家人在那裡住了差不多一年。

從一八〇〇年起，爪哇成為荷蘭殖民地。十九世紀中後期經濟起飛，人口增長迅速，就業機會多，從客家來的人越來越多。客家人在外謀生，凝聚力強，互相推薦工作。一九三〇年初，阿爺阿嫲向鄉人借錢，買了一間在卡拉拍（Kraback）的雜貨店。卡拉拍是一個較大的市鎮，鎮上有幾十家華僑。最重要的是這裡有一所中華會館（T.HK）學校。阿爺阿嫲一安置好，便安排大伯和二伯入讀那所中文學校。

大伯和二伯很快適應了新的環境，兩人都迅速成為出類拔萃的模範學生。半個世紀後，二伯對卡拉拍那三年的人和事依然記憶猶新，並把記憶寫成詩，收錄在他的嶺南詩集中。

南洋氣候炎熱，卡拉拍旱季的氣溫持續高達三十多度，當地的華僑為防中暑，每天早中晚三次照頭淋三十瓢冷水，稱爲「醒湖灌頂」。鎮後山間有水潭，瀑布從山間飛流入潭，泉水清涼。二伯放學後便與同學急不可待地走到後山的水潭，跳入水潭深處，任由飛瀉而下的清涼瀑布沖灌頭頂。小夥伴們直到山色黑沉凝重時才盡興而歸。

卡拉柏的夏夜寧靜迷人，輕風吹來，椰子樹「沙沙沙」地搖曳。朦朧的月亮把碩大的椰葉投射在山路上。此時的二伯與他的伙伴們已被泉水浸泡得涼颼颼。幾人踏著月影，順著寧靜的山間小徑，走過一座小木橋。橋下的小溪流水潺潺，沿溪兩岸水稻飄香，遠處傳來若隱若現的吉他聲。二伯爲這如詩般的熱帶之夜而陶醉。五十年後，他依然難忘那浪漫的熱帶之夜，寫下了以下的詩句：

清郊小夜月玲瓏，
熱帶風情似醉中，
何處稻香飄吉打，
小橋流水響叮咚。[2]

卡拉柏鎮上有幾條主街，阿爺阿嫲經營的雜貨店位於鎮的角落。店子是一間約五十平方米的小茅屋，屋前開著一個大大的木窗，阿爺阿嫲每天清早便撐開窗子。打開的窗子後面是擦得乾乾淨淨的櫃面，阿嫲在櫃面後面忙著將油、醬、醋、糖、大米、鹽巴、茶葉、胡椒、

2 梁常：《南嶺夕照樓詩稿選——華年舊事》之十七。

煙葉、木薯及針線等各類貨品擺放在貨架上。所有商品都拆開散賣。

客人來了，阿嬤立刻親切地招呼：

「嫂子，今天起得好早，要買什麼？」

「來點鹽，來點紅麴，來點糯米。」

「看妳這開心的樣子，是家裡有喜事了吧？對了，我前幾天剛剛做了些酸菜，是用自家種的芥菜做的，味道還不錯，要不要買點回去燜豬肉？」

「嫂子走好，過幾天要是缺了什麼，就來打個招呼，我送到妳家去。」

當地的華僑基本都是客家人。阿嬤阿爺的鄉音讓他們感到親切。阿嬤自制的客家鹹酸菜、鹵水豆腐和糯米酒更是大受歡迎。這些商品不僅地道，且價廉物美，很快就成爲了他們的招牌貨。小孩們放學後也來光顧他們的雜貨店，開心地買一小塊酸菜或一小片鹹豆腐當作零食。

當地的土人也來買東西，最喜歡的便是糯米酒，另外也購買一些日常百貨。不論客人買多買少，阿嬤總是笑臉相迎。

阿爺在老家時總覺得身邊的人都不喜歡自己，因此故意擺出一副「關你什麼事」的臉孔，說話時得罪人多，稱呼人少。他那副憤世嫉俗的模樣，其實是保護自己的「刺猬皮」。來到舉目無親的印尼後，他覺得輕鬆了許多，幫襯雜貨店的客人與他的過去毫無關聯，再擺出那種憤怒的樣子，豈不是自找沒趣？

脫下了那層「刺猬皮」，阿爺不再故意找別人的茬，對阿嫲說的話也多了起來。兩人除了討論生意的事情，有時還會說說鎮上發生的小趣事。兩個兒子聰明好學，阿爺看在眼裡，臉上不由得洋溢出笑意。阿嫲看到阿爺的變化，心裡甜滋滋的，也變得更加溫柔體貼。晚飯時，阿嫲經常會溫一杯糯米酒給阿爺。雖然阿爺喝酒後依然改不了一點小性子，但阿嫲卻暗暗偏愛他微醉後那頑皮的模樣。

他們的家是雜貨店後面的棕櫚茅屋，四邊的茅帘擋不住驟來的山雨。卻讓阿爺阿嫲嘗到了家的甜蜜，甜得像熟透了的木瓜。

大伯和二伯每天放學後便像猴子般爬上屋後的木瓜樹，伸手摘下了最金黃的那顆，對開切成四份，去掉籽兒，然後高聲喊著：「阿爸阿媽，快來吃木瓜。」聽到喊聲，阿嫲的心甜透了，兩隻眼睛笑成了兩彎新月，水汪汪的裝滿了幸福，「阿慶阿祝好乖好懂事，媽就來。」阿爺喜歡看一家人知足快樂的樣子。四個人各捧著一大塊金黃色、水滴滴的木瓜，每一口都是香甜幸福。阿爺默默地想：「有個溫暖的家，有個聽話能幹的女人，不用跟不相干的人慪氣，這樣的日子還眞好。我沒有白活一回。」

一九三一年公曆六月二十六日【農曆辛未甲午壬子（五月十一日）】，我的爸爸出生了。阿爺替他取名「仰常」。也許是父母孕育他時環境順暢，心境開朗，從誕生的那刻起，爸爸的性格就安祥快樂。他的樣子是那麼甜美，人見人愛。阿嫲看著襁褓中的小兒子，心中充滿了感恩：「感謝祖宗，感謝菩薩，感謝黃母娘娘，感謝他爸，給我一個這麼完美的兒子。我這輩子就是做牛做馬，也要讓他做個好人，讀上好書，過上好日子。」

爸爸出生了兩天，阿嫲就對阿爺說：「我還是早點兒操持起雜貨店的生意吧。貨店雖小，卻五臟俱全，你一個人裡裡外外怎麼忙得過來？」

阿爺說：「兒子剛出生，你還是先坐好月子，以後忙的日子還長著呢。」

阿嫲說：「我不累，要養大三個兒子不容易，以後用錢的地方多著呢。現在有機會賺錢就多幹點兒。你會算數記賬，我不會。你買貨和盤點都比我快，我喜歡招呼客人。我們要一起合作，你做主，我配合你。我們倆都這麼勤奮，肯定能多賺點錢，多存點錢，讓幾個兒子以後多讀點兒書。」

阿爺說：「你說的話中聽。可你怎麼可以兼顧生意和這個小兒子？」

阿嫲說：「我想過了。這裡的華人都雇土人做保姆。雇一個很便宜。如果找到一個心地好的保姆，我們就可以放心做買賣了。」

阿爺覺得阿嫲說得在理，便說：「那你就著手去找個保姆。找到了保姆再回來看店。」

阿嫲說：「經常有個十五六歲的女孩來店裡買鹽，她長得眉清目秀，手腳乾淨靈活，每次來買東西都哼著歌兒。我雖然不知道她的名字，但每次見面都跟她招手。她就住在對面小林子的茅寮。我這就抱著阿仰去找她，看她願不願意做阿仰的保姆？」

阿嬤果然在小林子裡找到那女孩，正和幾個小朋友在玩耍。見阿嬤向她招手，便高興地跑過去。阿嬤指了指懷中的爸爸，小女孩頓時雙眼發亮，嘴裡嘰嘰呱呱地說了一大通。阿嬤聽不懂，但看得出她喜歡爸爸。她把爸爸遞過去，小女孩高高興興地接過來，一看姿勢，阿嬤便肯定那女孩兒帶過弟妹。她用手勢作出抱著嬰兒睡覺的樣子，嘴裡哼著當地的搖籃曲。聰明的女孩一看就明白了，她用不鹹不淡的客家話說：「保姆？」阿嬤高興地點頭說：「保姆！」小女孩歡笑著點點頭，唱著歌兒，抱著爸爸，跟著阿嬤向雜貨店走去。

那個小保姆叫婆擇。她每天清早就來到雜貨店，到傍晚關門才回家。她性格樂觀，能歌善舞，精力充沛，整天抱著爸爸到這到那，還不停地哼唱著當地的搖籃曲，「不咯阿梅，不咯阿梅……」邊唱邊隨著節拍扭動、旋轉。爸爸在她的懷抱裡跳動著，發出咯咯的笑聲。

除了喜歡唱歌以外，婆擇也很愛說話，尤其跟阿嬤特別「說」得來。她們倆對話時，一個說客家話夾雜著一兩個印尼文，一個說印尼話夾雜著一兩個客家字，卻一來一往，各說各的，有說有笑。有一次，一個客人聽見她們說話，笑得前俯後仰地說：「我遠遠看見你們說得這麼高興，還以爲你這麼短時間就學會了印尼話。走近了才知道是雞同鴨講。」

阿嬤笑著答：「我看得出婆擇眞愛我的兒子，我也愛我的兒子，所以我們心靈相通。我當然明白她說的話。她也明白我的意思。我們都在說阿仰長得眞快。」

卡拉拍的十月有一年一度的民間節日芭莎瑪藍。節日從午夜開始。原住居民在月色中打著火把，沿著山路走向山中的廟堂去祭拜神靈。當黎明的曙光透過山背投射到卡拉拍鎮上空的樹梢時，土著姑娘們戴著美麗的頭飾，穿著鮮艷多彩的曳地紗籠，載歌載舞地湧上街頭；小伙子們穿著蓋過膝蓋的裙子和白色的對襟襯衣，打著腰鼓，彈著吉他，從四面八方會集到鎮上。鎮上的主街用竹茅搭起了臨時舞台。婀娜多姿的姑娘和豪邁奔放的小伙子隨著悠揚的土風音樂在舞台上豪情縱舞。街上有叫賣各種民間食品和傳統小玩意兒的攤檔。

因爲節日的人多，阿嫲阿爺在雜貨店忙得不可開交，更要防止一些游手好閑的人趁機偷竊貨品，自然沒有機會出去看熱鬧。大伯也自願留在店裡幫忙。二伯早就沒了影兒，跟幾個同學在街上這裡看看那裡逛逛，不多久就發現了正在放映紙影戲的臨時戲院，一鑽進去就看入了迷。

婆擇那天穿上艷麗的紗籠，一清早就興高采烈地抱著爸爸，邊走邊唱地走向街心舞台。主街裡人頭湧湧，方圓幾十裡的人都來湊熱鬧，自然是人蛇混雜。突然有人拉了拉婆擇的衣袖，她扭頭一看，卻是個不認識的中年猥瑣男人，個子很矮，蛇頭鼠目。正疑惑著，忽然有人從另一邊強奪她懷裡的爸爸。竟是一個高大凶悍的婦人。婆擇登時大聲呼叫，用左手抱緊爸爸，騰出右手，出其不意地伸出五指直插那婦人的雙眼。那婦人急忙鬆手往後退。婆擇正氣凜然，紮著馬步，雙手緊抱爸爸，嘴裡劈劈啪啪地用土話大聲責罵。凶悍婦人與猥瑣小男人見勢不妙落荒而逃。婆擇看著他們狼狽的樣子，哈哈大笑。隨後繼續欣賞街心舞台的歌舞。

婆擇帶爸爸回家後沒有向阿爺阿嫲提起那事。雜貨店的一個熟客剛好看到了那驚險的一幕。過了幾天後她去雜貨店買貨時問阿嫲：「有沒有人告訴你，芭莎瑪藍節那天，要不是你的小保姆鎮定機靈勇敢，你們的小兒子肯定會被兩個凶神惡煞的男女搶去了。」

阿嫲愕然地問：「怎麼回事？我們什麼都不知道。」

那個客人便把她看到的一五一十告訴阿嫲。阿嫲聽完後立刻燒香還神，把所有能記得起的祖宗神靈聖人都感謝了一遍。那天雜貨店關門後，阿嫲遞了一包土著人喜歡的各式雜物給婆擇。婆擇給了爸爸一個濕濕的吻，高高興興地一路唱著回家。阿嫲從此對婆擇更加信任。

印尼與中國遠隔重洋，那裡的華僑卻與祖國心心相連。九一八事件傳到卡拉拍，當地華僑群情激憤。鎮裡的大商號梁迅伯有一台收音機。他每天密切關注有關日本侵華的資訊，並第一時間把那些資訊印成快訊，發放給鎮裡的華僑。當他收聽中文廣播時，他把聲量調到最高。大伯和二伯跟其他的青年華僑一聽到他的收音機響起便都聚到他的商號那裡，希望能早日聽到抗日捷報。

大伯和二伯就讀的中華會館學校也對日本的侵華戰事非常關注，並抓緊機會對學生們進行愛國教育。二伯已經八歲。他的班主任叫梁益三老師。九一八消息傳來的那天，梁老師沒有像平時那樣叫同學們背課文。他嚴肅地走到講壇，深情地凝視著學生，然後一言不發，轉身在黑板上用粉筆畫了一片秋海棠葉子，再在那葉子上畫了很多黑點。他畫完後轉過身，以沉重的聲音問：「同學們，你們知道這片秋海棠葉子代表什麼嗎？」

學生們都疑惑地搖搖頭。

梁老師說：「這是我們的祖國。中國的版圖很像這片葉子。它有五千多年的文明，有肥沃的土地，有仁慈善良、愛好和平的人民。從清朝末年，政府腐敗無能，世界列強侵略我們的國土，殺戮國民，搶奪財富。你們看看這片秋海棠葉子上大人小小的黑斑。這是在一八九五年甲午戰爭後割讓給日本鬼子的台灣。這是一八四二年《南京條約》割讓給英國的香港。這是一八八七年成爲葡萄牙殖民地的澳門。這是在一八九八年至第一次世界大戰期間被德國搶佔的膠州灣。這是一八六〇年被俄國強佔的海參崴。還有每個沿海城市的租界區。看啊，我們的大好江山竟被這些虎視眈眈的侵略者蠶食得支離破碎！倭寇日本早就對我們的大好河山垂涎三尺。他們在九月十八日突然起兵佔領了東北三省。同學們，我們不能做亡國奴。國家興亡，匹夫有責。你們成長後一定要負起責任，爲建立一個強大的祖國做出貢獻。」

隨之而來是全鎮華人的抵制日貨行動。大伯那天一回家就認眞地對阿爺說：「爸，所有華人都已行動起來，抵制日貨。我們也不能落後，我們要把店裡的所有日貨都砸了。」阿爺一瞪眼睛，「我們這鋪子從來沒有買過日貨。我們買不起。」大伯又去問阿嫲，「媽，我們這店子裡有沒有日貨？」阿嫲笑著回答，「我們抵制日貨。一點日貨都沒有。」大伯高興地抱起三個月的爸爸，把他高高舉起，「仰弟，我們抵制日貨。一點日貨都沒有。」爸爸的小腿一蹬一蹬，尿水披瀝啪啦地撒到大伯的頭上和臉上。阿嫲笑得腰都直不起來。阿爺也忍不住「哈哈」大笑，露出兩排整齊的牙齒。大伯連聲說：「尿得好！尿得好！仰弟給日本鬼子撒一泡尿。」

當晚，夜幕降臨，一群小孩子偷偷地走到鎮裡最大的日貨店的前面，撿起一塊塊石頭砸貨店的窗門。日貨店的燈一開，那群小孩便跑得無影無蹤。第二天吃飯的時候，大伯興奮地說：「爸，媽，日貨店昨晚被人砸了。」阿嫲掃了大伯和二伯一眼，嚴肅地說：「你們可不能幹傷天害理的事。他們只是生意人，都不容易。我們要講良心。」二伯低著頭，臉上滾燙通紅，轉過身向躺在搖籃裡的爸爸伸伸舌頭，扮了個鬼臉。

阿爺和阿嫲兩人合力經營的雜貨店逐漸走上軌道。終於把借債還清了。阿嫲很會迎合客人的心，很多客人都有事沒事地走來跟她聊東聊西，慢慢就成了熟客。雜貨店經營的貨品種類也越來越多。阿爺心裡很高興，把掌櫃的角色放心讓給阿嫲，自己負責進貨，盤點和記賬。生意雖然比以前擴大了，阿嫲卻幹得越來越得心應手。阿爺有時候可以忙裡偷閑，不由自主地走進鎮上的一家小賭館下一兩注小賭。

阿嫲跟阿爺不同，雖然經濟狀況有點好轉，她卻有很強的危機感，總是害怕好日子不長久。她擔心萬一有什麼突發事情，眼前的幸福便會竹籃打水一場空。一天，她從客人那裡知道阿爺去賭，不禁又難過又失望。那天晚上，她婉轉地勸說：「你不要去跟那些游手好閑的人去賭。所有賭檔都昧著良心坑人。我們辛辛苦苦賺幾個錢不容易，三個孩子還小，萬一有什麼三長兩短，用錢的地方可多了。」

阿爺不高興地說：「你盡說不吉利的話。我們的生意會越來越好，掙的錢會越來越多。我也不是天天去賭，只是偶爾去消遣消遣。當初要不是我省吃儉用賺下你們的水費，你還過不上這好日子呢。不能總是省省省。賺了錢就要花得開心。如果連一點小賭都做不得，日子還有什麼樂趣？」

阿嫲心想：他現在已經不錯，比起在老家時不知強多少倍。我要是硬要阻攔他，勾起他的倔脾氣，豈不是自作自受？還是息事寧人爲好。既然他放手讓我當掌櫃，我何必跟他斤斤計較？他在店裡時對錢銀看得很緊。我何不趁他出去收起點應急錢？

她從此在收錢櫃台下放了一個鹹菜缸。阿爺出門時，便偷偷放一點碎錢進去。每次阿爺出門，阿嫲假裝沒事兒一樣，不聞不問。阿爺看阿嫲不再對他說這說那，心裡覺得僥倖。有時他回家時一臉不高興，阿嫲就知道他輸了錢。他輸了錢時心虛，會故意無理取鬧，「今天怎麼就賣得這麼點錢？十個老婆九個賊，你是不是背著我收私房錢了？」

阿嫲淡定地說：「都一個鍋子吃飯那麼久了，我是怎樣的人你還不知道？我這顆心都撲在這個家，這個家好我就高興。收私房錢幹什麼？」

有時阿爺贏了幾個小錢，回到家有點飄飄然，忍俊不禁地自言自語，「今天手氣不錯，可能時來運轉，要發了。」

阿嫲趁他的心情好，便說：「十賭九輸。你見過誰是靠賭發家的？少去那裡吧。」

阿爺的心情正好，只說一句「女人之見，我不和你計較」。

有一次，阿爺輸光了。回家後一臉怒氣地拉開錢櫃。那裡的錢了了無幾。他瞪著眼說：「你現在是怎麼做生意的？這半天就賣這麼點兒？不可能！你肯定在偷我的錢。我得搜，要是讓我搜出來了，看我把你休了。」他在櫃台上下亂翻。突然他看到了櫃台下的鹹菜缸，於是彎下腰，正要伸手打開蓋。

阿嫲急中生智，「哐啷」一聲拉開錢櫃，「唰」地抓起了在櫃子裡的所有的錢，正氣凜然地說：「你賭輸了也不必對我疑神疑鬼。今天客人少，我也沒辦法。我早就勸你不要去賭。我們一家大小五口，爲了謀生飄洋過海。哪裡輸得起？你眞要賭，我就跟你賭上一盤。你把今天的進賬全部拿去，你要是輸了，以後別再踏進賭館。」

阿爺沒想到阿嫲有這麼一招，愣了好一會兒才反應過來。「好啊好啊。讓你掌幾天櫃就敢拿著雞毛當令箭？你敢小看我？以爲我不敢跟你賭？你有你的巾幗英氣，我有我的男兒豪氣。這是你給我的賭本。好，我就去賭個痛快。」

阿爺拿了錢揚長而去。阿嫲站在空空的錢櫃前，心裡既懊悔又慶幸。懊惱的是自己竟把阿爺激將回賭場。慶幸的是阿爺沒有發現她的應急錢。

阿爺忿忿然地折回賭館。賭館的老板問：「你不是剛剛賭光了嗎？」阿爺大聲地說：「我婆娘給我的回本錢，非贏番大的不可！」他把所有手上的錢「啪」的一聲放到賭桌上，「全押進去，來罷！」說來有點不可思議，阿爺那一次竟然大贏特贏。他邊把贏到的錢放進口袋，邊說：「我婆娘斷定我輸，我這就回家問她誰輸誰贏。」

賭館的老板趕緊拿來一大缸酒說：「玩得正高興，別忙著走。先喝兩杯賀酒。你今天贏了個滿堂紅。我從來沒見過有客人下一注就贏那麼多。你可真是個賭爺啊。」

阿爺一口氣喝了兩大碗酒。賭館的老板再遞來一碗說：「賭爺，再喝上一碗。喝完以後再下幾注，包你一夜大富大貴。」

喝完第三碗酒，阿爺全身發熱亢奮，嘴裡哼著不知什麽時候學來的調子，站起來一腳踢開凳子說：「你叫我賭我就賭啊？那不是很沒面子？你無非想我把贏到的錢都輸回去。我偏不上你的當！今天賭夠了，我要讓全鎮子的人都知道我大贏。」

他紅光滿面，大搖大擺地走出賭館，走進鎮子裡最大的百貨店，買了套連襯衣和領帶的白色西裝。當著店裡所有的客人和伙計，他手腳麻利地脫下了身上所有衣服。百貨店的老闆急忙一手拿起一條在陳列架上的大紅絨毛毯高高地舉起來遮住阿爺。阿爺穿上新衣，哈哈大笑：「這才配得上賭爺的稱號。老板，你剛才舉起的那條絨毛毯很惹眼，有沒有一條比它更大更紅的？」

「沒有。我擔保這是全鎮子最大最紅的絨毛毯。」

「好！我就要它了！」

百貨店的旁邊是一間專營紅白喜事的店鋪。阿爺穿著嶄新的禮服，手拿著那條鮮紅的毛毯，得意洋洋走進店裡。

「我要辦喜事。」

老板娘問：「什麼喜事？」

「我今天在賭館贏了個滿堂紅！晉身爲賭爺！」

「恭喜了，眞是件大喜事！賭爺您想什麼時候辦這喜事？」

「立刻就辦。」

「賭爺您要怎麼辦？」

「給我一頂最大的轎子，兩個嗩吶手，一個鼓手，兩個童子！」

不到半個時辰，轎子、嗩吶手、鼓手和童子全到了。阿爺吩咐把紅毯鋪在轎子上，然後坐上紅轎子，威風凜凜地發號司令：「鼓手在前面擊鼓帶路。嗩吶手在轎子前面。兩個童子沿路跑前跑後高喊，『賭爺到！』聽明白了就出發！先朝我的雜貨店走去。」

阿爺的隊列吸引了不少看熱鬧的人，小孩和閑人紛紛加入。一行人熙熙攘攘地走到雜貨店門前。阿嫲聽到鼓聲、嗩吶聲、喧鬧聲、還有「賭爺到！」的叫喊聲，走出店門看個究竟。阿爺一見她便走下轎子，并向前拉著她的手，用戲曲腔調說：「娘子有禮。你給的錢，我大贏了。你的手氣眞好。來來來，快快隨我把臂同游。夫妻一場，有福同享，才算對得起你。」

阿嫲見阿爺大醉，不知發生了什麼事。慌忙拉著阿爺往店裡走。阿爺醉醺醺地說：「不要拉我進屋。今時不同往日，我贏了個滿堂紅，總算可以揚眉吐氣做一次老爺。你要給我面子，陪我坐一趟這大紅轎子。」

阿嫲阿爺僵持著。阿嫲要扯阿爺進屋，阿爺要扯阿嫲上轎。看熱鬧的人捧腹大笑。阿嫲擔心閑人越聚越多，笑話越鬧越大，只好關了店門，跟著阿爺上了轎子。阿爺以勝利者的姿勢揮揮手說：「打鼓奏樂，童子帶路，到主街走個來回。」

阿爺沿路興高采烈，得意洋洋。阿嫲卻如坐針氈。她後悔爲應一時之急把阿爺激將回賭館。然而她是勇敢的，她強迫自己挺直胸膛，眼睛堅定地凝視前方。

巡遊回到家，阿嫲把依然醉得手舞足蹈的阿爺安置到床上。阿爺拉著阿嫲的手說：「今天是我這一輩子最痛快的一天。這都虧了你的好手氣。我從今天起戒賭，免得敗壞了『賭爺』的英名。我今天眞高興呀！」話音剛落，便沉沉睡去。

阿嫲不知道阿爺那天贏了多少錢，又花了多少錢。沉睡的他微張著嘴，打著鼾，無憂無慮。阿嫲嘆一口氣，輕輕地解開他的錢袋，裡面空空如也。阿爺一霎那的輝煌留下了那條鮮紅的毛毯和一套白禮服。阿嫲把紅毛毯帶回鄉。爸爸離開梅縣時，阿嫲把毛毯交給他。那條毛毯伴著我成長。待我離開中國時，毛毯雖然被蟲蛀咬嚼得千蒼百孔，卻依然鮮紅如燃燒的火。

印尼的雨季，午時陽光普照，驟然風起雲湧，一間間棕櫚茅房在風雨中顫抖飄搖。驟來的風雨橫衝直撞，扭曲了一家人剛上正軌的人生跑道。

賭贏錢幾天後，一個寧靜的夜晚，他們經過整天勞累，進入了甜蜜的夢鄉。一覺醒來，發現土人在他們沉睡時從外面挖牆進入雜貨店，將值錢的貨物洗劫一光。阿嫲對著滿地狼籍的店面流淚不止。阿爺在一旁抽悶煙，偶爾發出幾聲唉嘆。那是一九三二年十二月底，年關在即。

一九三三年的新年，全家人圍坐著嘆息，屋裡的氣氛沉重得像凝結的冰。蒼蠅在嗡嗡嗡地飛來飛去。二伯最後忍不住了：「阿爸阿媽，你們不要不說話呀。」

大伯接口說：「阿爸阿媽，你們不要難過，我們重新開始，我已經長大了，能幫得上忙。我可以到外面找一份工去幫補你們。」

阿嫲說：「我們存下來的錢可能夠買齊所需的貨物。剛來的時候也是一無所有，還欠了鄉親的債。我們用不到三年的時間還清了債，還積了一點盈餘。現在阿慶也大了，多了一個幫手。我們能重新開始。」

阿爺不耐煩地說：「你懂個屁！你知道「驚」和「怕」兩字怎麼寫？這不是有沒有能力的問題。我在滿低拉夜看店時遭遇了兩次土人的挖牆搶劫。你以為他們得手一次就不再來騷擾你嗎？你要是重頭來過，他們就會再來。我們這次睡得沉沉的，算是前世積了福。有的人驚醒過來，跟那些劫匪爭拼，結果被活活捅死。你不怕死嗎？你願意每天又驚又怕地過日子嗎」？

阿嫲緩緩地搖了搖頭，嘆了口氣說：「我們辛辛苦苦才存下這麼一點錢。要是我們四個人一同回鄉，支付了水費，便所剩無幾。我們在鄉下沒有田，回去以後一家四口怎麼活？活不下去還是要再出來。」

二伯認眞地說：「我們不要走。我以後什麼零錢都不要，在學校認眞讀書，回到家幫忙做家務和照顧弟弟。你們大人怎麼一碰到困難就想著走？小孩子都知道在哪裡跌倒了就在哪裡爬起來。我哪裡也不去，」

阿爺擺擺手說：「什麼時候才輪到你來教訓父母？」

阿嫲急忙支使大伯和二伯去睡覺。

阿爺、阿嫲做出一個折衷的選擇：阿嫲帶著二伯和爸爸先回梅縣。回鄉後有三個任務等著她：一是買一點田地以解決溫飽問題。二是幫二伯找一間好學校讓他接受正宗的中華文化教育。三是幫大伯物色一個合適的媳婦。阿爺與大伯則在印尼多留兩年，兩人都出去打工，力求賺多點錢。兩年後阿爺准時帶大伯回梅縣娶媳婦。

二伯抗議哭鬧了幾天，卻無濟於事。誰也改變不了阿爺的決定。回國的日子定了。全家到照相館照了一張全家福。阿爺那套在賭贏了錢時買來的禮服派上了用場。阿爺穿上外套，大伯則穿上襯衫，背心和褲子。全家人站在一起，照相師滿臉笑容地說：「好，笑一笑。」全家五口卻笑不出來，個個繃緊臉。一歲半的爸爸也彷彿受他們的情緒感染，緊緊地抿著他的小嘴。

大伯從來沒有離開過阿嫲，特別傷心，但又怕阿嫲放心不下，便裝出很成熟的樣子。照完了全家幅後，他問阿爺把那件西裝也要了來穿上，抱起爸爸，特別要求照相師另照一張他和阿嫲和二弟、三弟的。相片上的他身穿白色西裝，打著領帶，梳得整齊的頭髮抹上髮油，顯得高大英俊。

一九三三年二月，阿爺和大伯送阿嫲、二伯及爸爸到巴城。阿嫲背著爸爸。阿爺阿嫲和大伯強忍著淚。二伯哭得哽哽咽咽。大伯怕爸媽太傷心，彎腰對二伯說：「二弟不要哭，我們一家很快就會團聚。」

1933 年三兄弟與母親在印尼

爸爸與阿嫲

二伯抽泣著說：「大哥，我也不想哭，但是我的心很痛啊。好像被刀子捅了幾下，把心給掏空了。」

這話一出，全家人抱頭人哭。阿嫲三人步步爲艱地登上了荷蘭芝莎丹尼號油輪。揮手之間，油輪徐徐離港，二伯抱著阿嫲的腰，泣不成聲。爸爸在阿嫲的背上甜甜地睡著，完全沒有理會到人世間竟有生離死別之痛。

阿嫲帶著兩個兒子回到家，封塵的房子見了光。日子沿著四年前的斷裂層，再過下去。

第四章：搖籃曲（一九三三年—一九三六年）

此章記錄父親五歲前的梅縣舊事。栩栩如生的記憶包括成長的老宅，村莊，族人之間的首望相助。仲夏夜門樓下的故事，勞動和收獲的歡樂，肥料與種植，與小豬分離的痛，墟市的喧嘩，糯米酒的芳香，年初二跟祖母回娘家，外公外婆家的菊花軟糖。命運的推手使祖父從南洋回鄉不久便再度背井離鄉。

問：「你小時候住什麼樣的房子？」

答：「住在太公英承公蓋下的那棟老屋。那棟樓用黃泥石灰和糯米做牆，堅固無比。我住在那兒的時候，老屋已建了一百多年，雖然鋪上了厚厚的塵垢，牆身卻毫無披損。」

問：「那房子大嗎？」

答：「小時候覺得很大。那時候有十二戶人家住在那裡，都是英承公的後人。未成年的男丁就有十八人。我在那群男孩子中輩分很高。有幾個比我年齡大的都要叫我『阿叔』。」

問：「你最早的記憶從什麼時候開始？」

答：「我對小時候的一草一木都記憶尤新，歷歷在目。好像連嬰兒時的事情都記得住。也可能是後來把阿嫲講的融入自己的記憶裡。」

問：「你小時候穿什麼樣的衣服？」

答：「不論冬天或夏天我都只有兩套替換的衣服。都是二伯或我的堂兄穿過的，補了又補。阿嫲一年忙到頭，紡紗織布的時間不多。二伯是家中長子，又要上學，所以阿嫲每年替他做一套新衣。我在離鄉前從來沒有穿過鞋子。春夏秋冬都打赤腳。」

問：「你小時吃什麼樣的食物？」

答：「每天都吃粥拌青菜或鹹菜。每年只有十一天能吃上飯和肉。那是年三十、年初一、初二、初三、初四、初五、正月十四、十五和十六、五月的端午節和七月十四盂蘭節。」

爸爸於一九三三年初跟隨阿嫲回到梅縣的上羅衣村。在老屋一住就是十七年。老宅那時住著十二戶英承公的後人。成年男人都出了南洋，留守老家的是婦女和兒童。那間古老的屋子和環繞上羅衣村的田園山水是爸爸成長的搖籃。

上羅衣村坐落在梅縣的東北部，東邊與廣東豐順的山區交界。南邊是羅田徑，西邊是梅江河，北邊爲小蜜、大蜜，直至梅縣縣城。上羅衣因羅衣溪命名。羅衣溪源頭在雙門路的山澗，向西北方流下，在下羅衣匯入梅江河。上羅衣村很大，橫跨差不多二十公里。但是山多林密，人煙稀少。解放前的人口只有兩千左右。

那時，村裡共有十四個姓氏。按人口排列，梁、林、劉、吳、邱、黃、鄭、徐、陳、凌、翁、溫、葉、鐘、田。梁姓又分爲十一個門戶。分別爲鴨下梁宅，坪上梁宅，上屋梁宅，伯公路下梁宅，凹背梁宅，凹上梁宅，茶山牌梁宅，崩澗梁宅，陳公坪梁宅，雙門路梁宅及排子梁宅。英承太公傳下的是鴨下梁宅，是全村最人丁興旺的一房人。

太公建的三堂四橫的老屋是典型的客家土木結構，用黃泥、石灰、糯米飯、卵石和沙夯實做牆。整幢建築佔地大約一千多平方米。

屋子坐北向南，由四棟相連的樓房組成。整幢樓從屋基到屋脊超過八米高。一樓和二樓由三十公分厚的杉木板隔開。從一樓往上看是平整的杉木天花板。每塊杉木咬合切接整齊。從二樓向上看，可看見杉木架上鋪青瓦的房頂。所有連著側牆或後牆的房子都在近天花板的高處開著向外的小木窗，大約三十釐米寬，五十釐米高。從外面看去，木框小窗宛如城堡上的瞭望口。

老屋的門樓在二棟樓與三棟樓之間，由黃崗石砌成，大概二點二米高，二米寬，人門是兩扇杉木門，大約十五公分厚。這兩扇門飽經風吹雨打太陽曬，褪盡原來的顏色。兩扇門上貼著守門神，一個是尉遲恭，一個是秦叔寶。

梁氏老屋

祖屋的天井和暗渠，承載著光影流轉與歲月痕跡

新年期間或遇上紅白喜事，門樓兩邊高高挂起用桐子油上了一層漆的燈籠。春節期間挂的是白底燈籠，燈籠的前後用朱砂寫著兩個梁字。辦喜事時挂的是喜字紅燈籠。辦喪事挂的是白燈籠，燈籠前面一個黑色的梁字，後面

爲死者的壽命。

門樓外是一個佔地一千多平方米的地堂，陽光燦爛的日子晒著各式農作物。

老屋一棟與二棟樓之間和三棟與四棟樓之間都有一個小天井。二棟與三棟之間有一個大天井。天井比樓房的地面低三十公分。大天井長六米，寬三米。兩個小天井六米長，兩米寬。天井的前後左右都是敞開的廳。所有房子都有朝著天井的內窗，大約九十釐米寬，六十釐米高。夏天太陽落山後，敞開大門，清爽的山風從門樓和天井的上空吹來，再隨著窗戶飄進每個房子。下雨天，雨水滴滴嗒嗒地落在屋頂上和天井上。屋頂上的雨水又從屋檐沖瀉到天井，匯入天井的暗渠入口，汩汩流入稻田。

2014 年回鄉時老屋已非常殘舊

門樓與大天井之間是一塊用黃泥石灰沙鋪成的空地，全年兜正南風。

從門樓穿過大天井是大廳。廳內擺放著神龕枱。神龕枱上擺著祖先的牌位。

客家人的天井和大廳擺設深受《易經》的影響，

老屋二層的房頂已被白蟻侵佔

大有玄機。代表了太極乾坤和天地人和的關係。天井通天，代表著剛健恆久。祖宗的牌位代表人類的仁義愛。土地伯公是地，代表著柔順和包容。

老人告訴後人：「我們要拜天拜地拜祖先。天是萬物之父。天用風雲、雷火、雨澤去表現它的喜怒哀樂。要在天井的四角點長香。天也是太陽，萬物生長靠太陽。人類不能沒有太陽。每逢農曆三月十九日的太陽公生日，婦人要在天井外的門樓擺上供桌，插上寫在紅紙上的太陽神位，擺上茶酒和植物果實，焚香，請太陽神保佑全年風調雨順，五穀豐登。」

「要敬畏祖先，不要冒犯他們。每年初一、十五和他們的生辰忌日，要在祖先的牌位前點香叩拜。感謝他們創下的家業，祈求他們的在天之靈保佑後代。」

「地爲萬物之母。寸土寸金。沒有了土地的奉獻，山水的滋潤，人類就無以生存。神龕枱下敬奉著土地伯公的香火必須長年不絕，要祈求土地伯公不要因我們的冒犯而大發雷霆。」

大天井右邊是上廳，左邊是下廳，都是五米寬，四米深。上廳掛著一幅英承公的巨幅畫像。畫像前有一塊鑲在木架上的風景石。這塊天然的大理石顯現出清晰的黑石紋，宛然是一幅天然的山水風景圖。上廳還放著三張正方形的八仙枱，其中的一張是爸爸一家的，是他們吃飯、做家務、做功課和應酬客人的地方。上廳的一角還有兩個磨穀的穀礱。

下廳放了四張八仙枱。在後牆的中央放著房屋入伙時英承公買來的那個一米多高的乾隆青花瓷花瓶。花瓶的兩邊依然挂著一對紅紙黑字的對聯，那紅紙和黑字的顏色已脫落了七七八八，那對聯依然是：

九霄日暖江山麗

萬國春回草木榮

根據時間推測，想必已不是英承公新居入伙時的那一副對聯。

大廳、上廳和下廳與大天井相連處都沒有牆，是開放式的。從三個廳都可以看見大天井。那裡有幾個淺紫色的圓形大花缸，種著桂花，繡球，帶刺海棠，萬年青及日日新。

梁氏老宅的樓下除了三個廳外，還有十二間睡房，兩間浴室，四個廚房。樓上有八間房及很多閑置的空間及長廊。爸爸剛回鄉時跟阿嫲住在最東邊的那棟樓的其中一間房。二伯另住一個單間。

炎炎夏日，逼人的暑氣積聚在房裡。太陽西沉後，大門敞開，清涼的山風順著南大門直入天井。吃過晚飯，各人拿一張小凳來到清風陣陣的地堂乘涼。阿嫲跟所有的阿婆阿嬸阿姑阿嫂一樣，借著淡淡的月色，一邊做針線，一邊有上半句沒下半句地聊天，話題大都與在南

我在古舊的祖屋門樓前

洋的男人有關。

「阿壽嫂，聽說你男人剛寄了封信回來。南洋那邊還好嗎？」

「還好，他跟阿慶都找到了工，還算托賴。你男人在那邊好不好？」

爸爸在阿嫲的前後左右爬爬坐坐，累了就伏著阿嫲大腿睡一陣子。待長大了點，他喜歡聽年長的青伯婆講故事。據說青伯婆的丈夫是個做生意的，她年輕時隨著丈夫走南闖北，見識很廣。

青伯婆那時已經九十出頭，一個人住在祖屋。爸爸不知道她有沒有自己的子女，只知道她很喜歡小孩子，喜歡講精靈古怪的故事。她講故事時中氣十足，有聲有色。

爸爸最喜歡聽的是「老虎者」。故事與西方的「LITTLE RED RIDINGHOOD」（小紅帽）大致相同。

青伯婆問：「阿仰今天要聽什麼故事？」

爸爸回答：「老虎者。」

青伯婆便一拍大腿說：「好，我們就說老虎者。」

「一個很冷的冬天，所有動物都躲在洞裡不出門。一隻老虎精整整三七二十一天沒有吃東西，餓壞了。你猜它二十一天前吃了什麼？」

「吃了那個隔山的阿婆。」

「阿仰記性眞好。那個阿婆很胖，是不是？」

「不是，她像你那麼瘦。」

「對了！那個阿婆就跟我青伯婆一樣又老又瘦，全身的肉都像牛皮一樣韌。老虎精吃了以後牙痛了十幾二十天。牙痛好了，老虎精突然覺得肚子餓得咕咕叫。成了精的老虎會說人話，會變人形。於是，老虎精搖身變成被它吃了的阿婆，穿上阿婆的衣服，扛起阿婆的鋤頭，一跛一跛地從近山的一邊走向近村的一邊。老虎精遠遠地看到四個耕田人在田裡，正要繞到田的另一邊。正好一個小男孩遠遠地從田壩上走過。這個小男孩跟阿仰年齡差不多，樣子也長得像他，大大的眼睛，圓鼓鼓的雙頰。更巧的是，他的名字也叫阿仰。老虎精一見阿仰就兩眼發光。阿仰聞起來又香又甜，老虎精的口水好像從一個蹦口碗裡流出來。它恨不得立刻撲上去一口吃掉阿仰，但又忌怕那幾個在田裡的耕田人。於是它夾著鼻子用尖尖的鼻音問：

『阿仔，你去哪？』

小男孩答『我去外婆家』。

『哎喲，我不就是你的外婆嗎？』

阿仰看了看老虎精，搖搖頭說『不對，我外婆臉上有顆痣。你不是我的外婆』。

老虎精彎腰撿起一粒泥巴，把泥巴貼在臉頰，對小男孩說：『看清楚嘍，我臉上的不正好有一顆痣嗎？』

阿仰人雖小卻眼睛雪亮，他說：『那不是痣，是一塊泥巴。』

『你這麼遠，怎麼看得清？來，走近點再看看。我有一個大番薯，過來拿給你媽。』

你們說阿仰有沒有走近老虎？」

「沒有。」

「對了，阿仰才沒有老虎精那麼笨。他大聲地說：『你騙人，這塊不是番薯地，怎麼會有番薯？』

老虎精見阿仰不上當，一下子狗急跳牆，原形畢露。它張開血盤大嘴，豎起如鋼鞭的尾巴，前爪一按，後爪往後一推，煞那間躍跳到半空。

阿仰拔腿跳下田埂，向附近的農夫跑去，邊跑邊喊：『老虎來了。』

那四個農夫聞聲拿起鋤頭向老虎精包抄過去。兩個在前頭打，兩個在後面堵。老虎精被趕進水田，四腳陷入泥濘。跳不起來，跑不動，在原地又撲又咬又跳又嗥。四個農夫揮舞鋤頭，把老虎精打死在田裡。

農夫們把死老虎抬回村子。阿仰走在農夫們的前面，一路高喊：『打死老虎精嘍！』那天，村裡的每戶人都嘗到了老虎肉。」

聽故事的小孩子個個拍起手掌，齊聲請求：「青伯婆，再講一個。」

青伯婆說：「多了不好消化。明天再講一個放屁精的故事。」

從印尼回鄉後，阿嫲陸續買了一些兩年按揭的田地。除了在水田裡種水稻，在旱田裡種番薯花生，她還沿著田基山邊種滿了蔬菜。品種隨季節轉換：春天種芥菜、春豆、荷蘭豆、蘿蔔、生菜。夏天種通心菜、白瓜、黃瓜、豆角。秋天種白菜、矮瓜，蘿蔔。冬天種沙葛、蒜苗、芋頭和芹菜。

出田的時候，她有時把爸爸留給老宅裡的老人，有時乾脆把他帶上。春夏秋冬，星移日轉，阿嫲要幹的活也隨著季節轉換。或犁田，或播種，或插秧，或耘田，或收割。她用背帶鬆鬆地把爸爸綁在樹幹，讓他在地下跟泥巴和螞蟻玩。爸爸玩累了，便在樹下甜甜地睡一覺。到了三四歲，爸爸興致勃勃跟在阿嫲身後，做一些力所能及的事。

每天清晨爸爸睜開眼睛就問：「阿媽，我們今天做什麼活？」

阿嫲說：「阿仰又勤勞又會疼媽，阿媽好高興哦。」

爸爸就這樣從小接觸到耕種和各種家務。

施肥是種植業中很辛苦但很關鍵的一個環節。每戶人家都在離房子不太遠的地方搭一糞間，專門用來漚乾肥，用做種植的基肥。阿嫲每天把所有牲畜的糞便和豬牛拉過屎尿的草放進糞間。爐灶的火灰也每天扒出來拿到糞間，薄薄地撒一層。這樣一天天地疊漚著。

立春前，阿嫲把漚爛的乾肥撒到田地，趕牛把土地粗耕一遍。立春以後，阿嫲在地裡按一定的距離打小坑，在每個小坑的底部放一層乾肥，再放番薯苗，蓋上土。雨水一來，番薯茁茁壯成長。

客家人的廁所是有機肥的另一個來源。建一個廁所要先在地上挖一個高一米五，長和寬各兩米的坑。用厚厚一層石灰沙鋪在坑底夯實做底。然後從坑底的四邊向上用黃泥石灰砌土牆，一直砌到超過地面。坑底和坑牆烘乾後在前後的土牆中間平行放兩條厚杉木板，再從地面往上加高兩邊和後面的牆。在正面鑲上門框和木板門。廁所大概兩米高。用木角和瓦做頂。

廁所蓋好後往坑裡倒進一米深的水。如廁時，人踩在兩條杉木板上，大小便就掉到了下面的水坑。大便以後用草木抹抹，也丟進坑裡。老屋的人輪流用木桶盛出糞水澆灌莊稼。掏糞後再往坑裡加水至一米深。阿嫲一次在掏糞時把爸爸背在肩上。爸爸說：「很臭。」

阿嫲對他說：「不要怕臭。菜穀沒有肥料不壯，人畜沒有菜穀不活。人畜的屎尿化成肥料滋潤菜穀。從古到今都是一樣。缺了哪一樣都不行。」

爸爸最喜歡的農活是在農曆九月收番薯。一大清早，他跟著阿嫲到牛棚裡解開牽牛的繩子。牛便老實巴交地跟著走到番薯地。牛在前面拉著犁耙，阿嫲在後扶著控制方向。眨眼功夫，一條筆直的泥溝就出現了。一隻隻大小不一的紅番薯露出掀開的土。爸爸興致勃勃地把番薯撿進籮筐上。每裝滿了一籮筐便高興地說：「媽，又裝滿了一筐！」

回家後，一筐筐剛收獲的番薯並排放到樓上的雜物間，蓋上乾草灰。

爸爸說：「我現在就想吃。」

阿嫲說：「番薯要放十天八天後才特別香甜。」

入冬以後，一家四口就以番薯維生。在冬天裡吃熱騰騰的番薯，冰冷的手燙得熱烘烘。爸爸乾瘦的小臉蛋會在吃番薯的那幾個月漸漸胖起來，白裡透紅。

阿嫲每年養一頭豬。豬吃的是豆腐渣、米衣米糠、洗米水、番薯藤、乾達菜、田邊的野草和人嚼不動的老菜葉菜根。爸爸自小看著阿嫲照料小豬。每十天八天就把積存起來的豬食配料放進大鍋煮三個小時，再把熬得稀爛的飼料倒進一個大瓦缸，每天早晚按量用勺子舀進豬槽裡。豬便甩動著彎彎的小尾巴，嘴和鼻孔都拱進食槽大口大口地吞食，直到堵住喉嚨，才捨得把頭伸上來吸口氣。

豬一邊吃，阿嫲一邊快手快腳地把沾滿豬糞的乾草從豬圈挑到糞間，爸爸從旁邊的小草房抱來乾草，堆成一個小草堆。豬吃飽了，便躺在草堆打滾，撒一陣子的歡，拉一泡屎尿，然後跑到豬圈另一頭乾爽的地面，呼呼嚕嚕地睡半天。小豬呼嚕大睡時，爸爸總忍不住走過去抱抱它，小豬暖暖軟軟，一起一伏均勻地呼吸。

一頭豬仔九個月就長到八十多公斤，阿嫲便請人來宰殺。殺豬前一天爸爸很傷心。他抱著大胖豬不放手，傷心地哭。阿嫲邊擦他的淚，邊輕柔地說：「豬長太大就賣不到好價錢。我們賣了豬肉可以換點錢。你二哥讀書要錢用。阿仰以後讀書也要錢用。等到下個墟日，我和你一起去長沙墟買另一頭可愛的小豬。好不好？」

爸爸擦擦眼淚問：「那頭小豬跟這頭一樣可愛嗎？」

阿嫲點頭說：「對，我們去挑一頭可愛的小花豬。」

上門殺豬的人把整隻豬身都買走，只留下豬血，豬大腸，豬油膏和豬肚。阿嫲把豬雜切細放進鍋裡加鹽加水煮熟成一大鍋。豬血用另一個鍋煮熟再切成小方塊。煮熟的豬雜和豬血混在一起。老宅裡的十二戶人家各得一碗。剩下的多加點鹽放進罐子，慢慢吃。豬油膏炸了油，每天用筷子頭挑一點煮青菜。

過了幾天，阿嫲果眞帶著爸爸去長沙墟買小豬。爸爸可喜歡跟著阿嫲趁墟了！

那天，阿嫲穿著一件洗得乾乾淨淨的黑色企領開襟棉布衫和一條黑色的唐裝褲，頭髮用一條圍裙包起來，背上一個寬大的竹藍，籃子裡放了過半的沙葛，沙葛上放一層厚厚的山草，山草上放著十來隻自己捨不得吃的雞蛋。雞蛋與雞蛋之間用山草隔開以免碰撞。她最後把爸爸背在胸前。母子走走說說，爸爸睡睡醒醒。他醒來時叫阿嫲讓他自己走。阿嫲便把他放下來走一陣子。

那是農曆十月，秋高氣爽，涼風陣陣。山邊的灌木掛著很多成熟的果子。阿嫲看見了藍莓、糖梨、禾梨及山松，便採幾個給爸爸吃，並教他分辨不同的果子。到了長沙墟已經日照三竿。

墟場設在梅江河邊的一塊大草地。阿嫲找到一個當眼就腳的位置，把雞蛋和沙葛攤開放在草地上。一下子就吸引了幾個客人。都是熟客。

「壽嫂，上個墟日我找不到你。就是想買幾個沙葛。你們上羅衣的沙葛肉質細滑，汁多爽甜，其他地方出產的味道和質地都差遠了。但是，你賣的又比其他上羅衣村人賣的勝一籌，格外清甜嫩滑爽口。」

「阿姐你說話眞好聽。我上個墟日殺了一頭豬，在家忙了一天，沒時間來墟場。你想買幾個？」

「五個。」

「壽嫂，我也要四個沙葛，再加兩個雞蛋。你賣的東西都特別新鮮。」

「多謝。」

這樣一來一往，十分鐘不到，阿嫲便賣完了。墟場裡熙熙攘攘，都是遠近的鄉鎮居民和做山貨買賣的商人。出賣的貨物有剛收穫的五穀、時令蔬菜、各種畜類產品、柴草、炭、藤條和竹木之類的山貨和各類生禽。

爸爸跟著阿嫲在墟場轉了一圈。這裡望望那裡看看，覺得什麼都很有趣。梅江河岸靠了十條八條商船。挑夫們有的挑著貨物下船，有的挑著山貨上船。近上下船的一角有兩個攤檔，一個賣豆腐，一個賣煮熟的包粟。

賣豆腐的高喊一句「豆腐」，賣包粟的便氣宇軒昂地和一句「包粟」，兩個人一唱一和。

在客家話中，「粟」和「餿」同音。「豆腐、包粟」聽起來是「豆腐肯定會變餿」。爸爸聽了「咯咯」大笑。阿嫲也笑。她對爸爸說：「墟場裡賣的豆腐與自己做的不同，沒有加鹵水，很容易變餿。所以『豆腐、包餿（粟）』是真的。」

長沙墟只有一條主街，在墟場的另一邊。街上有幾十間店鋪，除了飲食店、雜貨店，還有中藥鋪和西醫店。

阿嫲每次背著爸爸走過那條主街，看店的阿姑阿嬸都爭著逗他說話。每次經過西醫診所，診所的老板娘都要追出門說：「讓我抱抱你的乖兒子。」

「哎喲，你這個兒子又甜美又可愛，我看著就歡喜，抱著就捨不得放下。送給我吧？」

阿嫲笑著搖搖頭。她在主街的店裡買了幾調羹鹽、做酒的紅米和酒餅、幾根針線。然後返回墟場買小豬。小豬黑白相間，爸爸一見就喜歡。賣豬人綁著小豬的雙腳把它放在阿嫲背上的竹籃裡。阿嫲再把爸爸背在胸前，母子倆一路上有說有笑。話題圍繞著墟市裡的所見所聞和那條小豬。快到家時，爸爸問：「阿媽，我們明天做什麼？」

阿嫲說：「我們今天買到了紅米和酒餅，明天就做糯米酒，正好趕上過年用。」

爸爸拍手說：「我要幫阿媽做糯米酒嘍！」

糯米酒是客家人生活中非常重要的一部分，逢年過節，紅白喜事，行山拜祖，或有親朋戚友從遠方來，都要用上自釀的糯米酒。阿嫲釀的酒在村裡數一數二。

惦挂著釀糯米酒，爸爸那天大清早就醒來了。阿嫲已蒸熟了一大鍋糯米飯，並把它們打鬆放在八仙桌上散熱。桌上還放了一盤涼開水和碾碎的酒餅粉，桌下放著一個闊口的酒缸。

待糯米飯放至常溫，阿嫲先放約一寸厚的糯米飯進酒缸，均勻地撒上一點酒餅粉。放另一層糯米飯，再撒一點酒餅粉。這樣一層層糯米飯和酒餅粉加上去。阿嫲將最後一層糯米飯放進去時，指指酒缸對爸爸說：「不能放太滿。六成滿的糯米飯就好了。放得太滿了酒會流出來。現在我們撒一些涼開水。加一點涼開水會發出很多酒。糯米飯變了酒糟就會浮上酒缸。等我們開缸時就有滿滿的一缸酒。」

爸爸問：「我們要等很久才有酒喝嗎？」

阿嫲說：「天氣還不是很冷，十天左右就有酒喝了。」

「你怎樣知道酒做好了呢？」

「這要靠鼻子去聞。」

阿嫲把酒缸放進雜物間。第二天，天氣突然轉冷，她用一件蓑衣蓋在酒缸上面。寒潮過後，再拿開蓑衣。

爸爸每天到雜物間聞一聞。第三天，雜物間隱約有一股甜味，甜味每天增濃，逐漸甜中帶酒香。十天左右，雜物房洋溢著濃郁的酒香。再過兩三天，糯米酒做成了。阿嫲打開酒缸，酒香彌漫。

阿嫲叫爸爸拿來用細篾織的長筒形竹簍子。阿嫲把高高的簍子按進酒缸。竹簍越按越低，酒糟被按到竹簍下面。清澈的酒在竹簍裡蕩漾。

阿嫲邊用勺子把酒舀到一個肚大口細的酒甕裡，邊說：「第一次隔出來的酒叫甲酒，最香醇。我們用它招待貴客。」

舀出了甲酒，阿嫲取出竹簍往酒缸的酒糟上加滿涼開水，再把簍子按進酒缸，酒糟再次被按在竹簍下面，竹簍裡的水酒被舀到另一個酒甕裡。

阿嫲說：「第二趟隔出來的酒叫黃酒。黃酒很淡，一般應酬及逢年過節都用它。」

爸爸說：「我也要喝黃酒。」

「好的，過年吃飯的時候，阿媽給你喝一小碗。」

阿嫲用小鍋慢火炒香紅米酒麴，倒進兩個小紗布袋後紮緊。一個放進甲酒酒甕，另一個放進黃酒酒甕。

阿嫲說，「我們要烘酒了。」

爸爸問：「爲什麼要烘酒？」

阿嫲說：「烘過的酒能放很久。沒有烘過的酒很快變酸。」

阿嫲一早割了幾片油綠闊大的香蕉葉。她叫爸爸

阿嫲的酒甕現在被放置在樓梯間，鋪滿了灰塵

幫她用幾層蕉葉蓋在酒甕口，用繩子綁緊。

兩個酒甕被捧到老宅邊的空地，分開十米左右。阿嫲再到山邊鏟出兩塊連著泥的厚草皮。草皮二十多釐米高，比酒甕口還大。她對爸爸說：「看，我們要把草的那面向下壓在蕉葉上，泥的那一面向上。」

蓋好草皮，阿嫲到禾草間拿來五六把禾草，教爸爸把禾草扎成一個個結實的小草球，用草球圍在酒甕四周，兩個酒甕變成了兩個草球甕。

接著，她去禾草間拿出一包穀殼，把穀殼一撮撮地塞在草球之間的縫隙，直到兩個草球甕變得密不透風。最後在甕前後兩面下部各挪開一個很小的洞，點燃洞旁的穀殼。

阿嫲說：「烘酒要慢慢來，不能用明火。穀殼草球越結實，火越燒得慢。每過半個時辰，要出來用鋤頭把上面的穀殼草球壓低。要是任它燒，空位大了，草球穀殼鬆開，火就會燒成明火，酒氣便會從甕口噴出來，那我們辛辛苦苦做的酒就全沒了。」

那天晚上，爸爸跟著阿嫲進進出出壓火苗。後來累了，昏昏入睡。天亮醒來，他急忙跑出去看那兩甕酒。穀殼草球消失了，火星熄滅，那兩個酒甕穩穩地蹲著，被一圈灰燼包圍。摸摸酒甕，還是暖暖的。

阿嫲小心地拿開草皮和蕉葉，拿出兩塊大大的浸過的竹筍衣。她告訴爸爸：「浸過的竹筍衣又軟又有韌性。用它包住扎緊酒甕，就不會漏酒氣，酒就可以放很長時間。」

隔出來的酒渣和紅麴倒在一起，加幾大勺鹽拌勻，放進小甕裡，就是以後幾個月的煮菜調料。

那天的晚飯，阿嬤給爸爸一碗他特別喜歡的番薯加酒——番薯加酒糟攪爛成番薯泥。爸爸一沾酒，臉就紅撲撲地發熱。

農曆新年快到，阿嬤張羅著做豆腐。她每年都在田埂上旱地邊種一些黃豆。六、七月黃豆豐收後，把黃豆晒乾，好好地收起來。過年過節或來客人，都磨點豆腐。

老屋外有一間放有石磨、風櫃及石碓的作坊，大約長十米、寬十米。風櫃用來吹穀殼，石碓用來去米衣和碾麵粉。一天前，阿嬤拿出乾黃豆在石磨裡打殼。去了殼的黃豆浸泡一個晚上。第二天，把浸軟了的黃豆放在石磨裡磨爛加適量水，用紗布隔出豆渣。燒開的豆漿倒進一個淺盆子，在盆子中倒放一個碗。

右手拿鹵水瓶，鹵水沿著碗邊徐徐倒進豆漿盆子裡，阿嬤左手拿著筷子輕輕地沿著碗邊轉。轉到清水開始從豆漿分隔出來便停止放鹵水。豆漿靜止放置二十分鐘左右。阿嬤在八仙桌面鋪上專門用來做豆腐的紗布，把豆漿瓢到紗布上，包緊紗布，再在豆腐紗布上壓一塊平的大木板，木板上加一塊重麻石。清水徐徐從紗布上流了出來。再過二十分鐘，解開了紗布，生豆腐凝固成塊，放進鍋中，加水浸過豆腐，加鹽燒開，連水帶豆腐放在瓦盆裡蓋好。

爸爸趴在八仙桌面上興致勃勃地觀察製作豆腐的全過程。他心滿意足地說：「做豆腐太好看了，變來變去，黃豆變成豆漿，豆漿變成豆腐。我長大也要做豆腐給你吃。」

阿嫲笑著說：「阿仰眞乖，阿媽就等著你做的豆腐。」

爸爸想起長沙墟裡的豆腐和包粟攤檔，忍不住咯咯地笑著說：「豆腐，包饅。」

阿嫲笑著說：「用鹵水做出的豆腐放一個多月也不會餿。」

古老的石磨，彷彿仍能聽見昔日做豆腐時的笑語

豆腐做好後的幾天，吹起了大北風。阿嫲抬頭看看萬里無雲的天空，自言自語地說：「十來天都不會下雨，北風天最好晒東西。」

她拿出一半豆腐切片放進竹筲箕，在南門外的大地堂裡晒了幾天，晒成金黃色的豆腐乾。爸爸走過忍不住抓一把進口袋當零食。

過年了，那是爸爸記憶中的第一個年。年夜飯有一碟釀豆腐，一碟紅燜豬肉，一塊鹽水雞和一碟青菜。飯鍋一打開，飯菜的香味四溢，爸爸迫不及待地等開飯。

阿嫲倒了兩大碗黃酒給二伯和她自己，倒了一小碗給爸爸。爸爸狼吞虎咽地吃完了第一碗飯，又添了第二碗。吃飽了飯，喝夠了酒，他困倦得睜不開眼，便趴在八仙桌上睡著了。

阿嫲把他抱到床上，他模模糊糊地說：「過年眞好。」翻了一個身，又繼續沉沉睡去。

年初二，阿嫲帶爸爸回娘家拜年。那天阿嫲一大早就起床準備了一籃典型的客家賀年品。有糯米年糕，切成三公分厚、二十公分見方的正方形；一包實心煎堆；幾個潮州柑，取意甘甘甜甜；三四節青蔗，取意節節高升。最後放進籃子的是兩支東江鹽焗雞的雞腿。

外公外婆住在十八里外的羅田徑。那是爸爸記憶中的第一次出遠門。阿嫲出門前問爸爸：「我們要走很長的路，爬很多山才到外公外婆家。阿仰走得來嗎？」

爸爸自豪地拍拍胸口說：「我走得來。」

出了羅衣村，拐向西南方的山徑，時而上坡時而下坡。窄窄的山路兩旁長滿了高低參差的灌木山草，山上覆蓋著松樹。小鳥在樹梢上吱吱喳喳地飛來飛去，偶爾有野兔野鼠從一邊灌木叢跳出，眨眼便鑽進了另一邊的灌木。阿嫲手裡拿著一根一米左右的竹棍，時不時用它撥開茂密的山草和灌木。

爸爸聽過不少毒蛇咬雞和咬狗的故事，他小聲問：「我們要是踩著了蛇怎麼辦？」

阿嫲拍拍他說：「現在是冬天，蛇都盤成團在洞裡睡覺，要驚蟄以後才會出洞。即使不是冬天，你也不用怕蛇。我們這一帶的蛇大都是草黃色的草花蛇和一隻手長的四腳蛇，它們沒有毒。最毒的是眼鏡蛇。看到毒蛇也不要怕，蛇都怕人，聞到人味便爬進草木叢。有時會碰到一條蛇盤卷在山路上曬太陽，可能吃得過飽，身體不靈活，人來了也躺著不動。你不要驚動它，輕手輕腳地繞過它就行了。你看我手上這根竹棍，行山時可管用了，既可開路，又可打蛇。要是你不小心驚動了毒蛇，那條蛇發惡，伸出舌頭『嗞嗞』地撲向你，你不要慌，要眼急手快地大力用竹棍打在蛇身七寸的地方，蛇馬上就會癱軟在地。」

爸爸問：「爲什麼要打在蛇身七寸的地方？」

阿嫲說：「打蛇七寸，蛇頭到蛇身的七寸是蛇的致命點。打蛇不能打尾，蛇會隨棍而上，反咬打蛇人。我們回家以後，你拿這根棍子練習幾次，以後就不用怕蛇了。」

爸爸走累了，阿嫲把他背在胸前。一個多時辰後，到了一個叫攔牛甲的小村落。攔牛甲的村口有一個磚木結構的茶亭，由四條石柱撐著青灰瓦的尖亭頂。茶亭取名「也可亭」，長寬約三米，供上山取草砍柴的農人歇腳。爸爸和阿嫲坐在也可亭的石階上，歇了一陣，又繼續趕路。

過了攔牛甲，便到了一個分岔路口，左邊是一條高低不平的石頭路，一米寬左右，一直向下伸延。右邊是一條砍柴人在灌木叢裡踩出來的羊腸小徑。

阿嫲帶爸爸走左邊的石頭路，十里石頭路沿山而建。兩邊是高高低低的山。下了一個坡，走過一個山腰，又是一個坡。爸爸開始還很有興致地數著下了幾個坡，後來累了，便失去興致，不停地問：「阿媽，怎麼還不到？」

阿嫲答：「走完了這段下坡路就會看見羅田溪。沿著羅田溪向西南方向走兩里便到外公外婆家。」

爸爸又問：「兩里路長不長？」

阿嫲說：「不長。我們很快就可以見到外公外婆了。他們好疼阿仰，看到阿仰會好高興啊。」

不知走了多久，終於走到山底的羅田溪。羅田溪水流急勁，溪水清澈，溪底布滿大小石頭，被水沖得圓圓滑滑。沿溪有一個水壩，旁邊有一間榨油房，傍溪而建。溪邊有一個水車，水從壩上傾瀉而下，沖打水車的輪子，濺起高高的水花。

阿嫲指了指榨油房說：「榨花生油可好看了。那個大水輪一轉，油房的石輪就跟著動，先磨碎花生。花生轉到一個大石錘下面，石錘『嘭、嘭、嘭』地砸下去，花生油就出來了。」

爸爸說：「下次我要跟你來這裡榨花生油。」

從榨油房沿著平緩的溪邊向西南走，溪水兩岸是開闊平緩的山坡，一座座民居首尾相望。民居後是打了禾的稻田，一級級沿坡而上。再往遠處看是一座座蔥鬱的山峰，秀麗挺拔。

爸爸走累了，阿嫲背起他。等他睜開眼睛，已經到了外祖父母家。外公外婆和大舅媽正圍著他笑。外婆給他一塊香甜的菊花糕軟糖，外公抱起他連聲稱讚：「阿仰長大了。」

外公外婆的房子看上去很新。只一層，有五間房子，一個天井，一個廚房和一間廳。阿嫲的三個哥哥都在南洋，爸爸的大舅媽留在家裡照顧外公外婆。舅媽請阿嫲和爸爸進大廳。

八仙桌上放著一碟碟點心，有年糕、煎堆、糖環、蒸熟後再切成紙一樣薄的臘腸臘豬肝及用鹽腌過煮熟再風乾的雞塊。

這時小姨帶著她的兒子梁尊元也來了。小姨是阿嫲的妹妹。她嫁到離梅城附近的胡州，丈夫也姓梁。

一個跟爸爸年齡相仿的小男孩從外面走進來，原來是大舅媽的兒子李沐章。

三個小男孩一見如故。沐章拉著他們說：「來，我帶你們去魚塘看魚。」魚塘就在地堂邊，沐章順手摘一把草扔到水裡。爸爸和尊元也爭先仿效。一條條魚立刻浮到水面搶草吃。過了一會兒，外婆遠遠地叫：「吃飯了！」

飯桌上擺了一碟豬油炒青菜，一碟煙熏鯽魚，一碟魷魚絲炒黃芽白，一碟雞湯燜豆腐和香噴噴的米飯。外婆夾了菜到爸爸的碗裡，阿嫲要把它們夾回外公外婆的碗裡。主客都客氣謙讓。大舅媽替各人倒了黃酒。三個小孩都收到壓歲錢。

飯菜吃完，黃酒喝盡，便要啟程回家。阿嫲起身告辭，外婆塞給她一包鹹魚乾。外公拿了一包甘蔗給爸爸。他拍著爸爸的頭說：「你可要像這甘蔗一樣節節長高呵。」

一九三四年新年後，阿嫲收到阿爺的來信，他和大伯快回鄉了。

阿嫲眉開眼笑：「阿慶應該長很高了。」

爸爸也高興地說：「阿爸和大哥一回來，我要帶他們去看小花豬。我還要跟阿爸和大哥一起放風箏，讓風箏飛得很高。阿媽，你要跟阿爸和大哥做些什麼？」

阿嫲「呵呵」地笑，臉頰笑得緋紅。

收到信後，阿嫲的手腳更加勤快，早早把田地的莊稼種上，房子裡外打掃得乾乾淨淨。

四月，阿爺返回梅縣，大伯卻沒有回來。阿嫲失望地問緣由。

阿爺解釋：「阿慶這一年多在堂叔公梁槐三的店裡幫忙。他做事詁頭醒尾，堂叔公有心栽培他，挽留他一起再開一家新雜貨店，由他來管理。阿慶是有點雄心的，總說要幹點事，就答應了堂叔公在南洋多拼幾年。我回來的時候他還說：『替我告訴媽，難得堂叔公給我機會。幹事業要靠天時地利和把握機會。我們家人多，弟弟們還小。我幹出名堂可以早日報答爸媽的養育之恩。叫媽放心，我會照顧好自己的。』我聽他說得有道理，就同意讓他在那裡多幹一兩年。」

阿嫲難過地說：「他怎麼這麼懂事。我就是擔心，他才二十歲出頭，哪裡知道怎麼照顧自己？不是說好替他找個媳婦再做打算嗎？」

阿爺說：「他過一兩年再結婚不遲。我走的時候已吩咐他處處小心。」

既成事實，阿嫲不再多說。每次想到大兒子孤身在外，總忍不住傷心流淚。轉念想到兒子不但長大成人，還能夠獨當一面，又會破涕爲笑。

六月，阿嫲告訴爸爸：「等過了年以後，你會有一個弟弟或妹妹。」

一九三四年七月，阿爺收到堂叔公的信。信上說：「阿壽賢侄，今年五月，你回中國不久，阿慶染上急症，病不過三日便撒手人寰。我未能照顧好侄孫，萬分慚愧，誠望見諒。見此信時，你們必會悲痛欲絕。人死不能復生，還請節哀順變。」

突如其來的噩耗撕裂了阿爺阿嫲的心。阿爺坐在床頭不停地抹眼淚，阿嫲靠在床尾哭得死去活來，邊哭邊捶打胸口說：「阿慶，你還那麼年輕，爲什麼走得這麼急。兒子，媽對不起你，媽沒有好好照顧你，讓你孤身一人在那邊受苦。我爲什麼沒有帶你回來？你阿爸爲什麼不帶你回來？天啊！爲什麼？爲什麼？兒子，是你阿爸阿媽害了你啊。」

阿爺正後悔沒有堅持帶大伯回來，聽阿嫲這麼一喊，覺得阿嫲正在怨他，便怒氣沖沖地反駁：「哪裡是我不帶他回來，是他不肯跟我回來。還不是讓你調教出來的？你在南洋的時候就什麼都看著個『錢』字。他要是像我一樣對錢不計較，就不會堅持留在那裡。他要是跟我回來就不會染病。你評評理，是誰害死了阿慶？」

阿嫲絕望地沖出門：「你不要說了，我也不活了，我這就去死。」

幾個阿嬸在門口攔住她，把她攙扶回房。阿嫲臥床三天，不吃不喝。跟她情同姐妹的開琴堂伯母每天爲她煮好稀飯，好言勸慰：「阿梅，看在你兩個兒子的份上，看在肚子裡的嬰兒的份上，你一定要撐過這關。」

三天後，蒼白虛弱的阿嫲走出房門，重操大小家務。人卻變得沉默寡言，特別不給阿爺好臉色看。阿爺心裡後悔沒帶大伯回鄉，也後悔對阿嫲說錯了話，便一個人喝悶酒。以前阿爺喝酒後會變得像小孩一樣頑皮多話。如今喝了酒的他卻憤怒得如火山噴發，摔凳子，拍桌子，鬧上好幾個時辰。阿嫲和阿爺的關係徹底破裂。

一九三五年三月，我的四叔，爸爸的四弟雪常出生了。躺在床上「伊吖伊吖」地哭。爸爸沒想到新生的嬰兒那麼小，皮膚像豆腐一樣嫩，好像捏一下就會碎。

四叔可謂生不逢時。阿爺阿嫲都沉浸在大伯英年早逝的傷痛，三天兩日小吵大鬧。那段時間，阿嫲對身邊的人和事，包括爸爸和四叔都打不起精神。

阿爺對剛出生的四叔也不大感興趣。四叔一出生便成爲一個不受關注的人。特殊的環境造就了他孤癖的性格。

這一段時間，阿爺和爸爸在一起的時間很多。阿爺喜歡手把手地教爸爸寫毛筆字。爸爸很聰慧，做事也靜心，肯下功夫，學字學得很快。爸爸聰明乖巧，阿爺不介意多一個小跟班。

一天阿爺帶著爸爸到了小學後面的一所房子，阿爺買了幾塊糖，叫爸爸坐在房門外的一張矮凳子上吃。透過虛掩的門縫，爸爸看到阿爺躺在一張窄小的床上，拿起一根長長的竹筒，把一些看上去像松香膠的東西塞進竹筒，然後搓細一些草芯，用草芯生火，點燃了竹筒上像松香膠一樣的東西。阿爺躺在床上，咕隆咕隆地吸著竹筒，一時間煙霧繚繞。爸爸透過門縫和煙霧看到阿爺半瞇著雙眼，欲仙欲醉。

晚上爸爸到阿嫲的房子，阿嫲說：「阿媽的腰很酸痛。你幫我踩幾下，好嗎？」

爸爸高興地說：「好。」

阿嫲於是趴在那張古老的黑漆描花大床上。爸爸便爬到她的背上，再小心地站了起來，慢慢地踩，生怕弄痛了阿嫲。阿嫲不時地呻吟著：「哎喲，這裡特別痛，你踩得很舒服。」

幫阿嫲踩完背，爸爸搬了一張小板凳坐著看阿嫲補衣服。阿嫲問爸爸：「你今天跟著你阿爸去幹什麼？」

「阿爸帶我去學校後面的平房。他給我買了幾塊糖，就叫我坐在門邊。他進了房子，我不知道他在做什麼。」

「那你看到了什麼？」

爸爸於是把白天看到的，眉飛色舞，加上動作，一五一十地告訴了阿嫲，阿嫲不露聲色。心裡明白，不中用的阿爺竟沾上了鴉片。

第二天，阿爺又出門，剛躺下煙床，阿嫲便走進煙館，一直走到阿爺的煙床前，一聲不出地跪下。阿爺從床上坐起說：「誰叫你來的？回去！不要讓我面子過不去。」

阿嫲說：「你回家我就回去。」

煙館老板走過來訕訕地說：「壽嫂，先回吧。我幫你勸阿壽回去。」

阿嫲直視煙館老板說：「大家都是鄉裡，幹嘛要開這坑人的煙館？誰不知道染上了煙癮就等於亂了性。賣田賣妻賣仔，什麼事都幹得出來啊。你還有一點天地良心嗎？」煙館老板是附近鄉民，不敢發怒，只撐個笑臉。

阿嫲拉著阿爺說：「我們回家。」

阿爺用力地摔開她的手：「我堂堂一個男人大丈夫，憑什麼要聽你的？你一個婦道人家，大庭廣衆拉拉扯扯，成何體統？你自己回去！」

「你不回家，我就不會自己一人回去。大不了一頭撞在這門檻上。我早就想跟阿慶一起去了。」

煙館老板怕事情鬧大，嚇跑其他客人，於是把阿爺推出門：「你們兩公婆有話回家慢慢說。恕我不留客。你們走好！」

阿爺阿嫲兩人邊走邊吵。

「還有比你更惡的女人嗎？你是不是要把我弄得臭名昭著？這幾年，你在家裡享福，我一個人在南洋賣命，回來以後你天天給我臉色看。連抽一口煙也要被你當衆羞辱。我是一家之主，你算是什麼東西？我把你休了，看你還吵不吵！」

「我不是要羞辱你。我求你懸崖勒馬。誰不知道鴉片害人？一上了癮就傾家蕩產。」

「我自己掙的錢，我要蕩了去也不關你事。」

「我們有三個兒子。這幾年吃的，用的，阿祝讀書的都是我由朝到晚挨出來的。你每年寄的錢都只有一點點，過一個年就用完了。阿祝要讀中學，阿仰要讀小學，阿雪剛出生。我們處處都用得上錢。怎麼也沾不起鴉片。」

「你一開口就是錢錢錢。你這麼能幹能挨，那你自己去挨吧。我自己回南洋去！你別指望我再回來。我到那邊賭，抽大麻鴉片都是我自己的事。就是餓死他鄉，也不再回來讓你這個惡婆管。」

「不回來拉倒。我眼不見心不煩。」

「你還嘴硬。欺人太甚。我立地爲証，這就把你休了。我不要你這樣的惡婆娘！」

那天以後，阿嫲和四叔搬到了樓上爸爸住的雜物間。她的心傷透了。早上和晚上煮好了粥，雖放了阿爺的碗筷在八仙桌上，卻偏不叫一聲。

阿爺乾脆自己開小灶。過了幾天，他到長沙墟場買來了兩隻下蛋的母雞。吃粥時，他用力把煮熟的雞蛋在桌子上「咚咚咚」地敲幾下，然後大聲地說：「天天有雞蛋吃，這才叫過日子。阿仰，你要吃雞蛋就過來。」

爸爸聽到有雞蛋吃就流清口水，拔腿跑過去。阿嫲卻一把捉住他的手，用充滿震懾力的眼神看著他，嚴厲地低聲說：「不許去！」

兩個月後是農曆新年。大年初一阿爺殺雞。一刀切開血管才發現毛色不對，殺錯了阿嫲的雞。他躡手躡腳地把淌著血的雞放回阿嫲的雞窩。再若無其事地抱了自己的去殺。

傍晚阿嫲發現了那隻僵死的母雞和雞窩裡一灘結硬了的血。氣得全身發顫，一顆心難受得像被七月的大火焚烤。因爲是大年初一，不好在人前發作。她奪門而出，掄起一把鋤頭到屋後的山裡亂鋤一氣。

過了一九三六年的元宵節，阿爺問爸爸想不想去放風箏。爸爸高興極了。那天，阿爺砍了幾根竹子，削成竹篾，在八仙枱做了一個很精緻結實的風箏。第二大，爸爸拿起風箏跟阿爺到同群小學後面的矮山坡。

爸爸說：「你先放。」

阿爺搖搖頭說：「你放就好了。我站在這裡看你放。」

那天吹著很強的風，爸爸試了幾次，風箏飛起來，打個轉，便「嗖」地撞向地面。阿爺向爸爸示範怎樣左手拿線團，右手拿風箏，怎樣通過兩手的協調去控制風箏。他邊說邊放，那風箏飛了上去。阿爺把線團交還給爸爸。爸爸仰頭看著風箏乘風飄揚，升上萬里晴空。愈飛愈高，愈高愈遠，直至成一飄浮著的，若隱若現的影子。

幾天後，阿爺收拾行裝，三渡南洋。一走便是二十四年。

第五章：成長篇（一九三七年—一九三九年）

此章記述了父親在自然山水中的游戲和成長。祠堂上燈慶新生，清明行山，八月公嘗祭祖，靈堂裡的驚觫佛教教義圖，村民打醮的喧熙。戰勝飢餓的游戲：捉青蛙、採野果、尋找天牛蛹、捉泥鰍、撿栗子。三兄弟空前絕後的釣魚經歷，最早的文史和音樂啟蒙，梅縣民國時期流通的貨幣種種。夏夜螢火蟲的熠熠螢光引領一群農村客家仔走入詩情畫意……

問：「你對小時候什麼事情印象最深？」

答：「逢年過節，行山拜祖，紅白喜事都很特別。客家人很善於利用那樣的場合對下一輩進行道德和宗族教育。」

問：「你家裡那麼窮，有沒有覺得很苦？」

答：「日子是窮，一年到頭都吃不飽，寒天地凍也光著腳。可是家家都過著一樣的日子，所以不會把窮當一回事。老屋有九個男孩跟我年齡相近，在一起很熱鬧。現在的小孩子太孤獨了，整天在家裡玩電子遊戲。我跟伙伴們每天都在戶外，享受陽光空氣。一年四季都有不同的玩法。天地有多大，我們的遊樂場就有多大。自然界太奇妙了，既能學到東西，又能找到可以填肚子的食物。我很懷念兒時在梅縣的窮日子。」

問：「小時候我和姐姐跟你在幹校住了兩個月。你一有空就帶我們去山上採獨腳金（一種清熱的中草藥），到水溝裡捉魚蝦，到水潭裡釣魚。我們三人每次都是盡興而歸。對我來說，幹校那段日子最美好最難忘。你帶著我們做的那一切都是你小時候的遊戲吧？」

答：「哈哈哈。正是。」

一九三六年的元宵節，父親與阿爺前往梁氏祠堂爲四叔上燈。祠堂距離老宅約一公里。悠久的歲月爲它留下了時光的印記，牆上批蕩的黃泥和石灰大多風化脫落，露出了牆芯。

梁氏祠堂裡挂的燈

上羅衣村的梁氏與劉氏共用一個祠堂，祠堂東側屬劉姓，西側屬梁姓。祠堂內擺放著一張長長的神龕枱，從左至右，以中間爲界，左側供奉梁氏祖先，右側則是劉氏祖先。林立的牌位顯示劉梁兩姓在上羅衣定居已經有很長的歷史。

祠堂是供奉先人與慶祝新生命的地方，是故人與新人的連接點。阿爺將英承公、昌泗公、汝台公、汝蘊公的牌位一一指給父親看，讓父親逐一向他們叩首行禮。

阿爺在一個二十五公分的白紙竹燈籠上寫下了「雪常新燈」四個字，並將燈籠掛在祠堂前廳的橫梁上。

阿爺說：「每添一個男丁，都要在元宵節掛上一個燈籠。」

父親抬頭望去，橫梁上掛著許多燈籠，有的覆滿了塵埃，有的已經破損，字跡難以辨認。他逐一查看，終於找到了那盞已褪色的「仰常新燈」。

「你看，那是我的燈。」

阿爺說：「你是梁氏宗族的後人，自然有你的燈。你認了祖歸了宗，祖先會保佑你。」

每年的清明節，阿嫲帶著父親三兄弟前往曾祖父汝台公及繼曾祖父汝蘊公的墳墓行山掛紙。二伯與父親各拿一把鋤頭，阿嫲背著四叔，提著一個竹籃。竹籃內有金紙元寶、香、蠟燭以及一壺黃酒。一家四口先到繼曾祖父的墳前，阿嫲清理墳前墳後的雜草，父親和二伯則鋤來一塊連著土的草皮。阿嫲鋪一些金紙元寶在墳頭上，再將草皮翻轉覆蓋在元寶紙上。四人各持一炷香，向墳頭跪拜幾次後，將香插在墳前，點燃元寶紙。待竹籃中的一半元寶紙燒成灰燼後，阿嫲便將半壺黃酒灑在墳前，四人叩首後離去，再到曾祖父的墳前，重複整個祭拜過程。

八月祭祖則最令人期待。父親的祖上有四位祖宗留下公嘗地產：英承公的阿爺軒公、英承公的阿爸奎公、英承公，以及太曾祖父昌泗公。這四位祖宗的公嘗祭祖都在八月，但日期錯開，由祖上所定，每年同日同時祭拜，形式固定不變。

在英承公的祭拜日，從同屋中出來的一大群人一大早便來到英承公墓碑前。墳堂已站滿了人，有的是父親認識的族人，有的則是從外地趕回來的。有的擎著彩旗、有的挑著祭品、有的背著大鍋大爐、有的背著鍋碗瓢盆、有的背米、有的背菜肉。所有與公嘗飯有關的器具和材料都整齊地堆放在一塊乾淨的草坪上。

久別重逢的親戚朋友們興高采烈地互相寒暄談笑。負責司樂的人帶來了大鼓、中鼓、小鼓、大鑼、平鑼、鈸、叮鐺，還有笛。穿著長袍馬褂的儒家禮生也已到達。時辰快到，眾人安靜下來，依次在墓碑前排好隊伍。擊鼓的、奏樂的、上香的，各自準備就緒。

時辰到了。

禮生用中原官話一聲傳令：「擊鼓。」
兩名大鼓手高舉鼓槌，敲打出震耳欲聾的鼓聲。
禮生二傳：「奏樂。」
奏樂的人各自操起樂器，鼓樂齊鳴，鑼鼓的激昂聲襯托著笛音的清婉悠揚。
禮生用中原官話琅聲唱讀一篇長長的祭文，歌頌英承公的豐功偉績。衆人肅穆庄重地聆聽，父親也十分認眞地聽著，卻未能完全理解。
念完祭文，禮生唱禮：「跪拜。跪——叩首——叩首——再叩首——起——」。如此三次，父親跟隨族人莊重地向英承公的墓碑行三跪九叩之大禮。
跪拜完畢，所有男丁依次到墓前執香躬身參拜，焚燒紙錢。
禮生再傳：「鳴炮。」
鳴炮人各自拿起一串掛在竹竿上的鞭炮，點燃炮引，噼里啪啦的鞭炮聲頓時在山谷中炸響。
禮生宣布：「禮畢。」
整個山頭忽然像炸開了鍋般熱鬧起來。負責煮飯菜的幾位族人開始發號施令，所有成年男女立刻動員起來，有的順著山勢挖坑造爐，有的撿拾柴火，有的生火開爐，有的在幫廚打雜。小孩子們則三五成群地聚在一起玩耍。
父親看見族長帶著各房推出的助手劃地爲桌，按公嘗的人頭編排座位，覺得十分有趣，便跟在後面觀看。他看到每張「桌子」上寫著八個名字，阿爺教過他不少字，他基本能認出家人的名字。在一張「桌子」上，他看到阿嫲、二伯、四叔、阿爺和自己的名字，每個名字旁邊都放著一個海碗。他指著阿爺的名字對族長說：「我阿爸不在這裡，他出南洋了。」

族長摸了摸他的頭說：「這是公嘗飯，除了嫁出去的女兒，所有的公嘗後人都有份，包括那些出門讀書、經商、做事、從軍，甚至去了南洋的人。該他們的份就夾到他們的空碗裡，家人吃完飯後再帶回家，這叫吃空額。」

英承公的公嘗留下的嘗產最多，所以他的公嘗飯菜特別豐盛，有冬瓜湯、紅燜豬肉、紅燜魚、燜雞、墨魚片炒沙葛粉絲、魷魚絲炒肉片、海螺乾燜豆腐、炸芋頭丸、魚丸蘿蔔燜蝦米。這些菜式由公嘗定下，每年都相同。不一會兒，整個山頭便瀰漫著飯菜的香味。

自從五月端午以來，爸爸就沒再吃過飯和肉。看著一道道佳餚擺上「桌」，他嘴饞得不停地吞口水。飯菜上齊後，族長傳話：「埋位。」

爸爸立刻走到座位前，坐在地上。阿嫲、二伯和四叔坐在他旁邊。他迫不及待地拿起筷子，伸手去夾那碟紅燒豬肉。阿嫲用嚴厲的眼神制止了他，他只好把手縮了回來。

阿嫲低聲說：「輩分和年齡小的必須等輩分和年齡高的人先動筷，才可以動筷。夾菜時，每種肉丸只能一人一個，不能多拿。非丸類的菜式，一筷子夾下去，不能只挑肉不挑菜，也不能連續夾取。要等所有人都夾過一輪，才能跟著長輩夾第二輪。千萬別讓別人說你無父無母。」

開席後，席中長老舉起筷子，其餘人便「唰」地一聲拿起筷子。阿嫲先把菜夾到阿爺和四叔的海碗中。爸爸終於吃到了一塊香噴噴的紅燒豬肉。他的筷子功夫還不夠熟練，吃完紅燒豬肉後，想再夾一個魚丸，卻怎麼也夾不起來，最後還是阿嫲幫他夾的。他吃得狼吞虎嚥，一口未咽完就急著把第二口塞進嘴裡。吃完第一碗飯，又添了第二碗。阿嫲不時瞪著他，但爸爸吃得正高興，哪裡顧得上看阿嫲的眼神。

飯菜吃得乾乾淨淨，連汁水都不剩。禮生道別後，族人們開始打包鍋碗瓢盤。親朋好友依依不捨地互相道別，相約幾天後在軒公的公嘗祭祖日再見。樂師們一一離去。曲終人散，爸爸跟著阿嫲回家。阿嫲把阿爺的空額飯和四叔吃剩的飯菜加鹽煮滾，爸爸心中暗想：明天還有肉吃。

英承公的祖父軒公和父親奎公並不葬在上羅衣，宗族中派了兩三個人作代表到松口鎮山口村參加總公嘗的祭拜，其他人則只在本村參加分堂祭祖。軒公、奎公和昌泗公的公嘗祭祖宴都不如英承公的那般熱鬧豐盛。

那年九月，最年長的青伯婆仙逝。臨終前，她依然頭腦清醒，口齒伶俐。那天很熱，晚飯後，大家紛紛到門樓乘涼。爸爸見她沒有出來，便走進她的房間，看見她安詳地半躺在床上，眼睛微微張開，臉上似乎掛著一絲笑容。他輕輕推了推她，「快來講故事。」

她沒有任何反應。爸爸返回乘涼的空地，坐在阿嫲身邊。阿嫲問：「你怎麼不去找青伯婆講故事？」

爸爸說：「她張著眼睛睡著了。」

阿嫲詫異地放下手中的針線問：「你什麼時候看見她的？你有沒有叫她？」

爸爸說：「我剛剛從她的房裡出來，我推了她幾次。」

「你快去和別的小孩子玩，我有些事要做。」

爸爸聽話地走開，看見阿嫲和幾位伯母一起走向青伯婆的房間。隨後幾人進進出出，他困了，便去睡覺。經過青伯婆房門時，隱約聽見阿嫲和幾位伯母在說：「他不懂，還高高興興地走了出來。」

「阿彌陀佛。她九十六歲，吃了二三十年素，誠心向佛。精誠所至，金石為開。修到了最高的境界，讓仙人接去了。」

「幸虧他沒有哭。要是他一哭，可能就成不了仙。真不枉她這麼疼他。」

「她那麼安詳，好像心滿意足，無牽無掛。真是前生後世修來的福啊。」

第二天一大早，爸爸被嘈雜聲吵醒。他走出房間，循著聲音來到大廳，發現那裡有很多人，有同屋的、同村姓梁的、同村不姓梁的，還有一兩個陌生的臉孔。有的人穿著白色麻衣，戴著白頭紗，有的腰上綁著白麻布，有的手臂上綁著白麻布。一兩個人在哭喊，有的人三五成群地說話。阿嫲也在人群中，眼圈紅紅的。她走到爸爸身旁，替他腰上綁了一條白麻布，對爸爸說：「青伯婆成佛了，升天了。來，到她的靈位前燒幾根香，叩三個頭。」

爸爸跟著阿嫲走到大廳，看到神龕枱上擺著青伯婆的靈位，上面寫著「民國顯妣諡貞惠九十六歲梁孺人之神位」十七個字。靈位兩旁是各房門人的挽聯，有的用白字寫在藍色的紙上，有的用白布做聯，用黑剪字貼在聯上。靈位前點燃著幾注香，神龕枱前擺著一個香爐，裡面插著許多香，有的燒完了，有的燒了大半，有的僅燒了一點點。爸爸學著其他人的樣子拿了五根香，就著香火將它們點燃，插在香爐中，然後恭恭敬敬地叩了三個頭。

大廳的一角，一位和尚坐著念經敲木魚。大廳牆上掛滿了一幅幅色彩強烈的圖像，爸爸走近一看，那些圖像栩栩如生，裡面的人物面目猙獰可怕。

其中一幅畫著一條仿佛腥風撲面、蟲蛇翻騰的血河，河上有一條窄橋，橋上有一個目露凶光的惡人，被一個穿著黑衣的瘦鬼一塊塊地砍下骨肉，丟進河裡，任由血河中的蟲蛇大口吞食。另一幅畫著一些人在一座刀劍堆起來的山上爬行，刀劍鋒利，沾滿鮮血，那些人面目扭曲，痛苦不堪。還有一幅畫著幾個面目猙獰的人在烈焰火海中垂死掙扎。最可怕的一幅畫著兩個凶神惡煞、眼球突出的胖子，正用一把巨大的鋸子鋸開一個人的肚皮，那人的五臟從血肉模糊的鋸口上掉出來。爸爸看得害怕極了，拔腿就往外跑。

就在這時，和尚走到他身邊，指著那些圖像說：「你要記住這些佛教教義圖。你若做了傷天害理之事，死後便會被打入十八層地獄，過奈河橋、上刀山、過火海、鋸肚皮。」

爸爸驚恐地用雙手捂住眼睛，逃出大廳，正好在門口撞到阿嫲身上。阿嫲問：「怎麼驚驚慌慌地不看路？」

他哭著說：「我不要做壞事。」

上羅衣村的所有村民，每年農曆八月聯合舉辦一次祈福醮會。[1]打醮的那天，村民們都要齋戒。吳屋壩沙河灘上搭建起一個竹製神壇，神壇內貼滿了黃紙黑字的神符，沙灘上熱鬧非凡。一位頭戴道冠、身穿道袍的道士走上神壇，眾人立刻安靜下來。道士揮舞著紅色三尺驅魔護身劍，口中誦念著驅魔除妖經，經文聽起來如同唱歌一般，但爸爸聽不懂內容。

大人們似乎都很莊重地聆聽，有的虔誠地站著，有的邊聽邊跪著燒香燒紙錢。道士誦經持續了一個多時辰。道士離去後，神壇上開始有戲班表演上刀山、赤腳過火鏈、咬犁頭等驚險節目，爸爸看得既刺激又害怕。

戲班表演結束後，大人們或三三兩兩地聚在一起閒聊，或向熟識的人道別，或收起祭神的供品，呼喚那些你追我趕的小孩們回家。

回家路上，爸爸說：「我聽不懂道士念的經文。」

阿嫲說：「經文是念給各路神靈聽的，要神靈合力驅魔除妖，保佑我們今年避過瘟疫、大旱、大澇、蝗蟲之類的災害。我們聽不懂不要緊，心誠則靈。」

爸爸又說：「演的戲很嚇人。」

阿嫲說：「你知道怕就對了，那些戲是用來教化人的。我們行事要正，做事要憑良心，

1 太平洋戰爭爆發後，祈福醮會被取消。

還要敬天、敬地、敬祖先神靈。你要時時提醒自己，自然身正不怕影斜。」

上羅衣村有一座道廟，其實佛道合一，裡面既供奉道仙也供奉觀音菩薩。阿嬤遇到事情就會去廟裡求籤，每逢三元日，她都會進廟燒香奉祀以祈福消災。三元卽是天官、地官和水官。天官爲唐堯，地官爲虞舜，水官爲大禹。三元日是三官的誕辰日，天官爲正月十五，地官爲七月十五，水官爲十月十五。

梅州還有自己的水神——梅溪公王。久旱無雨時，人們便會把梅溪公王抬出來，設壇作法，在梅溪公王面前燒香跪拜，祈求公王顯靈降雨。

爸爸在阿嬤和族中老人的耳濡目染下，熱愛天地山水與自然萬物。阿爺三渡南洋後，阿嬤忙於照顧四叔和務農，爸爸大部分時間都與年齡相仿的顯常和意光一起度過。

環繞四周的青山綠水是他成長的天地，自然以四季的變化和各種植物的枯榮，向他展示宇宙人生的眞諦。

爸爸在貧窮飢餓中長大，大自然既是食堂也是課堂。他在尋找食物的遊戲中，感受到自然對人類的無私與博大。

農曆二、三月，上季收穫的番薯和稻穀快要吃完了，新季的糧食剛剛播種。正值寒暖交替，新鮮蔬菜尚未長出。耕田人常說：「三荒四月，人情斷絕。」青黃不接的季節卽將來臨。

從二月起，阿嬤煲的粥越來越稀，爸爸的臉一天比一天消瘦。

驚蟄過後，青蛙開始出洞。月明之夜，青蛙的叫聲此起彼伏，「咕咕，咕咕」聲不絕於耳。輝光哥是捉青蛙的高手。一天，爸爸聽說他晚上要去捉青蛙，便說：「輝光，你帶我、顯常和意光一起去吧，好不好？」

輝光哥爽快地答應：「好啊，天一黑我們就去。記住要帶上竹火把。」

竹火把約有一米半長，取拇指粗的竹子拍扁後，浸在水塘裡三四個月，再曬乾製成。兩三根經過處理的竹子綁在一起，火把卽使在風中也不會熄滅。

當晚，四人腰間繫著一個頸小肚大的竹簍，手拿火把走到田埂上。輝光哥走下田，用手勢叫他們停住腳步。三人屏息注視輝光哥。他的火把照亮了田地，剛插下不久的秧苗行列分明。他沿著田邊走，忽然彎腰，伸手便捉起一隻大青蛙。爸爸問：「爲什麼我們都沒看到那隻青蛙？」

輝光哥解釋：「青蛙晚上出來找吃的，被火光一照就會伏在地上。不仔細看很難發現。它們的眼睛會反光，你們要留心田裡的反光點，順著那光看，就能找到青蛙。捉青蛙的時候，拇指和食指要像鉗子一樣，夾住青蛙的腰部。牠們滑溜溜的，抓得不準或不夠緊，它們就會溜走。好了，現在我們分頭去捉吧。」

爸爸走下田，田裡有淺淺的水，淤泥沒到小腿，他冷得打了個寒顫。按輝光哥的方法，起初並沒找到。有幾次，腳碰到了青蛙，它們便「撲通撲通」地跳開了。後來，他靜下心來，終於看到一隻伏在秧苗旁的青蛙。他伸出拇指和食指捉過去，卻只捉到了青蛙的腿，青蛙猛蹬腿，一下子跳走了。約莫過了一個時辰，他才捉到三四隻小青蛙，而輝光哥已經捉到十多隻大青蛙。

輝光哥安慰爸爸說：「仰叔，第一次就有收穫，已經不錯了。來，我給你一隻。」

回家的路上，爸爸興致勃勃地問輝光哥：「我們明天再來，好不好？」

輝光哥說：「今天的雲像魚鱗，明天肯定會下雨。天氣太冷，風雨交加時青蛙都不出洞，我們也不方便出門。」

回家後，輝光哥教爸爸他們如何給青蛙開膛。爸爸加了一點鹽煮熟後，端到阿嬤房裡問她要不要吃。阿嬤看到爸爸雙腿沾滿泥，凍得發紫，心疼地說：「你肯定凍壞了，自己吃吧，暖暖身子。」

日長夜短的夏季是爸爸最喜愛的季節。山上的楊梅、梨子和桃子都成熟了。沿山路兩旁的果子總是在還未熟透時就被人摘走，於是爸爸幾人便到人煙稀少的山頭採摘。飢不擇食，只要是差不多大小的野果就一把摘下往嘴裡塞，未成熟的果子還帶著酸澀，但偶爾摘到一兩個熟透的，甘甜的果汁噴進嘴裡，真是美味極了！

野果吃得差不多了，爸爸、顯常和意光決定去竹林尋找天牛蛹（一種甲蟲的幼蟲）。他們沿著竹林外圍慢慢走，眼睛盯著新鮮的竹筍。終於，他們看見一片嫩竹筍上有不規則的咬痕，仔細查看上下左右，終於找到了躲在竹筍底部的天牛蛹，個頭如小雞蛋般大小，一節節的蛹尾圓滾滾，晶瑩剔透。爸爸摘下一片竹葉將它包好。顯常在不遠處也找到了一隻。三人繼續向前，走進竹林繁茂的地帶。粗細不一的竹子連成一片，有時需側著身才能擠過。陽光穿過竹葉的縫隙，投下斑駁的光影。意光說：「我什麼也看不清楚，怎麼找？我們還是回家吧。」

顯常說：「我們才找到兩隻，要是再找到一隻，就可以一人一隻。」

爸爸說：「我們往外走一點，這裡的竹林太密，要是迷了路就麻煩了。到竹子稀疏些的地方再找。」

三人小心翼翼地退出密林，終於在竹子稀疏的地方找到了第三隻天牛蛹。

回家後，他們用小火加鹽慢慢把天牛蛹炒至金黃。每人拿一隻，一口咬下去，蛹裡的油脂噴進嘴裡，那酥油的香味真是美妙無比。爸爸閉上眼睛，一小口一小口地細細品味著。

有一天，他們在離老屋不遠的一棵松樹上發現了一個黃蜂窩，於是七嘴八舌地議論起來。

「這麼大個黃蜂窩，裡面肯定有很多蜂蛹。你們敢捅嗎？」

「我聽說蜂蛹又甘又香。那些有翅膀的蜂蛹還可以生吃，要是能把它捅下來就好了。」

「你捅過蜂窩嗎？」

都沒有。

「我聽說過怎麼捅，好像不是很難的。」

「我還看過別人捅，但自己沒有捅過。」

「你們敢不敢試一下？」

「試就試！」

他們找來一根長長的竹竿，拿一把草捆在竹竿尖，點燃草捆後，舉起燃燒著的竹竿在黃蜂窩下熏。黃蜂感受到熱氣，「嗡嗡嗡」地向外飛。

阿嬤突然出現，奪走了竹竿，厲聲地說：「快跑！你們不要命了？被黃蜂叮會死人的。」晚飯時，阿嬤對爸爸說：「只有養蜂的人才知道怎樣捅蜂窩。你們今天幸運沒有被叮到。即使沒有被叮，也會有引起山火的危險。山火會危及家園和田園，這是對山和火的不敬。」

爸爸向她保證以後不會這麼魯莽。

爸爸八歲時，四叔四歲，二伯十六歲，剛剛小學畢業。三兄弟年齡相差太大，很少一起玩。二伯收到梅南中學錄取通知書那天，興致勃勃地問爸爸：「我帶你和阿雪一起去釣魚，好嗎？」

爸爸高興地問：「眞的？」

二伯準備好竹竿、魚鉤、魚線和蚯蚓，三兄弟沿著羅衣溪走向村外的一個深水潭。羅衣溪是沙河，溪水很清，流量大而急，河床都是沙石，沒有泥。上溪、中溪和下溪都有用石砌的埗頭。看到在埗頭挑水、洗菜、洗衣服的村民，二伯有禮貌地揮揮手。爸爸自豪地走在二伯身旁，笑著向各位認識的人打招呼，他很想讓所有人知道他有一位這麼出色的二哥。

二伯那天的心情特別好，一路上耐心地回答爸爸絮絮不休的問題。

水塘是靠山邊的小水坑。魚鉤放進水塘，便有幾尾魚游到魚鉤周圍。三兄弟屏住呼吸，等著魚兒上鉤。突然「噼啪」一聲巨響，四叔在水塘裡四足掙扎。二伯立即跳下水撈起四叔。三兄弟收起釣魚竿默默走回家。幸好是夏天，二伯和四叔濕淋淋的衣服很快便曬乾。三兄弟從此再也沒有一起出去玩。

梅縣盛產柚子，甜中帶酸，但並不是家家戶戶都有柚樹。梁家老宅的鄰居姓葉，屋子後面種了一棵碩大的柚子樹，高達三四米。舊曆六七月，柚子樹掛滿了拳頭大小的青柚子。離成熟還有兩三個月，已經讓爸爸和他的伙伴垂涎三尺。正值農忙時節，村裡靜悄悄的。意光指指葉家院子說：「我們去摘柚子吃，去不去？」

爸爸說：「我媽說不能拿別人的東西。」

顯常說：「有時候打風，柚子會掉到地上。我們去摘一兩個就等於刮了一陣風。」

意光說：「對啊，掛了那麼多柚子，我們摘兩三個，誰都看不出來。」

爸爸猶豫地說：「那，我們去看看有沒有掉到地上的吧。」

梁家和葉家之間沒有圍欄。穿過院子到了柚子樹下，意光和顯常二話不說就爬上了樹。爸爸繞樹走了一圈，地上一個柚子也沒有。意光和顯常在樹上喊：「快上來，樹上的柚子很大。」

爸爸最終還是爬上了樹，伸手摘了一個柚子。他咬了一口，柚子的皮又厚又硬，味道又苦又澀。他正打算爬下樹，忽然聽到一個聲音由遠而近：「誰在摘柚子？柚子還沒成熟呢，不要糟蹋它們。」

來的是葉家一個六七十歲的阿公，手裡拿著一根兩三米長的竹竿。爸爸嚇壞了，正要不顧一切地從兩米高的樹幹跳下。

葉阿公急忙說：「樹太高了，不要跳，會傷筋骨的。好好下來。」

爸爸從樹上爬下來，羞愧地說：「葉阿公，我錯了，以後不會再來。」

葉阿公和藹地說：「知錯能改就好。等柚子熟了我摘幾個給你們吃。」

爸爸慌不擇路地跑回家。那是他第一次做壞事，也是最後一次。

夏末秋初的田螺又多又肥美，爸爸和伙伴們便到水塘摸田螺。田螺藏在水草裡，手輕輕地摸到，立刻撿起放進竹簍。回家後將田螺放在清水裡養兩三天，讓它們吐出肚裡的污物，這個過程叫「吐水」。期間每四個小時換一次水。吐水後，用刀背敲掉螺尖，再在燒紅的鍋裡加薑蒜及酒糟炒幾下，把田螺倒進去，加一把鹽，炒熟後盛盤。剛出鍋的田螺熱騰騰的，輕輕一吸，香熱爽口的田螺肉和螺汁一同滑入喉嚨。全家人一起吃田螺非常有趣，「稀稀噓噓」之聲此起彼伏，滑稽又痛快。

上羅衣村有很多小水溝，春夏水漲時流入羅衣溪，秋天天氣乾燥，溝水便流不進羅衣溪。爸爸他們看過大人在水溝裡捉魚，便約好自己去試一下。他們帶著木桶、鋤頭和竹筬簍，找到一段平緩的水溝。鋤了二十幾塊帶著厚泥巴的草皮，並用水溝裡的石塊和草皮在那一小段水溝兩旁築起小水壩，堵住兩邊的水，再用桶把圍住的水潑到兩側。經過一個多小時，水才潑了一半，爸爸精疲力盡地說：「別人好像很快就能潑乾水，我們截的水太多了，我沒有力氣，潑不動了。」

顯常和意光附和道：「我們也沒力氣了，歇一會兒再說吧。」

三人躺在水溝邊的草坪上聊天。過了一會兒，又跳進溝裡繼續。溝裡的水越來越淺，爸爸突然感覺腳底踩到了一樣滑溜溜的東西，一下子便滑走了。他興奮地喊道：「我踩到了一條泥鰍！」

幾人仿佛突然注射了興奮劑，瘋狂地潑起水來。不久，水快乾了，泥鰍在泥漿裡打滾，四處亂竄。他們拿起竹簍撈滑不溜湫的泥鰍，但泥鰍一轉眼就鑽進泥裡，溜得無影無蹤。幾個人在泥潭裡撲來撲去，變成了三個小泥人。泥漿裡還有幾條塘虱，但客家人從來不吃塘虱，因爲相信塘虱是鬼變的。忙了一天，卻只捉到六七條小泥鰍，在木桶裡鑽來鑽去。三個人卻不在乎多少，只在乎捉到了泥鰍，開心得蹦蹦跳跳，有說有笑地回家。

秋天是上山採野藍莓、柚子、糖梨、禾梨及山松的季節。糖梨和禾梨需經水煮去除苦澀味方可入口。儘管果實尚未完全成熟，爸爸依然吃得津津有味。

冬天則是萬壽果、竹桔、羊屎頭和栗子成熟的時候。爸爸最喜歡的便是到山上撿栗子了。那夜，風「呼嘯呼嘯」地穿過山林，雨「滴答滴答」地敲打屋頂。爸爸在床上翻來覆去，睡不著，他心裡想著肯定有許多栗子被風雨打落，如果明天不下雨，那該多好啊。

第二天果然雨過天晴，爸爸一爬起床就跑去找顯常和意光說：「我們趁早去後山撿栗子吧，晚了就都被別人撿光了。」三人一吃完早餐便蹦蹦跳跳地抄小路走向後山的森林。驟雨過後，林中依然濕漉漉的，沒多久，他們的衣服便被打濕了。山路是砍柴人走出來的羊腸小徑，各種蔓藤植物牽繞在兩旁的灌木上，盤根錯節。爸爸拿著一根竹棍在前面開路，意光居中，顯常殿後，三人互相拉扯幫扶，爬上了一個陡峭的山坡。穿過重重蔓藤屏障後，他們來到了一片平坦的小山頂，天地頓時豁然開朗。

兩棵需要三人合抱的大栗子樹從十多米高的樹幹向四方伸展開來，直徑達三十多米。枝葉茂密，像兩把撐開在蒼穹下的巨大綠傘。一陣風吹來，繁茂的葉子互相摩擦，發出「沙沙」的聲音。栗子樹下覆蓋了一層厚厚的枯葉，枯葉上散落著一個個拳頭大小、爆開口的栗子殼，露出油亮的栗子。四周靜悄悄的，爸爸他們歡喜若狂地蹦跳叫喊：「我們是今天最早到的！快撿栗子啊！」他們立刻分散開來，各自撿拾。有時撿到還包在殼裡的栗子，有時則撿到已經從殼中滾出的栗子。不一會兒，爸爸的小布袋就差不多裝滿了。

陸續又來了幾個小孩，有幾個年紀稍大的拿著樹枝或竹竿敲打樹上仍挂著的栗子殼，將它們打落後撿進袋子。一陣山風吹過，三兩個栗子球從樹上「乒|乓|」地掉下來，其中一個正好砸在爸爸的頭上。

三個伙伴決定繞著山的大路回家，那條路雖比來時的小路遠，但路徑平坦，好走得多，反正是回程，他們也不急。

回到家後，他們用木頭砸開栗子殼取出栗子，再用刀在栗子尖上劃一個小口，把栗子放入水中煮。煮熟的栗子沿著刀口裂開，屋子的每個角落都瀰漫著栗子的香氣。新鮮滾燙的栗子香甜可口，因爲是自己勞動的成果，吃起來格外滿足！爸爸只吃了幾顆，剩下的都放進全家人的粥裡。

童年的遊戲，有些與食物無關。例如門樓下的故事、聽留聲機、地堂裡滾鐵環、騎竹馬、抽陀螺、賭銅仙、斗黃金皮、放風箏和捉螢火蟲。

十一歲的梁輝光接替青伯婆，成爲了講故事的人。輝光是爸爸的侄子，稱爸爸爲「仰叔」，卻比爸爸大六歲。因爲與我同輩，我叫他輝光哥。

輝光哥的爸爸在他出生不久便去了南洋，他則與母親和祖母留在梅縣，由祖母撫養長大。他的祖母識字，從輝光哥兩三歲時就教他認字，並向他講述許多故事。他天資聰穎、口齒伶俐，且記憶力驚人。他的祖父梁開德在世時曾是梁氏家族的私塾教師，家中藏有不少章回小說，輝光哥八九歲時便開始閱讀家裡的藏書。

七八歲時，他找到了一把祖父留下的二胡，坐在家中擺弄了幾天，竟然無師自通，便在衆人乘涼時拉上一段。

有一天，他靈機一動，拿起二胡說道：「光拉二胡有點單調，不如這樣吧，我先講一段《三國演義》，再拉一段曲子。」他口才出衆，幽默風趣，一開頭便深深吸引了聽衆。每段故事的開篇和結尾詩詞部分，他都用二胡配合說唱的方式拉唱出來。講故事時，他眉飛色舞、繪聲繪色；拉二胡時，琴聲悠揚婉轉，蕩氣回腸；說唱時，聲情並茂、激昂高亢。講到緊張之處，他故意賣關子停下來，讓聽衆焦急地懇求：「接著講啊！」他才不緊不慢地繼續講下去。爸爸聽得津津有味，聽完後還要反復回味。輝光哥成了爸爸的文學與歷史啟蒙人。

一九三七年，爸爸的一個堂侄梁超光從印尼回到梅縣。梁超光才一歲多，特別愛哭。他的父親發現，每當留聲機響起，超光哥便不再哭鬧，因此回國時特地帶上了那台留聲機。那是一部老式留聲機，四方形的盒子連接著一個花瓣形的銅喇叭，旁邊有上鏈的搖把。

六歲的爸爸對那台留聲機著了迷，想知道那動聽的歌聲究竟從哪裡來。他圍著留聲機轉了一圈又一圈，上看下看，仍然不明白，心想：「是不是有幾個小人在喇叭裡唱歌？」

超光哥的爸爸指著旋轉的唱片說：「這個唱片錄著這首歌，唱片上有很多溝槽，搖把上好鏈，把唱針放在唱片上，歌聲就出來了。」他向爸爸示範了幾次留聲機的操作。

從那天起，爸爸每天一有空就輕手輕腳地走到超光哥的房間。如果超光哥在睡覺，他便悄悄退出房間；如果超光哥醒著，他就走到留聲機旁，上鏈後小心翼翼地將唱針放在唱片上。悠揚的歌聲響起，爸爸也情不自禁地跟著哼唱起來。

超光哥的媽媽非常喜歡懂事的爸爸。每次爸爸一來，她便自己忙別的事，而爸爸就成了留聲機的操作師和超光的半個保姆，每天在他們家裡進進出出。帶同來的唱片有《義勇軍進行曲》、《鋤頭舞歌》、《鐮刀舞歌》、《桃花江上》、《漁光曲》、《空谷幽蘭》和《抗敵歌》。爸爸把每一首歌都唱得滾瓜爛熟，小小的超光也隨著音樂手舞足蹈，咿咿呀呀地附和。梁超光的留聲機成了爸爸的音樂啟蒙老師，唱歌也成了他最大的愛好。

賭銅仙是當時兒童的一種遊戲。那時梅縣市面流通的貨幣種類繁多，有清朝的銀元銅錢、印有袁世凱頭像的銀元「袁大頭」、印有孫中山頭像的銀元「孫大頭」、各大錢莊、銀號及銀行發行的紙質貨幣，以及南方國民政府發行的貨幣，還有兩廣地區鑄造的面值爲兩角或一角的「毫洋」銀元。民國時期梅縣各種貨幣的流通，印記了那個時代的政治動蕩。

爸爸得到的壓歲錢多是清代銅錢，其中有嘉慶通寶、同治通寶、光緒通寶和光中通寶。只需兩個銅錢就可以參加到地堂玩賭銅仙。將一個作爲本的銅仙放在地上，在距離銅仙約兩米的地方劃一條線，大家站在線外，輪流用自己帶的銅仙扔向地上的銅仙，誰打中便贏得那個銅仙。接著再放另一個作本的銅仙在地下，進行第二輪比賽。爸爸的手眼協調能力一般，贏的機率不高，每次輸掉了做本的銅仙便收手，其他小孩子也沒有太多的本錢去戀戰。

每隔十來天，有幾個沿街叫賣零食的小販會光顧上羅衣村。一個是賣仙人瓣的梁淮因，一個是賣漿油豆腐的林亞耿，還有一個是賣陳皮絲糖餅的黃紹球。爸爸平時沒有錢買零食，過年後口袋裡有幾個壓歲銅錢叮當作響，聽到叫賣聲便忍不住跑出去。

有一次，遠遠地傳來梁淮因的叫賣聲，爸爸拔腿就跑。快到大門時，他的腳拐了一下，「啪啦」一聲摔在地上，牙齒正好撞上門檻，磕破了門牙，痛得眼淚和冷汗一齊流。他的上門牙從此缺了一小塊。

賣陳皮絲糖餅的黃紹球與其他兩個小販不同。客人既可以買他的糖餅，也可以用廢銅爛鐵來交換。爸爸每次出門都隨手撿拾破銅爛鐵和碎玻璃。每過一個月，黃紹球挑著擔子沿山路走進羅衣村，邊走邊用小鐵錘敲打鐵鏟，發出「嗒嗒叮叮嗒嗒叮，嗒叮嗒叮嗒叮叮」的聲音。爸爸聽到錘聲，就到房角拿起破爛，循聲而去。

黃紹球挑著兩個直徑六十多釐米、高六十多釐米的籮筐，籮筐上套著竹箕，竹箕上放著一塊大約八毫米厚的褐色陳皮絲糖餅。接過爸爸的廢品，黃紹球滿臉堆笑，「這個月撿了不少呢。」他拿開竹箕，把廢品放進半滿的籮筐，然後放好竹箕，再用小尖鐵錘在糖餅上敲下一塊指頭大小的糖餅放在爸爸手上。糖餅非常韌且有彈性，爸爸咂咂有聲地慢慢享受。

炎熱的夏夜，螢火蟲在空中飛舞旋轉，爸爸和小伙伴們走到空曠的小山坡，張開雙臂，跟著螢火蟲一起飛舞。螢火蟲飛累了，便伏在草叢和樹腳下喘息，草叢中點點粼光在閃爍。小螢火蟲像指甲般長，小伙伴們屏息凝神，彎腰拾起它們，放進玻璃瓶。這樣飛一飛，玩一玩，時間不知不覺就過去了。爸爸隱隱約約聽見阿嫲在喊：「阿仰，你在哪裡？夜深了，快回家睡覺。」

他們便拿起裝著螢火蟲的玻璃瓶走回家。玻璃瓶裡的熠熠螢光聚集在一起，如同一個電池快要用完的小電筒，依稀照出山邊小徑的輪廓。一群客家小孩天眞無邪的歌聲隨著晚風在寂靜的山谷中飛揚：

螢火蟲夜紅紅，
請你飛到小瓶裡，
給我做個小燈籠。

第六章：客家女人（一九三六年—一九三七年）

此章通過祖母在一九三六——一九三七年間的人生經歷展現客家女人的風采和美德。走出夫妻感情破裂的傷痛，二十四節氣的耕耘收獲：春分浸穀種、穀雨插秧、小滿採摘新季的瓜菜、大暑搶收稻穀、處暑收黃豆、秋分收花生、霜降前收番薯、立冬後收割晚稻。一年四季無私奉獻，言傳身教做正直善良的人。一曲客家山歌在山谷迴蕩……

問：「客家女人的美德是什麼？」

答：「她們苦中作樂、勤勞簡樸、溫良恭儉讓、出得廳堂入得廚房、樂觀厚道、精明能幹、尊老愛幼。她們真是太優秀太偉大了。我這輩子最敬愛的人就是我的母親。」

問：「阿嫲身上最閃亮的是什麼？」

答：「她哪裡都閃光。她善良，從小教育我們不要做傷天害理的事，做事要憑良心。她很會待人接物，與人相處得很好。她教我要包容人。她非常勤勞，很少抱怨，無論做什麼都興致勃勃。她十分慈祥，說話帶笑，聲音和藹可親。她從未大聲教訓過我，僅憑一個嚴厲的眼神，我就知道自己做錯了。」

問：「你剛才說阿嫲教你做事要憑良心。你也總是『良心』兩字不離口。你替報紙寫文章的筆名也是『良心』。究竟這兩個字包含著什麼內容？」

答：「『良心』二字確實有深厚的道德內涵。我的理解是，首先一個人要正直，順天理，有責任感；要有仁愛之心，胸懷廣闊，懂得包容別人；要有禮貌，守信用。」

問：「阿嫲生活在一個動蕩的年代，靠自己維持一個家並撫養三個兒子，你覺得她命苦嗎？」

答：「阿嫲雖然清貧如洗，但她享受耕耘與收穫的喜悅。她最憂心的時候是我們三兄弟生病，或遇到旱澇天災，其他時候她都是平和快樂的。她是一個典型的客家女人，沒有時間怨天尤人。一生中最苦的是與阿爺的關係不好，但她從未在我面前抱怨過他。」

問：「你那麼小就知道她的感受？」

答：「她經常自言自語，最喜歡的話題是當天的耕耘與收穫。說的時候臉上掛著淡淡的笑意，娓娓道來，彷彿在念一首田園詩，聽著很舒服，深深存入記憶。我後來從事農村經營管理，想起她說的話，意識到她是個一流的種田人。」

一九三六年的農曆新年期間，阿嬤與阿爺形同陌路。阿嬤的心傷透了。新年不久是立春，天寒地凍。按家族的規矩，從年初一到元宵這十五天是不下田的，但阿嬤胸口悶得難受，無法待在屋裡，於是立春那天便扛著鋤頭去平整土地，爲春耕做準備。

雨水來了，天氣依然寒冷，連續幾天陰霾密布，忽然下起冬雨。連綿的山坳被灰濛濛的寒冷雨霧籠罩，山與山的輪廓像一幅淋濕了的水墨畫，筆畫模糊地化開。阿爺快要啟程三渡重洋，爸爸成了他們兩人的傳話筒。

「告訴你阿媽，我後天走了。以後就不回來了。」

「告訴你阿爸，我不管他回來不回來。但家裡的三個兒子他不能不管。」

「告訴你阿媽，兒子怎麼都是我的，用不著她來教訓我。等你們長大了，我就會替你們辦去南洋的手續。」

「告訴你阿爸，你要在中國讀書，讀大學，不去南洋。」

「告訴你阿媽，我的兒子姓梁，不姓李！」

「告訴你阿爸，母子連心！」

「告訴你阿媽，走著瞧！」

阿爺離家前那晚，阿嬤在床上翻來覆去地自言自語。她長嘆一口氣說：「哎，一場夫妻不容易，爲什麼要鬧得不歡而散？看在四個兒子的份上，明天還是送他一程吧。」

她轉了一個身，語調突然變得急速：「送什麼送？他這麼犟的牛脾性，他會買我的賬嗎？要是他發起脾氣來，還讓自己討個沒趣。」

她坐起來靠著床頭：「他口口聲聲說不會再回來。一個男人孤身上路，也不容易。在家千日好，出門步步難。就算是念在夫妻緣分，總得替他做點事情。」

她側身躺下：「爲什麼總是那麼心軟？他何曾念過什麼夫妻緣分？每次都翻臉不認人。他走了眼不見心不煩。」

她翻了個身趴睡在床上：「哪對夫妻不是這樣吵吵鬧鬧熬過來的？這年頭兵荒馬亂，我一個女人在家沒所謂。天塌下來還有幾片瘦地、親戚鄰里、三個兒子和自己的一雙手。他一向不會照顧自己，要是有個三長兩短，誰去理他？也是一個可憐人。」她抽抽泣泣地哭了起來。

爸爸一直躺在床上假裝睡著了。聽到哭聲，他爬到她身旁。阿嬤哭得更傷心，邊哭邊輕撫爸爸的頭。初春季節，剛剛遇上了一場「倒春寒」。屋子外寒風料峭，阿嬤的眼淚掉到爸爸的臉上，瞬間冰涼。

第二天，雞還沒有叫，阿嬤就起來做早飯，用豬油煎了兩個雞蛋，煲了一大碗飯，在飯裡加了一大勺豬油，把香噴噴的雞蛋飯放在阿爺平時坐的位置上。阿爺走到八仙桌前，板著臉，指著雞蛋說：「這不是我的雞蛋，我不吃。誰稀罕你的東西。」

阿嬤騙他說：「這兩個雞蛋是你的雞生的。我過年前撿錯了，今天還給你。」

阿爺嘀咕著說：「什麼是撿錯了？明明是偷！別以為我會買你的賬。我早知道娶了個賊婆娘。」

阿爺一走，阿嬤的情緒低落，鬱鬱寡歡。開始還勉強撐著，過了幾天卻垮了，全身乏力，臥床不起。幸虧住在一個大家庭，所有的姑嫂妯娌婆娘都幫她一把，有的煲三餐，有的餵養家畜，有的照顧四叔。

驚蟄到了，春雷萌動，驚醒了冬眠的動物和昆蟲。清晨，燕子在屋簷上「吱吱喳喳」地叫，晚上田野傳來隱約的蛙鳴。山裡的楊梅、梨子和桃子樹在含苞待放。自然界在復甦，阿嬤卻躺在床上，一點生氣都沒有。跟阿嬤最好的開琴堂伯母在阿嬤房裡熏燒艾草，邊念念有詞地說：「蛇鼠蚊蟲，五毒和霉氣，小人惡鬼，冤有頭，債有主，不要打擾阿梅了，她沒有得罪過你們，放她一條生路吧。」

阿嬤還是臥床不起。爸爸懂事地守候在她的左右斟茶倒水。開琴伯婆每天幫她做點家務，一有空就拿著針線到她的房裡陪她說說話，幫她解開心結。開琴伯婆知道她最放不下三個兒子，所以一開口就提起他們。

「你的阿祝眞聰明，我今天見他帶了個畫架在羅衣溪邊畫山水，畫得眞美啊。他長大了肯定很有出息。我敢夸口，你的後半輩子一定衣食無憂。」

「你的阿仰眞乖，今天他又高高興興地幫我燒火做飯餵雞餵豬。你眞有福氣，養個這麼聽話的兒子，樣子又好看。我巴不得有這麼一個兒子。」

「你的阿雪長得眞快，一天不同一天。他這幾天什麼都往嘴巴裡塞。今天我看他津津有味地吃東西。走近一看，竟然是滿嘴泡沫，他不知爬到哪裡撿了塊肥皂！你可得快點養好病。他還一歲不到，需要你這個做媽的。」

阿嫲開始只是以「唔」、「哦」應對。後來應答的話語慢慢多了起來。

春分到，青青小草破土而出，遠近的山坡披上新綠。開琴伯婆一清早對阿嫲說：「今天是春分。春分到，地氣通啊。」

阿嫲如夢初醒地說：「春分到，地氣通，要春耕了。天啊，我還沒有浸下早稻的種了。今天不浸種就來不及了。哎喲，還沒有育番薯苗呢。我得趕緊動作，要不一家人都要餓死。」

她慢慢走下床，推開房門，走過廳堂，走到老屋那扇厚厚的木門前，吸了一口氣，再用力推開了門。空氣中飄來了遠近果樹花架的淡淡芬芳。她的臉上綻開久違的笑容。

開琴伯婆呵呵大笑：「你總算醒過來了。倒春寒剛過，現在馬上浸稻種剛好。現在開始培育番薯苗也趕得上立夏時插種。」

阿嫲從天井的古井打了一桶水，她散亂的頭髮和蒼白的臉孔在水裡蕩漾。

「我怎麼會變成這個樣子？都認不出自己了。」

開琴伯婆說：「現在好了。先去洗個澡，梳洗乾淨就跟以前一樣了。」

阿嬤洗完澡，換上一套乾淨的衣服。是一件用黑色「家機布」做的企領大襟衫和大擋褲，肩膀和膝蓋處都有大塊補丁，顏色已很暗淡。她坐在那張古老的雕花四柱床的床沿上梳理頭髮，把理順的頭髮梳到後面攏成一個髻。爸爸早已乖巧地從床楣上的點心盒拿出她的髮釵和銀簪。阿嬤取出三支刀形的頭釵，分左中右自上而下插入髮髻，再用那根劍形的銀簪橫穿髮髻而過，把髻牢牢地固定在頭上。她再取出一條自己紡紗織布、漂染裁剪及縫紉的藍底白花鑲邊圍裙。那圍裙一紮在頭上，就成了保暖防曬的頭裙。爸爸從小覺得阿嬤戴上頭裙的樣子最美。他凝望著她，心裡充滿了歡喜——他熟悉的媽媽終於回來了。

阿嬤浸下了稻種，便趕著牛去翻整秧田。

從那天起，家裡的磨輪又重新啟動，阿嬤依循著日月星辰的運轉和二十四節氣的變化辛勤勞作。每天太陽還未升起，雞還沒叫，她就起床幹活，一直忙到月亮高高懸掛在天上。

春分時浸下的穀種，過兩天就開始發芽。她把種子撒在一片背風向陽的秧田裡，再在稻種上撒一層稻殼灰。阿嬤告訴爸爸：「稻殼灰可以保護稻種。稻種受了寒就發不出芽。」只過了兩三天，幾根嫩嫩的秧苗就鑽出泥土。三四天後，嫩綠的秧苗毛茸茸地長了出來。阿嬤抓緊時機施了一次濕肥，她告訴爸爸這次「斷奶肥」很重要，沒有它，秧苗就會缺肥發黃。

撒完稻種的那天，吃過飯後，她拿出一包花生種，叫爸爸跟她一起剝殼，再選出那些鼓鼓脹脹的。

爸爸問：「我們明天去種花生嗎？」

「明天不去，過七八天再去。」

「爲什麼要過七八天？」

「剝殼後七八天再種的花生出芽齊，而且長得壯。」

「是不是越早剝殼的花生越壯？」

「不是，剝殼太早的花生受潮後會變成壞種，長不出來，即使長出來的苗也很弱。」

阿嫲抓了一把篩選下來的小花生米給爸爸，說：「你拿這些去吃。」

爸爸高興地說：「我要跟你一起去種花生。」

「太好了，我教你點花生。」

過了幾天，阿嫲起早貪黑地翻整所有的濕田、旱田和大小菜地。終於有一天吃晚飯時她說：「連續幾天晴天，明天也不會下雨，是種花生的好時候。」

次日，阿嫲又起了個大早。她牽著牛，爸爸拿著那包花生種跟在後面。花生地上已經覆蓋了一層新撒上的稻草乾肥。

爸爸驚訝地問：「是誰這麼早把乾肥從糞間撒到地裡？」

阿嫲笑著說：「除了我還有誰？」

「你才剛剛從家裡來啊。」

「我天沒亮就起床了，先把糞間的肥挑到這裡，再回家煮早飯和餵豬餵雞。」

「爲什麼不早幾天就把肥撒到地裡？」

「種花生的時候，泥土不能太乾，也不能太濕。太乾花生發不出芽，太濕花生會爛死在土裡。在糞間裡浸漚著的乾肥潮濕，混和到土裡既能保持適當的濕度，又替花生保溫，還可以在雨天幫助泥土排水。如果我們幾天前就撒肥，泥土現在就會太乾。」

「阿媽什麼都知道。」

「阿仰長大了會知道更多。」

花生地在冬季就已經深耕過。阿嫲那天趕著牛再細耕了一次，犁過之處，泥土與濕潤的稻草乾肥混合在一起。接著是把地犁成壟。起壟後，阿嫲用耙子把表層的泥土鋤鬆，爸爸則把翻出的草根和菜頭撿起來。

耙好地後，阿嫲在每壟上每隔一步鋤一個坑，爸爸在每一個坑裡放兩粒花生種。阿嫲開完坑後再回到第一壟，把已經點了花生種的坑填好。剛剛種下花生的土地，壟溝整齊，土地鬆軟。

爸爸問：「我們什麼時候可以收花生？」

「阿仰眞性急啊，要過半年，到秋天才能收花生。」

種下花生後，阿嫲又忙著種黃豆、瓜豆和青菜。

乍暖還寒的農曆三月初，突然吹起了南風，天氣頓時暖和起來。阿嫲笑著說：「清明吹起大南風，今年肯定是個大豐年。」

清明後幾場春雨，濕透了土地。雨後的空氣清新明麗，陽光普照無塵的山村。阿嬤高興地說：「這麼好的雨水和陽光，種下的作物很快就要發芽了。」

爸爸走到花生地，彎下腰細看，果然，依稀可見綠色的新芽剛剛露出土面。再過　大，一小片嫩葉張開了，青綠色，圓圓的，可愛極了。

春分後播種的秧苗已長成指頭長，肥肥壯壯，密密麻麻，一片耀眼的嫩綠。雨水浸透了稻田，阿嬤爭分奪秒地耕地、耙地。

轉眼間，秧苗已長出六七片葉子，阿嬤再施一次肥。她說：「這是『送嫁肥』，讓秧苗長得更壯。過三五天就可以起秧，肥壯的秧苗插下後很快回青。」

穀雨前又下了兩場春雨，稻田的水有一寸多高，秧苗長到差不多三寸高，插秧的時節到了。阿嬤拿起一把把秧苗，踏著節拍將秧苗整齊地插入田中。不用尺子，她插下的一行行秧苗無論是豎看、橫看還是斜看，都整齊筆直。

插完秧後的幾天，忽冷忽熱，一家四口都患了重感冒，發燒咳嗽，口乾流鼻涕。阿嬤撐著虛弱的身體照顧三個兒子，還要照舊打理家務。她從山上採來金銀花藤煲水喝了兩天，但四人依舊病未痊癒。她又到梁學琴中醫那裡買了幾服中藥，喝完後仍不見好轉。

同屋一位老人說：「去試試賣傷風吧。用紅紙包著一個銅仙，共包四包，把它們扔到村口雜貨店前的路上，那裡來往的人多。如果有人撿了紅包，你們的傷風就會賣斷。」

阿嬤自言自語地說：「賣傷風做不得。要是撿到銅仙的人得了傷風，我的良心怎麼過得去？不能做傷天害理的事。」

傷風終於好了，但四叔卻落下了夜啼症，每到夜晚便啼哭不眠。阿嬤餵他喝了好多天的獨腳金，但不見效。於是她到道廟求道士寫了一道符：

天黃黃
地黃黃
我家有個夜啼郎
過路君子念三轉
安眠善睡到天光

回家後，阿嬤將符紙貼在老宅外牆顯眼的地方。四叔仍然夜夜啼哭，過了兩個多月才慢慢好起來。

穀雨後，天氣日漸轉暖，花生、黃豆和青菜都長得非常茁壯。秧苗也已轉青挺立。山上蔥鬱蒼翠，山邊的杜鵑花含苞待放，到處充滿了生機勃勃的景象。阿嬤忙著施肥，並給各種瓜豆搭上一米多高的竹支架。

立夏到了，初夏的陽光明媚，土狗在田間叫個不停，蚯蚓在菜地裡挪動掘土，瓜豆的蔓藤沿著竹枝向上攀爬，每天能長兩三寸，轉眼就開始抽花。阿嬤趁著土地不乾不濕之際挖坑，斜著種下育好的番薯苗，種好後用腳小心地踩實苗旁的鬆土。她說：「壓實泥土，番薯苗才能長得壯。」

四月中的小滿，日照時間越來越長，白天的氣溫隨著太陽升高。有些瓜菜可以採摘了，飯桌上除了鹹蘿蔔和酒糟，還多了一盤鮮嫩的青菜。水田裡的稻禾正在分櫱拔節，迅速成長。芒種忙種，正是忙碌的種植時節。阿嬤要除草、施肥、除蟲、灌溉、耘田，天天忙得不亦樂乎。回家時，她還會摘回一大把新鮮蔬菜。

夏至，日照時間爲一年之最。太陽連著幾天酷曬，氣溫越來越高。阿嬤向天祈求：「老天爺，求您賜給我們一陣涼風吧，這樣的酷熱天氣會影響水稻灌漿啊。」

可能老天爺被她的虔誠感動，次日下午突然烏雲密布，雷鳴電閃，狂風大作，隨即傾盆大雨鋪天蓋地而來。阿嬤又向天祈求：「老天爺，謝謝您送來涼風甘雨。但今天多有冒犯，求您開眼，收起這狂風暴雨。水稻正抽穗揚花，如果這幾天被雨打，這一季的收成就會泡湯了。求您體諒我們的辛苦。」

畢竟是夏天的驟雨，來得快，去得也快。到了傍晚，天邊出現了一道彩虹，映襯著被夕陽染紅的天空，遠近山巒的樹梢仿佛鍍上了一層金黃。第二天又是驕陽似火，稻花的香氣四溢，田園的美景令人陶醉。阿嬤滿心歡喜地說：「不到一個月就能收割了。」

稻穗過了七八天便結成了一串串稻粒，用手指一壓，白色的乳液便噴了出來。阿嬤忙著到田裡清理溝壑，對爸爸說：「小暑前後，有的年份會大旱，有的則會遇上颱風暴雨。要兩手準備，旱天來了就灌溉，暴雨來了就排水。若是水田積水太多，稻禾倒伏受淹，到手的豐收就成了空。」

稻穗上的穀粒有些開始由綠轉黃，沉甸甸地彎了下來。阿嫲早晚觀望天空，祈求老天爺保佑豐收不受損失。

小暑來了。那天下午，阿嫲撒下了晚稻的穀種。從秧田回家時，已近黃昏。厚厚的白雲如羽毛般高懸於天空，遠處的青山綠樹清晰可見。阿嫲自言自語地說：「不對呀，天空怎麼在這個時辰還這麼高清？」

轉眼間，太陽落下西山。幾分鐘後，西沉的太陽處發射出數條紅藍相間的耀目光芒，穿越蒼穹。阿嫲的挑擔從肩膀上滑落到地上，「糟糕了，是反暮光！」

她拿起一把砍柴刀，飛快地跑到靠近秧田的竹林，拼命地砍呀砍呀。砍下一捆約兩指粗、五尺高的竹子，拖到秧田。借著月色，她再砍下長於竹子兩尺以下的橫竹枝，將它們沿著壟溝的兩邊密密深深地插進土裡。插好的竹枝構成了一道尖尖的保護傘，保護著撒下了穀種的育苗地。隨後，她把所有的主竹竿拖到稻田，堆放在田埂上。

第二天一早，阿嫲又去砍竹子，拖去稻田。風漸漸起，進入了蠟熟期的稻穗隨風搖曳。阿嫲將一根根竹枝密密插進稻田與田埂相連的田溝裡。竹子用完了，她又去砍。雨來了又停，停了又來。雨水和汗水濕透了她的身體。風越來越大，她的動作也越來越快。雙手早已麻木，卻仍不停地插、插、插。不知過了多久，整片稻田被一米多長的竹子圍攏起來，每根竹竿的橫枝從稻穗的高處交叉在一起，交織成稻禾的護衛牆。

大雨停了一陣，狂風無情地從四面八方捲來，有時從前推來，有時從後撞擊，有時往左扯，有時往右拉，有時從天而降，有時從地底往上旋轉。阿嫲微微弓著身子，努力穩住重心，腳下的步伐雖然緩慢卻堅定，一步步頂著風艱難地向家走去。

風在咆哮，爸爸坐立不安地等待著阿嫲歸來。他將一張竹凳子放在床上，站在竹凳上透過小木窗向外望。窗外天昏地暗，層層疊疊的山坡、樹林和竹叢成了一片巨大顫動的影。一頂竹笠被風卷起，在空中旋轉，再「砰」地一聲重重摔到地上，滾了幾圈，滑了很遠，再被吹起，撞進一叢灌木。爸爸驚恐地打了個顫，慌慌張張地下了床跑到樓下。

瓢潑大雨忽然從天穹傾瀉而下，萬物在雨中搖曳。阿嫲終於看到了老宅的輪廓。一陣風從後面襲來，她順著風勢向前衝。終於摸到了家門，推開門，與向門縫張望的爸爸撞了個正著。爸爸撲上前抱住濕淋淋的她：「阿媽，我怕！」

「不要怕，阿媽回來了。」

那天晚上，樹木「唰唰唰」地不停互相碰撞，雨鋪天蓋地「嘩嘩嘩」地敲打著老屋的瓦頂，再順著瓦頂傾瀉到天井。爸爸害怕得不敢待在樓上。他爬上阿嫲的床，擔心地問：「屋子會不會塌下來？」

第二天清晨，萬籟俱靜，蟲鳥百獸皆被折騰得精疲力竭。風停了，雨止了，萬物沉睡於靜謐之中。

天大亮，村裡的人走到田野視察颱風造成的破壞。稻田的水已淹沒了田埂，快成熟的稻穗倒伏在水中，村人搖頭頓足，唏噓哭泣。在一片狼藉的田野中，一塊被竹牆包圍的稻田格外顯眼。

所有的目光都集中到阿嬤身上，「壽嫂，快看看你的稻有沒有倒伏？」

阿嬤走到田埂，伸手拔起一根竹子。她有些猶豫地回頭望了望，衆人催促道：「快點拔呀。」

她點點頭，三四根竹子一起拔下，竹牆露出了一個缺口，裡面的稻子雖然濕淋淋，卻沒有倒伏。衆人齊聲「啊」了一聲，接著七嘴八舌地問：「你是從哪裡學來這法子的？」

阿嬤說：「我一看到反暮光就感到不妙，心想無論如何不能聽天由命。看到一叢竹子，沒多想就這麼做了，沒想到還眞有點用。」

隨後，阿嬤立刻動手疏導秧田和稻田的積水。自己的秧苗和稻禾脫離了險境後，她便幫親戚朋友將倒伏的稻禾一棵棵用禾草在離地四寸的位置綁起來，讓它們互相依靠著重新立起。

大暑時分，稻穀收穫季節到了。驕陽似火，阿嬤戴著斗笠搶收稻穗。她雙腳扎穩馬步，腰往前彎，左手整齊抓住稻桿中部，右手揮舞鐮刀，割下稻禾後再用腳踏打稻機打穀。夜幕降臨，借著星光，她挑著剛收穫的稻穀回家。

第二天，她叫上爸爸一起去曬穀。將稻穀倒在地堂上，阿嬤忍不住俯身用雙手輕撫，金黃色的穀粒從她指縫滑過。

「你聞到了稻香嗎？」她問。

爸爸點點頭，「咯咯咯」地笑了起來。

阿嬤笑道：「真是祖宗積的福啊。這麼大的颱風，我們還能收到七八成的稻子，其他人卻只收到往年的一半。」

她用抄耙將稻穀在地堂上薄薄地攤開，對爸爸說：「穀子曬不透會發霉。這幾天陽光好，我們趁好日頭把它們曬乾。稻穀要時時翻動才能曬透。我得去田裡犁出，十天不到就要插晚稻秧苗了。曬穀和翻穀的活兒就留給你了，阿仰做得來嗎？」

爸爸自豪地點點頭說：「做得來！」

阿嬤示範著用腳貼著地堂，在稻穀上挪行了一圈，走過之處留下了兩行一隻腳寬的溝。她對爸爸說：「你每過一陣子就這樣走一圈，讓穀子透透氣，把下面的翻到上面來。你走一次給阿媽看看。」

爸爸學著阿嬤的樣子走了一遍，暖暖的稻穀在他的腳面滑過，有點像搔癢癢。他忍不住「哈哈哈」地笑了起來。阿嬤也跟著笑，兩人相對笑彎了腰，笑得淚水都從眼角溢出來。

還沒來得及好好享受早稻豐收的喜悅，阿嬤便又投入了繁忙的夏種中，晚稻的秧苗已插下。

立秋過後，陽光雖然依舊明媚，但日照時間漸漸縮短。「秋老虎」來了又去，去了又來。

晚稻的追肥、耘田、除草、灌溉，一樣都不能耽誤。番薯迅速膨大，偶爾有一兩個長出土面，阿嫲順手把它們拔起來拿回家煮了：「還有點嫩，再過一個月左右就可以收了。」

處暑時節，晚稻開始分蘖，其他農作物也陸續成熟。墨綠色的遠山顯得沉厚凝重，黃豆結了莢，又是收穫的季節。黃豆晒乾收好，豆莢則放到糞間。趕著牛犁地一遍，乾枯的豆株便埋進土裡，到了來年春耕便成了土壤裡的有機肥。

白露到了，水稻在陽光下拔節長高。白天的暑氣依然縈繞著山莊，夜晚卻已有些寒意。阿嫲把左手遮在額頭上，看著天空中飛過的燕子和鴻雁，自言自語道：「它們是從北方飛來的，冬天快到了。」

羅衣溪離老宅前門右方不到兩百米，一條簡陋的石橋將沿溪兩岸的稻田連成一片。穿過溪對岸的稻田，有幾棟依山而建的房子。阿嫲有時帶爸爸到最靠山的那一棟，住在那裡的是她的好朋友劉嫂。劉嫂和阿嫲年齡相仿，性格爽朗，特別能吃苦，兩人常常結伴上山砍柴，互相照應。

劉嫂的丈夫與村裡的男人不同，特別喜歡務農，是個戀家的男人。村裡的男人大多去了南洋，只有他甘願留在家裡。夫妻倆每日日出而作，家裡雖不富裕，卻地盡其用、物盡其用、人盡其力，還養了豬、雞、鴨和兔子。阿嫲有時忍不住羨慕地對劉嫂說：「你眞幸運，男人在家，又勤勞，沒有一點不良嗜好，還疼你。」

劉嫂不好意思地說：「哪裡幸運呢，我們連出門的本事都沒有。」話是這麼說，臉上卻掛著掩不住的幸福。

一天傍晚，劉嫂收工回家，像往常一樣拿一把青草到牛棚。那條牛習慣伸著脖子張望，一見她就「哞哞」地歡叫。然而那天卻不見牛的蹤影，劉嫂緊跑過去，發現牛癱在牛棚地上，口中流出白色泡沫。夫妻倆連忙請來村裡的獸醫，獸醫看了搖頭說：「宰了罷！」

牛病死是一大損失。趕在死前宰了，還可以換些錢，挽回一些損失。夫妻倆於是連夜趕路去請屠宰師。屠宰師住在離上羅衣十多里的村子。那是個沒有月亮也沒有星星的晚上，劉嫂握住竹火把，劉叔拿著一條竹棍，兩人在山路上急行，時而一前一後，時而一左一右。走了五里路，突然見前方兩點青藍色的光，劉嫂一把拉住丈夫，向後退去。說時遲，那時快，一隻老虎騰空而起，直撲劉嫂，劉叔一把推開劉嫂，那隻老虎在他們之間越過，張開的爪子劃過劉嫂的左眼。劉嫂驚叫一聲，火把跌落地上，劉叔揮舞竹棒，猛力痛擊未及轉身的老虎，老虎受傷倉皇逃去。

阿嫲聽到消息後去探望劉嫂，只見她左眼用中草藥包著，卻依然在屋後的菜地裡幹活。阿嫲心疼地說：「你傷得那麼重，還不休息一下，讓我來做吧。」

劉嫂說：「沒事，我命大，老虎都吃不了我，傷隻眼算不得什麼，還有另外一隻頂用。牛沒了，人就要辛苦一點。」從此，劉嫂的左眼瞎了。

吹來了一場西北風，氣溫驟降十幾度，秋分到了。阿嫲問爸爸：「明大我要去收花生，那可是很辛苦的，你想幫阿媽收花生嗎？」

爸爸點了點頭。

阿嫲肩挑兩個竹筐，爸爸扛起一把三齒鐵叉。母子天一亮就到了花生地。阿嫲站在壟溝，用鐵叉斜斜地插進花生壟，再用腳踩住鐵叉，雙手往下壓，鐵叉尖便翹起來，鬆動了花生周圍的土。她抓住花生藤往上提，泥裡的豆秧帶著一串串花生破土而出。她拿著藤抖幾下，沾著的沙土簌簌掉到地上。阿嫲邊幹邊告訴爸爸：「收花生很費時間，要是貪快，土撅得不夠深，很多花生就會留在土裡。」

爸爸坐在田埂上，認眞地把花生從藤上摘下來放進籮筐。一顆顆花生網紋清晰，一看就知道果仁飽滿。

到了正午，爸爸累了，他問：「我們明天再來好不好？」

阿嫲說：「不能等到明天，晚上可能會下雨。要是土濕了，泥土黏在一起，就很難拔起花生。這樣吧，我給你唱一段山歌，要不要？」

「要。」

阿嫲放下鐵叉，站直了，望著遠方，放聲唱了起來：

嘿喲，依哎喲老妹哎，
有好山歌，
你就唱喲，

唱出來喲——嘿。

只短短幾句，清澈的歌聲在山谷中回旋。爸爸以前聽過阿嬤哼歌，卻從未見過她如此放聲高歌。他哀求道：「阿媽唱得真好，再唱一首。」

阿嬤笑著答：「山歌是正格的，無論老少都能唱，龍門背唱得，祖公廳下也唱得。好，再多唱一首，唱完之後，我們就繼續收花生，好不好？」

爸爸高興地點點頭。阿嬤再次唱了起來：

客家山歌特出（哇）名（哦），
條條山歌（哇）有妹名（哦），
條條山歌（哦）有妹（呀）份（喏），
一條無妹（呦）唱唔成（哦）。

客家山歌特出名（哦），
山歌又靚（呦）聲又甜（麼），
男女老少都曉（個）唱（哦），
朝晨唱到月落嶺（哦）。

客家山歌特出（哇）名（哦），
山歌無腳（哇）萬裡行（哦），
山裡唱到（哦）城裡（個）轉（喏），
五湖四海飄歌聲。

歌聲婉轉清脆，隨風飄蕩，彷彿將山川田野都注入了生命與活力。

那天收了幾十斤花生，阿嫲挑在肩上，扁擔的兩頭彎了下去。爸爸扛著鐵叉跟在後面，心裡想著花生的各種吃法，還有香噴噴的花生油，不禁說：「阿媽，我喜歡種地。長大了以後我要跟你一起種地，種好多花生、番薯和稻穀。」

阿嫲放下挑擔，嚴肅地說：「男人種地沒出息。不要忘了，你是軒公的後人，以後要做讀書人。」

寒露來，深秋到。天空中，一隊隊鴻雁飛過，有的排成一字形，有的排成人字形。晚上再也聽不到秋蟬「唏唏唏唏」的叫聲，晚稻正抽穗揚花，乳熟待收。

霜降快到，又是番薯收獲的季節。阿嫲說：「番薯不能收得太早，薯塊沒長大，不甜；但也不能收晚了，它們最怕冷，要是被早霜凍到了，就放不久。所以我們一定要在霜降前收好番薯。」

番薯還沒收完，卻收到了噩耗——外婆在處暑前後感染了風寒，於前一晚去世。阿嫲跌坐在地裡嚎啕大哭：「媽，媽，你爲什麼走得這麼突然？爲什麼？」哭了一場後，她從地裡爬起來，一邊抽泣著一邊繼續收番薯，淚水一滴滴地流到臉上，流到地上，浸入土裡。一陣深秋的涼風剛吹乾淚痕，鼻子一酸，淚水又滴滴答答地掉下來。

立冬到了，金黃色、沉甸甸的稻穗彎下了腰，又是搶收的時候。忙完晚稻的收割和收藏，小雪已過。阿嫲深耕土地，爲來年的春種做準備。大寒將至，阿嫲把雞棚、豬圈和牛欄修補了一遍，用竹枝和禾稈把夏天通風透氣的外牆封起來。她自言自語地說：「牲畜也怕冷，不能讓它們被寒風凍著。」

花生榨了油，糯米酒釀好了，過冬的柴火也砍來了。

冬至，阿嫲磨糯米粉做湯圓，拿了一碗到劉嫂家。劉嫂瞎了眼後，兩人各自忙碌，有時在田埂碰面，也只能匆匆說幾句。那天難得面對面坐著，有說不完的話，小孩的事、丈夫的事、村裡的傳聞、劉嫂的眼睛和阿嫲的母親。

阿嫲突然想起一件事：「我前天去長沙墟碰到了商船老大梁有勝和他的老婆。他們的大兒子是阿祝的老師，所以我跟他們相熟。他們說這段時間辦年貨的人多，墟場碼頭來往的船很多，一下子缺挑擔卸貨和上貨的人，問我願不願意在年關這段時間幫忙做挑夫，我答應了。明天就開始。」

劉嫂心動地說：「現在沒有什麼田間活，能掙幾個錢自然好。你明天幫我問問梁老大還要不要人。要是還要，你幫我說說好話，我也跟你一塊去當挑夫。」

阿嫲想了想說：「我們明天一起去墟場，我到碼頭向梁有勝的老婆華英姐推薦你。你先站在碼頭當眼處，要是華英姐點頭，我就喊你過來；要是她不答應，我就做手勢叫你走。」

第二天兩人一早到了長沙碼頭。天還是灰濛濛的，梅江河岸已靠了十來條商船，其中一條機輪船插著「有勝墟船」的旗。阿嫲指了指說：「就是那條船，你在這裡等一下。」她進船兩三分鐘後出來招手示意劉嫂過去。船從汕頭、揭陽、湯坑和青潭來，沿畬江下，帶來油、鹽、粉、黃糖、白糖之類的日用品，還有從南洋來的煤油、洋布和洋米。當挑夫的先將一些土產洋貨抬到墟場的幾家商鋪，然後把梁有勝在市場收購的黍穀、豆、菜蔬、竹、木材和松香等農產品和山貨挑到船上。日照三竿，梁有勝的船揚帆向縣城起航。阿嫲和劉嫂拿著工錢，有說有笑地回家。

年三十到了。買來了肥皂，燒了一大鍋熱水，每人都要洗澡。阿嫲叫二伯和爸爸先洗：「年三十晚上不洗澡會變成牛，洗乾淨點，特別是耳朵後面和髮根下面，要擦了肥皂後用瓦片磨，千萬不要把今年的污垢帶到明年。」

二伯和爸爸洗完後，輪到四叔和阿嫲。洗得乾乾淨淨的身體好像輕了幾斤。

洗完澡後，阿嫲從樟木櫳拿出專門留來過年才穿的衣服，三兄弟的都是晉常表哥小時候穿過的。開琴伯母每年都把晉常不再穿的衣服送給阿嫲，阿嫲把最好的幾件漿洗乾淨放進樟木櫳，新年取出時飄著濃濃的樟木香味。

晚飯做好了，一壺黃酒，香噴噴的飯菜，有魚有肉，八仙桌上擺著年糕和糖環。阿姩抱著四叔，坐在爸爸和二伯之間，浮現出心滿意足的笑容。那頓飯吃了很久，時光彷彿在那一頓飯之間停住了腳步，飯菜的香味和阿姩那暖暖的笑意深刻地印在爸爸的腦海。

晚上按規矩將門窗打開，一大家族人在門口放鞭炮接財神。

阿姩本來准備好初二回娘家向外公拜年。外公卻讓舅媽帶來口訊，叫他們元宵節那天再去。他已定了在元宵節續弦，那天剛好又拜年又吃喜酒。

阿姩詫異地問：「爲什麼這麼快？阿媽還屍骨未寒。」

舅媽說：「已經過了百日。以前有阿媽照顧，阿爸做什麼都精神爽利。阿媽一走，他一個人形單影隻，失魂落魄。剛好鄰村的一個媒人上門，說合一個跟他年齡差不多的女人，說是身體健壯，守寡了很多年，女兒嫁得很遠，沒有兒子，在家裡沒有地位，所以動了再嫁的心。阿爸想想早晚都要找個塡房，晚找不如早找，就應了這門親事。他去廟裡問了日子，說是元宵這天跟他們兩人的八字合，宜婚嫁，就把日子定了。」

阿姩嘆了口氣：「一個男人眞不容易。我剛才的話說錯了。我離他這麼遠，照顧不了他，已經是不孝。他娶個塡房，平時有聲有氣，年老生病還有個人服侍照顧，這確實是件喜事，應該替他高興才是。我元宵節去就是了。」

說著話，想到母親早逝，也想起了孤身在外的阿爺，不禁悲從中來，眼淚「滴滴答答」地流了出來。

雨水剛過，天氣依然嚴寒，昆蟲蛇鼠還在冬眠，自然界處於潛伏蔽藏的狀態。阿嫲趕製送給外公的結婚禮物，她用從印尼帶回來的勝加牌腳踏縫紉機，把一小塊一小塊的布縫起來，三角形合成四方形，越縫越大，做成了一塊被面。背面的底布是一塊她手織的棉布。被面縫好以後，她用染了色的線在上面繡了一對鴛鴦。

元宵節那天，爸爸他們三兄弟換上晉常表哥的衣服。阿嫲穿上出門訪客的專用藍底碎花上衣，配一條新褲子，沐浴在晨光中。爸爸忍不住說：「阿媽在閃光，很漂亮。」

阿嫲笑著說：「一個人又不是星星和月亮，怎麼會閃光？」

那場婚禮很簡單，在場賀喜的是爸爸的大舅母、細舅母、小姨和兒子尊元、大表哥沐章、大表姐，以及阿嫲和爸爸三兄弟。續弦的婦人六十出頭，看上去是老實勤勞的客家婦女。吃飯前，新人特別在外婆的靈位前跪拜，邊拜邊說：「阿姐，前世姻緣，我嫁給李哥做妻子，請你不要做鬼捉弄我。我認你爲阿姐，請保佑我們生活平安。」

阿嫲在席間斷斷續續地跟她的繼母聊天。爸爸突然聽到她說：「春分快到了。春分到，地氣通。農忙季節就到了。」這句話聽起來這麼熟悉，他突然記起去年阿嫲那場大病和春分那天的神奇康復。

因爲是元宵節，時不時傳來鞭炮聲。爸爸想起一年前阿爺帶他去祠堂爲四叔點燈，那天也有鞭炮和煙花。他第一次意識到「時間」的概念。從去年元宵到今年元宵，這一年似乎很長。一年前，他的阿爸還在梅縣，一年前他還給外祖母拜了年。如今，阿爸身在南洋，外祖母卻

老年的阿嬤。阿嬤於 1984 年春天在廣東韶關逝世

已經去世了。一年間竟有這麼多的人事變化。每年都有二十四節氣、寒暖交替、大年初一、元宵節、春分，周而復始。雖然每年都有元宵節，去年的元宵和今天的卻完全不一樣。時間一去不返，他會隨著時間一年年長大，也將經歷許多不同的事情。此刻，他看著坐在身邊的阿嬤替她的繼母夾菜，說道：「您多吃，以後就辛苦您照顧阿爸了。」

他突然感到很踏實，時間雖然改變了很多事，卻沒有改變他的媽媽。穿著藍底碎花上衣的她，那麼端莊美麗，穩重淡定，慈祥豁達。只要有她在身旁，再寒冷的冬天也感到溫暖。無論什麼天翻地覆的變化，他們都可以應對。

第七章：蘇格拉底的痛苦（一九二三年—一九四七年）

此章描述我二伯父的成長軌跡。童年被剝奪的愛，南洋短暫的校園之樂，終身難忘的懵懂情愫，少年男子漢，與古直先生的師生緣。日軍空襲梅縣時體會李後主的〈浪淘沙〉，日軍發動太平洋戰爭後梅城郊外的凍死骨。一路的顛沛沒有磨滅二伯父的浪漫鬥志，他義無反顧地選擇了蘇格拉底的痛苦。

問：「你和二伯、四叔雖然機遇、性格和人生軌跡大相徑庭，卻兄弟情深。你們小時候是不是總在一起？」

答：「不是。我們的年齡相差一大截，各有各的人生天地。我們的聚會點是吃飯的八仙桌。各人都餓得發慌，拿到自己的那碗粥便夾著鹹菜大口大口地吃，只需兩三分鐘就吃完了，然後各自去做自己的事情。」

問：「你小時候最敬畏的人是誰？」

答：「是二伯。」

問：「為什麼敬他？」

答：「敬他是因為阿爺常年不在家，他比我大八歲，對我是長兄如父。而且他非常優秀，才華橫溢。村裡人提起他都豎起大拇指。我小學時他還做過我的班主任。」

問：「為什麼畏他？」

答：「畏他是因為他的內心世界太深奧，我只能在外窺測，卻不明白其中的錯綜複雜。」

二伯生於一九二三年八月初二，正值軍閥割據、列強虎視眈眈的時代，風雲變幻。[1]他善感細膩的詩人氣質或許是與生俱來，也可能是後天環境的塑造。

1　梁常：《南嶺夕照樓詩稿選——華年舊事》之三。

二伯最早的記憶便是刻骨銘心的離別之痛。阿爺的過繼父親汝蘊曾叔公前往南洋後，家中長輩爲他隔山娶來年輕美貌的姑娘羅嫲爲妻。然而，汝蘊曾叔公並未回梅縣與她圓房，羅嫲便一直在梁家老宅獨守空房。

二伯出生不久，阿爺再度前往南洋，阿嫲擔起了家中的農活，而羅嫲則包攬了撫養二伯的責任。[2] 她愛二伯如同親生孫子，呵護之情溢於言表，二伯也深深依戀著羅嫲。有時忽然發現羅嫲不在視線之內，他便放聲哭喊：「阿嫲，阿嫲。」羅嫲立刻趕來，一邊替他擦眼淚，一邊溫柔地說：「阿祝不要哭，阿嫲一直在這兒，只要阿祝在，阿嫲哪兒都不會去。」

二伯轉眼成爲五六歲的小男孩。羅嫲甘於平靜，悉心教養年幼的二伯。她美麗如同綻放的茉莉，引得路人忍不住多看幾眼，多聞幾下，卻也因此給善良的她招來不少麻煩。

有一個叫阿旺的人，挑擔到四鄉做小買賣，定期到羅衣村。一日，羅嫲問他是否願意買她織的一塊麻布。阿旺大讚：「我從來沒見過織得這麼精細的布，那麼大，得花多少心思才能織出來。嫂子的手眞巧，我當然要買。嫂子有多少，我就買多少。」

羅嫲半信半疑地問：「眞的嗎？我家裡還有三塊，你眞的全要買？」

阿旺說：「這麼好的麻布在縣城很好賣，我現在就去你家拿。」

羅嫲沒多想，便帶著阿旺往家裡走。一路上，阿旺邊走邊問：「嫂子需要多長時間才能

2 梁常：《南嶺夕照樓詩稿選——華年舊事》之五。

織出這麼大的一塊布？」

羅嫲說：「前幾年我孫了還小，一年只能織兩三塊，現在孫子已經五歲，不怎麼纏人了，兩個月就能織一塊。」

阿旺脫口而出：「不會吧，嫂子這麼年輕漂亮，怎麼會有個五歲的孫子？」

羅嫲的臉瞬間紅到脖子，加快腳步走到前面，阿旺挑著擔子氣喘吁吁地在後面跟著，幾個村人用異樣的眼神看著他們。

從那以後，阿旺每兩個月初二便挑著擔子來找羅嫲買布。村裡人背著羅嫲說起閒言閒語，一傳十、十傳百，再添油加醋，話越傳越難聽。等到羅嫲聽到那些流言蜚語時，全族的人已經認定她是個「狐狸精」。族中的幾個長者傳喚羅嫲進行公審。

羅嫲爲自己辯解：「我沒有做對不起梁家的事，我賣布是爲了幫補家用，給孫子備用。」族中一位叔公不屑地說：「誰沒看見你跟那男人眉來眼去？我們不去捉奸在床，已經是對你客氣，免你浸豬籠的死罪。我們馬上寫信給你南洋的丈夫，看他同不同意按照族規處置你。」

幾個月後，族中叔公揚著一封信對羅嫲說：「你的男人回信了！他的回話很簡單，就幾個字：『按族規處置，由長老執行。』我們的族規白紙黑字寫著：『若男女和奸，一經捉獲知覺，男逐女嫁。』你既然不甘寂寞，不守婦道，不知廉恥，我們就成全你。我們已經替你在山裡找了一個漢子，明天就把你嫁過去。」

羅嫲悲憤地抗議：「冤枉！我什麼時候被捉獲了？我從來沒有做過見不得人的事。我要照顧我的孫子，我要守貞節！你們要是逼我，我就死在你們面前。」

叔公冷冷道：「你犯了族規，還有臉說什麼守貞節？」

當天晚上，羅嫲的雙手被痲繩綁著，四個婦人寸步不離地看守著她。她痛哭道：「你們不讓我生，爲何也不讓我死？！」

翌日，羅嫲被綁著架上了轎子。二伯撥開人群撲到羅嫲身上，緊緊抱著她不肯下來。叔公斥責道：「你婆婆滿身爛臭，玷污了我們梁家的清白，快下來！」

二伯肝腸欲斷地說：「你們騙人！婆婆不臭，她香得很！我就不下來！」

羅嫲走後，二伯每晚都哭著找她。夢中，他一次次看見她微笑著向他走來，醒來後才發現只是幻影，忍不住放聲痛哭。他不明白爲什麼族中人要逼走羅嫲，幼小的心靈從此埋下了懷疑與反叛的種子。

二伯在印尼卡拉拍短暫求學三年，留給了他一段終生難忘的記憶。半個多世紀後，他將這段刻骨銘心的人生經歷寫進了詩裡。

上學第一天，課間休息時，他在操場上看見幾個同學騎竹馬，一個小胖子向他招手說：「新同學，來，跟我們一塊玩。」

那個小胖子叫金留，其他幾個男孩叫林福進、施中山、梁就慶和梁郁南。二伯與他們當天就成了好朋友。六個人每天放學後到深水潭瀑布中嬉戲，周末和假期時則到低窪的山坡放風箏。

六個人年齡相近，無所顧忌地相處，聚在一起時你一句我一句，彷彿有說不完的話。他們純眞的友誼與絕對的信任使二伯越來越自信，不到半年便成爲了班上最優秀的學生，樹立了在同學、老師和家長中的威信。第二年，同學們一致推選他爲班長。

班裡有一位聰明漂亮的女同學，名叫鄭琴娘。她成績優異，每科都與二伯不相上下。她溫和善良，模樣甜美，剛好坐在二伯前面。二伯抬頭便能看見她腦後兩條烏黑的髮辮搭在脖子兩側，幾根細軟的髮絲垂下，輕貼著光滑的脖子。有時，二伯會忍不住想撩起那些髮絲。

鄭琴娘是一位率眞的女孩。一天，老師在課堂上讀了二伯的作文，她回過頭來贊許地莞爾一笑，露出一排像珍珠般光潔整齊的牙齒。二伯的臉頓時紅了，有些不好意思，但心裡卻高興得翻江倒海。半個學期下來，他們成了兩小無猜的好朋友，遇到難題便互相請教。

一九三三年初，當阿嫲和阿爺決定回中國時，二伯急得像一頭受驚的小牛。他從屋子的這一頭衝到那一頭，大聲抗議：「我不走！我喜歡這裡的中華會館學校，我喜歡學校的老師和同學，我要在這裡讀書，我不要跟我的朋友們分開！」

翌日回學校時，他無精打采，上課時集中不起精神，完全聽不見梁益二老師在說什麼。

恍惚中聽到老師說：「梁祝常同學，你解答一下這個問題，好嗎？」

所有同學都望向他，梁老師也默默地看著他。他慚愧地站起來，囁嚅了幾下，最後小聲地說：「對不起，我沒有聽到您的問題。我走神了。我就要回中國，我捨不得你們，真的很難過。」話還未說完，鼻子一酸，眼淚奪眶而出。

課堂像炸開了鍋一般，金留說：「你們才來三年，怎麼這麼快就要走？你求求你爸媽，留下來吧。」

其他同學也紛紛說：「對啊，我們都捨不得你。」

梁益三老師用竹板在桌上敲了幾下，課室才安靜下來。梁老師說：「同學們，不要讓祝常難過了。他的父母作出這個決定，肯定有他們的理由。你們的父母當初都是被生活所迫，才遠渡重洋。誰願意一輩子離鄉背井，寄人籬下呢？我們早晚都要落葉歸根，早日回到祖國的懷抱，是件值得慶祝的好事。我們還是高高興興地歡送祝常同學吧。我想趁這個機會留一段話與你們共勉。每當面對人生的逆境時，我希望你們能從這段話裡找到力量。」

梁老師轉身在黑板上一氣呵成地寫下了幾行大字：

孟子曰：「故天將降大任於斯人也，必先苦其心志，勞其筋骨，餓其體膚，空乏其身，行拂亂其所爲，所以動心忍性，曾益其所不能。」

他問：「祝常，你對這段話怎麼理解？」

二伯想了想，答道：「上天在把治理天下的重任交給一個人之前，會先對他進行嚴峻的考驗和訓練：用困苦來升華他的心志，用勞累來強化他的筋骨，用飢餓來挑戰他的身體，用困乏來鍛鍊他的體能，使他每件事都遇到挫折。這些磨難都是為了喚醒他的思考力，使他成為一個性格堅韌、才華卓越的優秀人才。」

梁老師點頭說：「答得好！你善於獨立思考，感悟力強。我希望你能記住這段話。人生哪裡會一帆風順？人要經過無數歷練才能成才。聖人都經過重重磨難，才能立德、立言、立功。要把痛苦和磨難作為發憤圖強的動力，立志把自己鍛鍊成國家的棟梁。離別之痛是人之常情，人生會經歷無數生離死別。面對挫折，不要消極逃避，要用率直的心去感受，用純淨的靈魂去思考。磨難和悲傷沉澱後，會成為噴薄而出的人生動力。」

他停頓了一下，若有所思地說：「你現在還不會明白，某一天，你成熟了，你會突然發現今天的苦痛悲哀，會成為明天的勛章。努力吧，祝常同學，你是一塊難得的好材料，早日在祖國發光發熱。」

二伯還是難過地說：「謝謝老師的教誨。我會記住您這番話，開闊心胸，不畏艱難，積極上進。」

班上的同學特別為二伯舉辦了告別會，金留等幾位好朋友都依依不捨地流淚惜別，琴娘的雙眼也紅紅的。她悄悄地遞給二伯一個手工縫製的筆袋，裡面有一支鋼筆。那時的鋼筆非常貴重，二伯推卻道：「這麼貴的筆，你還是留著自己用吧。」

琴娘真誠地對他說：「這是我自己縫的筆袋，鋼筆是我用積攢的壓歲錢買的。我等著你用它寫信給我。」

二伯拿著禮物，強忍著眼淚點頭說：「我一定會寫信的。」

登上芝莎丹尼號油輪時，十歲的二伯難掩離別之痛，放聲大哭。輪船啟航後，他獨自走到船頭的甲板上，依傍著欄杆，向四方眺望。岸上的茅屋和樹木漸漸變小，海岸線越來越遠，藍天大海越來越廣闊。他的心情慢慢平靜下來。

第二天清晨，他迅步走到油輪前方的甲板，那裡已站了不少人向東方眺望。天海相連之處開始灰濛濛，過了一會兒出現淡淡的彩霞，顏色由淺到深。霞光從海面射向天空，投向依然朦朧的遠方。幾分鐘後，金紅色的光線變得越來越絢麗，點綴了半片天空。觀望的人們開始騷動：「你看！太陽升上來了！」紅彤彤的太陽冒出海平線。不一會兒，一輪紅日噴薄而出，光芒四射，刺得眼睛發疼，二伯不由得移開視線。

放眼四方，海天一片通紅，無邊無際。再過幾分鐘，紅光漸漸消退，白雲在藍天飄動，深邃的大海一片湛藍，如同一塊上了藍色油彩的巨型畫布。二伯沿著油輪走了一圈，突然發現海岸和陸地已完全從視線中消失。他暗想：「原來世界這麼大！若不出去看看，怎會知道個人的渺小。」霎那間，他心胸頓然開朗，積聚在心頭的鬱悶一驅而散。船頭的巨輪迎風破浪，激起碩大的浪花飛濺而上，幾隻海豚在巨輪前後追逐著浪花。他張開雙臂，強勁的海風吹動他的頭髮和衣衫，讓他感到輕鬆和暢快。他下定決心，要做一個不畏重任、視野開闊、胸懷天下的人。他對著藍天大海喊道：「我準備好了，考驗我吧，讓我承擔大任！」

回到梅縣後，二伯升級爲家裡的男子漢，阿嬤做決定時都會與他商量，這進一步鍛鍊了他的獨立思考能力。他在學校經常與老師同學探討抵御日本侵略、振興中華的重大問題。他愛好廣泛，學習成績優異，對詩文、書法和繪畫有濃厚興趣，並且能學以致用。

有一年，梅縣鼠患成災。阿嬤對二伯說：「自從老宅的貓死後，老鼠成精了。白天自出自入，夜裡更是無法無天。我天天晚上被它們吵醒，昨晚竟有隻老鼠爬到我的臉上，嚇了我一大跳。」

二伯說：「哎呀，眞是嚇人。讓我想個辦法。」他靈機一動，拿出筆和紙，畫了三隻栩栩如生的大貓，分別貼在阿嬤的睡房、自己的睡房和爸爸睡房的雜物間的牆角。沒想到眞的把老鼠鎮住了。

阿嬤自豪地逢人便說：「阿祝眞厲害，他畫的三隻貓把老鼠都嚇跑了！」

一九三七年七月七日爆發了盧溝橋事變，日軍佔領北京和天津。同年十一月，日軍佔領上海和南京。二伯與同學毅然投身街頭，宣傳抗日。回到學校後，他悲憤難平地問校長：「家國破碎，山河淪陷，人民受盡蹂躪，我們整天坐在課堂上有什麼用？」

校長說：「不要以爲打仗一定要硬拼硬。你們手無縛雞之力，到了戰場能派什麼用場？振興中華是長遠之計，任重道遠。你們現在能做的，就是學做人和治學，學有所成後，承擔起歷史的使命，報效祖國。」

一九三八年三月十五日下午兩點，防空警報響徹梅城，街頭一片混亂。十六架日軍戰機飛向梅城，向距梅城三公里的古塘坪機場投下二十四枚炸彈。四月七日，八架日軍飛機再次轟炸機場，炸死了一位阿婆。二伯和他的同學聽到消息後義憤填膺。後來傳來消息，四月七日的日軍轟炸機有一架因故障墜毀，另一架前來救援的飛機低空滑行時撞到樹梢而墜毀，兩架飛機的四名飛行員被梅縣軍民擊斃。

梅縣當年有一位著名的革命家和教育家，名叫古直。古直先生於一九一二年拆掉龍文鄉的祖屋，建立了梅縣地區第一所初等小學——滂溪民國學校。他又於一九一四年將鄉裡的安仁寺廟改辦爲龍文公學，一所高等小學。一九二六年冬，古直先生與兩位共產黨員學生胡一聲、鄭天保將龍文公學改辦爲梅南中學。一九二七年七月，第一次國共合作破裂，國民黨政府於一九二九年關閉了梅南中學。

二伯在同群小學時，曾經聽校長梁榮曾講述古直先生的辦學救國故事和教育理念。

一九三八年小學即將畢業，校長告訴學生們：「國民黨和共產黨去年八月達成了『停止內戰，一致抗日』的協議，第二次國共合作開始了。梅縣政府允許梅南中學復辦，復辦人正力邀古直先生出任校長。」二伯當即決定報考梅南中學。同年九月，他如願進入剛剛復辦的梅南中學。學校的老師多爲共產黨員、共青團員及支持抗日的民主人士。其中包括副校長鄭天任、訓育主任李嘉明（後改名李菊生，曾任新華社香港分社社長）、教務主任鐘世民（後改名鐘清，曾任香港招商局副董事長）以及在二伯班上任教的古代君、劉達明和吳瑞貴三位老師。[3]

一九三八年十月，日軍佔領廣州。一九三九年初，古直先生辭去了中山大學語文學系主任及教授的職務，回鄉出任梅南中學校長。學生和老師們得知這個消息後奔走相告，有些人甚至將古直先生的上任稱作「黃袍加身，群雄有主」。二伯成爲古直先生的學生，受到他的言傳身教。

古直先生在梅南中學校歌中寫道：「登高遠望，始終有人，呼之欲出。」這寄託了他對學生們的厚望。在上課和訓話時，古直先生將日軍侵略戰況、中國抗日聯盟的戰略重點以及做人治學的道德標準結合起來，勉勵學生們放眼世界，不但要做光明磊落、情操高尚的人，還要在學問上精益求精，樹立知識救國的宏圖大志。二伯每次聽到他的講話，都倍受鼓舞。

一九三九年六月，日軍對梅縣發起新一輪空襲，梅縣的局勢緊張，如箭在弦上。號外滿

3 梁常：《南嶺夕照樓詩稿選——華年舊事》之二十七。

天飛，傳報日軍將大舉進攻梅縣的消息，城內城外人心惶惶。

六月五日，七架日軍戰機飛入梅縣上空，下午四點在梅江橋兩岸及縣立中學等地投下二十多枚炸彈，炸死軍警一人，平民十多人。[4] 日機「嗚嗚嗡嗡」飛過梅縣上空，防空警報在梅南中學響起，古直先生指揮師生到學校後方的山上躲藏。轟炸停止後，他帶領學生們有條不紊地返回學校。一位學生問：「我們明天還上課嗎？」古直先生堅定地說：「不但要上，還要好好地上。現在是非常時期，我們的民族正處於生死存亡之際，淪陷地區的學生已經沒有機會上學，我們一定要珍惜求學的光陰。日本鬼子遲早會被我們趕出中國。你們現在還無法上前線與他們血肉相搏，但你們任重道遠，打敗日本後，肩負著重建中國的歷史使命，你們必須好好學習，提高自己的修養和能力。」

六月二十五日，四架日機再次對梅縣進行轟炸。第一架飛機俯衝向梅州農校投擲炸彈，「轟隆」一聲，一個大火球從地面騰起，無數彈片隨著火球四散飛射，其中一片剛好擊中了另一架飛機的油箱。中彈的飛機在空中燃燒，最後墜落於黃屋的一戶民宅，燒毀了三間房屋。日機上的一名飛行員當場被炸死，另一名飛行員被彈出機艙，發現時已奄奄一息，很快便斷了氣。

梅縣軍民將那兩名日軍的屍體抬到東較場展覽，圍觀者爭先恐後地往屍體上吐口水。梅

4 古國檀，抗戰時期日機轟炸梅縣紀實。

南中學的同學們聽到消息後也磨拳擦掌，請求古直先生讓他們去東較場。

古直先生說：「日本侵略者喪失人道，對我國人民犯下滔天大罪。我完全理解你們現在的心情，這兩個日兵確實死有餘辜。侵略者最終一定會以失敗告終，邪不勝正，我們的勝利是必然的。正因爲我們的自衛抗日是正義的，更不能放棄做人的底線，不能像侵略者一樣野蠻齷齪、喪盡天良。你們要做講人道的人。」

復辦的梅南中學成爲共產黨在梅縣的重要據點，二伯的幾位共產黨員老師通過各種途徑向學生們宣傳共產主義理論。二伯從他們那裡聽到了紅軍萬里長征以及蘇聯的革命故事。除了講述故事外，這些老師還開展歌詠活動，在課堂上教唱抗戰期間的流行歌曲。二伯最喜愛的是電影《迷途的羔羊》的主題曲〈月光光〉。歌曲描述的勞動人民與他熟悉的親人一樣，在極度貧困中掙扎。每當唱起這首歌時，他不禁悲從中來，發誓長大後一定要赴湯蹈火，拯救苦難的黎民百姓。

不久，梅南中學因得不到政府的辦學批文而陷入嚴重的經費短缺，古直先生被迫遠赴南洋籌集經費。

一九三九年冬，國民黨推行黨化教育，撤銷了尚在南洋籌款的古直先生的校長職務，委派一位國民黨的鄉長爲梅南中學校長。學校的共產黨員老師紛紛撤離。

梅南中學最終於一九三九年底停辦。二伯的班主任古代君老師堅持給學生們上完最後一堂課，課題是李後主的〈浪淘沙·簾外雨潺潺〉。他對學生們說：「你們都讀過這首詞，有誰能夠說一下這首詞的立意？」

二伯舉起手，老師向他投去鼓勵的目光。

二伯說：「李煜用這首詞訴說了他的亡國之痛。亡國淪爲囚徒，只有在夢中才能回到故國。昔日的南唐江山已如落花隨流水飄逝，再見無望。」

老師說：「你理解得不錯。我來說一下詞外之音。這首〈浪淘沙〉是李後主在極度痛苦時的絕響之作。水流花落，春去國亡，已經沒有什麼值得留戀。李後主生於七夕，死於七夕，寫下這首詞不久便撒手人寰，終年四十二歲。」老師雙眼閃爍著淚光。

課室裡一片沉靜，二伯感到胸口壓著一塊沉重的石頭。他不由自主地說：「老師擔心我們會成爲亡國奴。老師放心，中國的五萬萬同胞們不是李煜，正團結對抗倭寇。中國不會亡的。」

老師撤退，學校停辦。一位老師將幾本左翼文學的書籍和雜誌留給了二伯。他邊看邊思考：歷史上的偉大學者，如蘇格拉底和屈原，都只是手無寸鐵的書生，但他們先天下之憂而憂，後天下之樂而樂，爲追求理想而犧牲自我。我應該怎樣走我的路呢？在這個民族存亡危急的年代，我的人生價值在哪裡？我能爲我的民族做些什麼？

一九四零年，二伯轉學到梅縣縣立中學繼續求學。

一九四零年六月，湖北宜昌淪陷；一九四一年四月，福州淪陷；同年十二月，香港淪陷，日本偷襲珍珠港，太平洋戰爭爆發，僑匯中斷。

爸爸一家陷入了極度經濟困難。正巧羅衣村同群小學需要一位老師代半年課，校長梁榮曾將職務交給了二伯。

一九四二年春，十八歲的二伯當上了同群小學三年級的語文老師兼班主任。[5] 爸爸剛好是班上的學生。

二伯以梅南中學的老師為榜樣，對學生們關懷備至，深受學生的愛戴。他上課時將時事性、趣味性和實用性結合在一起，每堂課都上得生動有趣。

一天，他在課堂上講解杜甫的名詩〈春望〉，他解釋了詩的歷史背景、詩人所要表達的意境、詩詞的結構、行文、韻律及每句的意思。隨後，他將詩中淪陷的長安與日軍侵佔的祖國聯繫起來。

他突然話鋒一轉：「你們有父兄叔伯在南洋嗎？」

所有學生都「唰」地舉起手來。

二伯說：「祖國的大好河山正遭受日本鐵蹄的踐踏，血流成河。我們的親人會多麼擔心、多麼難過？烽火連三月，家書抵萬金。此時此刻，你們在南洋的親人最急切等待的是什麼？」

5 梁常：《南嶺夕照樓詩稿選——華年舊事》之三十一。

好幾個同學一起答：「家書。」

「對，我們今天就學習寫家書。你們現在就寫一封家書給南洋的親人，想到什麼就寫什麼。我想先看看你們對家書的理解，再解釋一下要點。」

爸爸有時會替族人念信，但從未想過如何寫信，寫了「父親大人」四個字後就不知如何繼續。那天正值八月盛暑，課室裡熱辣辣的，他看到有的同學已經開始動筆，急得汗如雨下。忽然記起半年前替人念過的一封信，依稀還記得信裡的頭兩句，於是便把那兩句話搬到信上：「現在天氣寒冷，請盡快寄棉衣來。」

寫了這兩句，又不知道如何繼續。剛好二伯走到他身後，俯首一看，「哈哈」笑出聲來。二伯調侃道：「寒狗不識熱，現在的天氣若真寒冷，你怎麼大汗淋漓？」

爸爸羞愧地說：「我不會寫。」

其他同學也說：「我們也不會。」

二伯走到講台上說：「家書是把你想對親人面對面說的話寫下來，因此一定要真實。寫信的時候，你可能很久沒有收到親人的消息，所以要先問候一下。寫好了問候語，再把想說的話寫下來。這部分是信的正文，你可以談一談對親人的思念、家人的近況、莊稼的收成、你的學習進展、身邊發生的一些事情和你的感受。可寫的東西很多，但一定要情真意切，語言自然得體。」

那堂課後，爸爸明白了寫信的要領。二伯對學生們說：「雖然南洋的郵道被日本鬼截斷了，但你們要養成定時給家人寫信的習慣。等打敗日本鬼後，我們就可以把寫好的信一起寄出。」爸爸從此養成了寫家信的習慣，還在老宅裡替不識字的人寫信。

二伯在同群小學教書時有兩位年輕的同事朋友，一位是教語文和音樂的梁坤新，另一位是教體育兼校工的梁欣章。三人密切關注抗日戰況，收到抗日捷報便第一時間分享。他們都喜歡抗日的流行歌曲，每當其中一人拿到好的歌詞和譜子，就連夜刻蠟版印刷，第二天梁坤新便教學生唱。兩三天後，新歌便唱遍校園，爸爸特別喜歡〈太行山〉和〈呂梁山下〉。

二伯還有兩位校外知己，一位是足智多謀的梁輝光。二伯從南洋回梅縣後便和輝光一拍即合。輝光雖輩分是二伯和爸爸的侄子，但年齡僅比二伯小一歲。他風趣敏捷，能言善辯，喜愛文學音樂，笑聲朗朗。二伯學識深厚，喜歡談古論今，舞文弄墨。兩人一個豪放，一個細膩，卻相互欣賞，心靈相通，形影不離。經常是其中一人說了上半句，另一人就把下半句接完，然後會心大笑。

另一位朋友是醉心於公嘗和舞獅的緬甸歸僑梁就星。梁就星於一九三六年底從緬甸回鄉娶妻，原本沒打算久留，但因日本侵華，南洋交通受阻，他便留了下來。梁就星有兩個閒職，一是舞獅打功夫，二是爲梁氏宗祠服務。他的父親梁學琴是羅衣村的中醫，對強身健體頗有研究，每天清晨聞雞起舞練幾段拳。梁就星受父親影響，自小熱衷於武術功夫，稍大後便四處尋師學藝。從緬甸回梅縣後，他召集同村幾位習武之人成立了舞獅隊，逢年過節，舞獅隊從村頭舞到村尾，向每家每戶拜年。梁就星舞的是獅頭，身手矯健，雄姿英發，躍起跳上三張相連的八仙桌，在桌上翻身騰躍，再一躍而飛，爸爸看到這一幕熱血沸騰，豪情滿懷。

梁就星十分注重宗親鄉情，只要聽說哪位梁姓宗親需要幫助，便義無反顧地挺身而出。他回鄉不久，便成為梁氏公嘗的領事之一，擁有極強的號召力。

每天傍晚，二伯與四位朋友悠閒地沿著村中的山路散步一圈。看到五人有說有笑地走過，爸爸滿心羨慕，目光跟隨著他們的身影直到遠去，他十分好奇他們在談論什麼。爸爸期盼著自己長大後，能有機會與二伯一同散步。

爸爸喜歡在無人時進入二伯的房間，翻看這裡，看看那裡，特別愛翻看他的畫冊和畫上的題詩。他邊看邊想：二哥年輕有為，才華橫溢，又有那麼多好朋友。要是我長大後也能像他那樣出色，該會多快樂啊。但他隱約感覺到，二伯並不快樂。二伯獨處時，常常眉頭緊鎖，神情落寞。

有一天，爸爸推開二伯的房門，看到他在龍飛鳳舞地揮毫寫條幅。寫完後，低頭沉思，長長地嘆了一口氣。爸爸屏息走上前，看到墨汁未乾的條幅上寫著：

「與其如豬而快活
不若如蘇格拉底而痛苦」

十一二歲的爸爸幫阿嬤養豬，知道豬喜歡吃飽就睡覺。他從未思考過豬是否快活，也不清楚痛苦是怎樣的感覺。

他小聲問道：「蘇格拉底是誰？」

「他是一位兩千多年前的希臘思想家和教育家。他一生經歷了國家由盛轉衰，遭受外敵侵略。爲了拯救他的國家，他三次從軍。他四處演講，公開抨擊政府的腐敗與暴行，不畏權貴，教育學生獨立思考，崇尚知識，摒棄愚昧，捍衛眞理。統治者對他又恨又怕，最終以煽動青年、侮辱雅典神的罪名將他推上了斷頭台。」

爸爸說：「想救國卻反而被殺，這眞是痛苦。那你呢？你爲什麼不快樂？」

「在這樣的時代，讓我痛苦的事情太多了。蘇格拉底說：『這個世界上有兩種人，一種是快樂的豬，一種是痛苦的人。做痛苦的人，不做快樂的豬。』他希望人們能有思想地活著，而不是苟且偷生、行屍走肉。」

爸爸問：「快樂不是一件好事嗎？我有媽媽，你和弟弟在一起，我覺得很快樂。我快樂的時候，覺得日子過得很有滋味。」

「追求快樂沒有錯。蘇格拉底把痛苦留給自己，是因爲他希望創造一個更公平的社會，讓所有人都能獲得快樂。我們不能只顧自己的小家庭，還要看整個國家，整個世界。」

爸爸敬佩地說：「二哥，我長大後也要像你一樣憂國憂民。」

二伯乾笑幾聲後，神情黯然地說：「我也不只是爲了國事而痛苦。我希望像蘇格拉底那樣捨身救國，卻覺得無路可走。現在我還爲自己的私事感到痛苦。你知道嗎，阿媽要我結婚。」

爸爸說：「結婚不是喜事嗎？」

「若是被迫結婚，那就是痛苦。我連自己都救不了，還能救什麼國？」

爸爸從未經歷過兒女私情，看著二伯眼中的悲哀，他感受到一絲若有若無的憂傷。那一刻，二伯經常掛在嘴邊的一首旋律優美的歌在他腦中迴響：

「久不聞你那句恩愛的話
久久哀哉，久久哀哉。」

結束了半年的代課後，二伯於一九四二年九月回到華南中學繼續他的中學生涯。華南中學在抗日期間從香港遷至梅城近郊的大浪口。二伯與兩位雙胞胎同學合租縣城的私屋，那兩位同學名叫黃敏忠和黃敦忠，屋主是恭伯母。

自日本侵華及太平洋戰爭後，梅縣農村越來越貧困。一九四三年大旱引發了嚴重的饑荒，二伯每天往返於梅城與學校之間，目睹一群群流離失所的難民，路上還橫臥著一具具屍體，烏鴉在屍體上空「嘎嘎」迴旋。

同一時期，梅縣縣城卻因爲成爲抗戰大後方而呈現出一片虛假的繁華。每天走進梅城，二伯看到的卻是霓虹燈閃爍和一派歌舞昇平。梅城的繁華與城外路旁的凍死骨形成了鮮明對比。二伯開始思考社會的貧富懸殊問題，渴望早日成材，為建設一個公平的社會盡一份力量。

週末時，二伯偶爾會帶黃敏忠和黃敦忠一起回家。一天，二伯從學校回來時，神情悲傷，雙眼泛紅。阿嬤擔心地問：「發生什麼事了？」

二伯說：「我的同學黃敦忠走了。」

阿嬤詫異地問：「哦，走了？去南洋了嗎？」

二伯說：「他死了。」

阿嬤臉色大變：「死了！什麼時候？怎麼死的？」

二伯說：「昨天。我平時都跟他們兄弟一起回家，剛好昨天一位老師讓我放學後幫他抄一篇範文，所以他們先走了。我在課室裡忽然看到一道從天而降的閃電，伴隨一聲霹靂巨雷。回恭伯母家的路上，我看到一圈人在一棵大樹下，有哭聲，也有嘆息。我走過去一看，嚇壞了——黃敦忠躺在地上，已經沒了氣息，黃敏忠坐在地上大哭。」

阿嬤說：「就這麼走了，太突然了。生死有命，我們也曾經歷過。可憐他的父母，白頭人送黑頭人。」她想到自己的大兒子，淚水不禁滴滴答答落下。

二伯說：「既知人生無常，生死有命，還有什麼好顧慮的？唯有無畏地做自己想做的事，才不會虛度此生。」

一九四五年，村裡發生了一樁糾紛。羅衣溪的西面住著邱姓人家。邱家的一位年輕人邱如龍大學讀法律，畢業後在縣城開設律師行，賺了錢便回羅衣村建了一棟新屋。新屋落成後，邱律師請了一位縣城的風水師指點風水。風水師讓他沿著羅衣溪建一條稱爲「腰水帶」的半月形石堤，並說：「這條腰水帶會將羅衣溪的財運全部引進邱宅。」邱律師大喜，立卽破土動工。

其他姓氏的村民非常不滿，議論紛紛：「我們十幾個姓氏的人一直互相尊重，和平相處。這次邱家不講道理，他有什麼理由把羅衣溪的財運全都引到他家？一建腰水帶，整個村子的好風水便被他攔腰截斷。不行，我們要去甲長那裡討公道。」

邱律師早已預料到建腰水帶會遭到其他姓氏村民的反對。他捷足先登，向甲長、鄉長及保長引經據典，闡述了建造腰水帶的理由。幾位鄉官被他口中不斷提及的「根據中華民國法律」所鎭住，他們擔心此事鬧到法庭會損害他們的聲譽，於是只能敷衍地安撫村民，對邱家的腰水帶修建選擇視而不見。

這件事對姓梁的村民影響頗大，他們議論紛紛地說：「這次我們輸在沒有一個懂法律的人。邱姓本是村裡的一個小姓，卻培養出了一位律師。我們是個大姓，卻反而沒有一個律師，實在太說不過去了。」

糾紛後的一個傍晚，二伯與梁就星一起散步。梁就星問他：「你報考了哪間大學？」二伯回答：「古直先生曾是中山大學中文系的系主任。我希望能到那裡求學深造，但學費太貴了。你知道我家裡的情況。有幾所免費的專科大學，但我對那些專業沒有興趣，一直猶豫不決。現在還沒有遞交報考表。說實話，眼看著大專院校的報考截止日期越來越近，我心裡眞的感到難過。我以前以爲只要自己努力就一定可以實現自己的理想，但現在知道了，不是每個人都有條件去追求自己的理想。」

梁就星突然問：「你有沒有想過學法律？」

二伯說：「我對法律很感興趣。縱觀社會的發展，從人治到法治是必然的趨勢。中大的法律系鼎鼎有名，可惜我讀不起。唉，我只能安慰自己，追求理想不是朝夕之間的事。我可以先報考免費的專科大學，等以後有機會再圓中大的夢。」

梁就星說：「我有一個主意，你等我的消息。」

隨後，梁就星召集所有梁氏公嘗的領事，開了一個緊急會議。他說：「關於建腰水帶一事，我們既失了風水，又輸了面子。這次我們輸了，但不能總是輸。要吸取教訓，亡羊補牢。我們梁姓是上羅衣的第一大姓，怎麼著也得栽培出一位我們自己的大律師。以後再有同類紛爭，必須上法庭辯是非！在梁氏晚輩中，祝常的人品和才學都是有目共睹的。我提議所有公嘗合力支持他報考中山大學法律系。如果他能成功考取，每個公嘗每年撥給他兩擔米作爲學費補貼。你們覺得怎麼樣？」

梁就星的提議獲得一致通過，二伯隨即報考。放榜時，他果然不負衆望。

收到錄取通知書後，二伯的臉上煥發著青春的光彩，喜上眉梢，走出走入時都在吭著歌。離開學還有好幾天，他早早地收拾好了一個小藤夾子，裡面裝著他的全部家當。同班同學陳欽英也一同考上中大，兩人約好同一天乘車到廣州。

二伯考上中山大學是一件沸沸揚揚的好事，親戚和鄉裡的人都來祝賀。阿嫲應接不暇，到了二伯預定出門的前一天才有空到道廟問出行卦，竟然得了下下簽。阿嫲再抽了一支晚一天出門的籤，幸好是上上籤。

阿嫲一從廟裡回家就對二伯說：「明天出門不吉利，後天出門是上上籤，你明天不能走，後天再走。」

二伯說：「媽，求簽占卜是封建迷信。時代不同了，年輕一代追求的是科學和民主。我明天怎麼也得走。我和陳欽英早就約好在縣城會面的，哪能突然變卦？我一來沒時間通知他。即便我有辦法通知他，總不能說：『陳欽英，我明天不能走了，因爲我媽得了一支不宜出門的下下籤』吧？」

阿嫲柔聲細氣地說：「晚去一天不誤事，我們對神靈要有敬畏心。出門的安全與順利比什麼都重要。」

二伯打算第二天一大早就悄悄溜出門。天還沒亮，二伯就起床，輕手輕腳地穿好衣服，卻找不到藤夾子。阿嫲的身影也無影無蹤。轉眼間，日上三竿，早已錯過了與陳欽英的會面

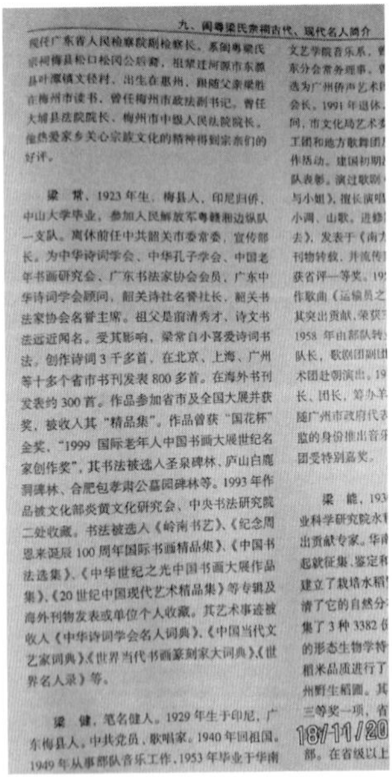
九、闽粤梁氏宗祠古代、现代名人简介

现任广东省人民检察院副检察长。系闽粤梁氏宗祠梅县松口松冈公后裔，祖籍迁河源市东源县叶潭镇文径村，出生在惠州，跟随父亲梁胜在梅州市读书，曾任梅州市政法副书记，曾任大埔县法院院长、梅州市中级人民法院院长。他热爱家乡关心宗族文化的精神得到宗亲们的好评。

梁 常，1923年生，梅县人，印尼归侨，中山大学毕业，参加人民解放军粤赣湘边纵队一支队。离休前任中共韶关市委常委，宣传部长。为中华诗词学会、中华孔子学会、中国老年书画研究会、广东书法家协会会员，广东中华诗词学会顾问，韶关诗社名誉社长，韶关书法家协会名誉主席。祖父是前清秀才，诗文书法远近闻名。受其影响，梁常自小喜爱诗词书法，创作诗词3千多首，在北京、上海、广州等十多个省市书刊发表800多首。在海外书刊发表约300首。作品参加省市及全国大展并获奖，被收入其"精品集"。作品曾获"国花杯"金奖，"1999国际老年人中国书画大展世纪名家创作奖"，其书法被选入圣泉碑林、庐山白鹿洞碑林、合肥包孝肃公墓园碑林等。1993年作品被文化部炎黄文化研究会、中央书法研究院二处收藏。书法被选入《岭南书艺》、《纪念周恩来诞辰100周年国际书画精品集》、《中国书法选集》、《中华世纪之光中国书画大展作品集》、《20世纪中国现代艺术精品集》等专辑及海外刊物发表或单位个人收藏。其艺术事迹被收入《中华诗词学会名人词典》、《中国当代文艺家词典》《世界当代书画篆刻家大词典》、《世界名人录》等。

梁 健，笔名健人。1929年生于印尼，广东梅县人，中共党员，歌唱家。1940年回祖国。1949年从事部队音乐工作，1953年毕业于华南

文艺学院音乐系，曾
东分会常务理事，曾
选为广州侨声艺术
会长，1991年退休，
问，市文化局艺术
工团和地方歌舞团
作活动。建国初期
队表彰。演过歌剧
与小姐》，擅长演唱
小调、山歌。进修
去》，发表于《南
刊物转载，并流传
获省评一等奖。19
作歌曲《运输员之
其突出贡献，荣获
1958年由部队转
队长，歌剧团副团
术团赴朝演出。19
长、团长，筹办羊
随广州市政府代表
监的身份推出音乐
团受特别嘉奖。

梁 能，193
业科学研究院水
出贡献专家。华南
起就征集、鉴定和
建立了栽培水稻
清了它的自然分
集了3种3382份
的形态生物学特
稻米品质进行了
州野生稻圃。其
三等奖一项，省
18/11/20
部。在省级以上

二伯被列入閩粵梁氏現代名人之列

時辰和開往廣州的汽車，無奈之下，只好回到自己的房間，心中悶氣重重。

不久，阿嫲提著小藤夾推開二伯的房門，看到他還在，才放心地說：「我這就去煮個雞蛋給你吃，明天就有力出省城了。」

二伯賭氣地回答：「我不吃，什麼都吃不下。」

阿嫲安慰道：「不要生氣。出遠門是大事，馬虎不得。明天媽一早就陪你去縣城。你這麼一走，長則一年半載，短則三四個月，媽捨不得你。你就當是多陪媽一天吧。」

二伯低聲嘀咕：「不要你送。」

第二天清早，二伯提著藤夾子，滿懷希望地離開了家。

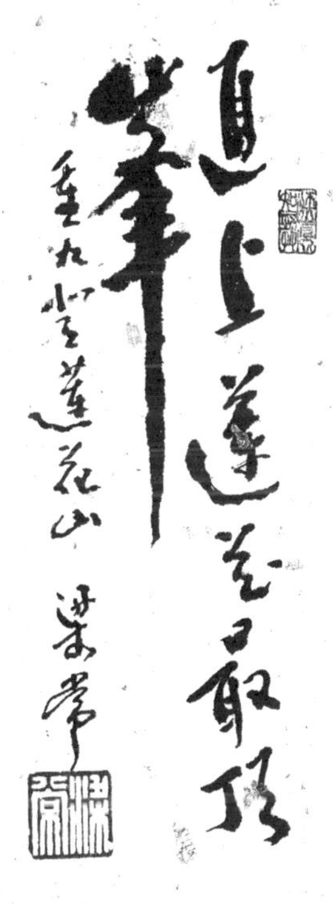

二伯的書法蒼勁有力

第八章：月光下的新事舊事（一九三八年—一九六〇年）

此章描述我父親成長期間親歷的迎娶婚嫁故事，展現了那個特殊年代的客家婦女群像。婚禮規模越來越縮水，從難得一見的「大行嫁」，到新事新辦的「文明婚禮」，再到無聲無息的婚嫁。老宅裡獨守空房的童養媳和等郎妹。新中國《婚姻法》廢除封建包辦婚姻，這些善良的客家妹子情歸何處？

問：「老屋裡住著很多女人嗎？」

答：「有七個成年婦女，還有七個童養媳。童養媳的地位最低。」

問：「為什麼當父母的願意把自己的女兒送出去做童養媳？」

答：「廣義來說，在信息和交通極其閉塞的農耕時代山區，自由戀愛幾乎是不可能的。指腹為婚和媒妁之言因此應運而生，這是人類繁衍的必然選擇。狹義來說，家裡子女太多，養不起。兒子必須留下傳宗接代，只好忍痛把女兒送給別人當童養媳。」

問：「客家人以什麼條件挑媳婦？」

答：「我從小聽說：『學會三尾好嫁人』。『三尾』指的是『針頭線尾』、『灶頭鍋尾』和『田頭地尾』。也就是說，她們必須會針線活、烹飪，以及各種農活。」等到女子出嫁生子後，還要『家頭教尾』，也就是教育孩子做人處事的仁義禮智信。」

問：「那時的中國婦女都裹腳，為什麼客家女人卻留天足？」

答：「客家人務實，崇尚自然。他們對自然的一草一木都物盡其用，何況是自然賜予的天足？客家男人向來多外出謀生，若女人裹了腳，怎麼能承擔家裡的農活和粗重的工作？」

一九三八年農曆新年間，阿嫲喜氣洋洋地忙碌著。爸爸的堂伯梁開琴從南洋回來，操持兩件大喜事。一是喬遷新居，二是娶媳婦。他們的新居結構與老宅相似，卻比老宅更高大，且用料更加講究堂皇。綠色琉璃瓦的屋檐，雕花的琉璃窗戶，樓上實木精工雕刻的圍欄，令村裡的新老房子都相形見絀。阿嫲與開琴伯母是閨中好友，自然少不了幫忙。她一會兒接待客人，一會兒忙著搬抬物品，一會兒又在廚房裡張羅。

新居落成當天，兩串從門樓垂到地上的紅鞭炮「劈裡啪啦」炸響。隨著紅布揭開，門匾上顯現出「自成樓」三個用歐陽體楷書寫的大字。

道賀的人問：「爲什麼叫自成樓？」

開琴伯公站在門樓前說：「我十幾歲就離家，是羅衣較早出南洋的人之一。剛到南洋時，身無分文，靠做苦力勉強混兩頓飯。後來進了橡膠種植園和煙草工廠賣命，省下些錢後，做起小本買賣。現在經營煙草，雖然算不上大富大貴，但也衣食無憂，沒有丟祖先的臉。所謂『自成』，就是要告誡後代子孫，凡事要靠自己的努力，一步一個腳印地成就事業。我在外漂泊多年，你們依然把我當自家人，我也把每一個進門的人都當自家人。今天開的是流水席，所有進門的人都能入席，這是我對大家的鄉情回報。」

那天，來道賀的人絡繹不絕，爸爸也去吃了喜酒。阿嫲在廚房忙了一整天，晚上帶回了一大碗肉菜。

新屋安頓好後，晉常的婚禮也到了。爸爸早就似懂非懂地聽阿嫲和開琴伯婆說過許多關於晉常和新娘子的事。雖然聽得不甚明白，但他知道晉常在梅州中學讀書，是班裡數一數二的學生。新娘子叫蕭亞松，是晉常一位同學的妹妹。

有一天，晉常回家時神情恍惚，臉頰通紅，額頭腫起一個大包，衣服濕透，身子發熱打擺子。開琴伯母準備去請醫生，他卻攔住說：「媽，我得的是心病，看醫生沒有用。我今天去龍江坪蕭德慶家，遇見了他的妹妹蕭亞松。一見到她，我心裡就狂跳不止，像身不由己一樣。她走到哪兒，我眼睛就跟到哪兒，腿也不自覺跟著走。她去餵兔子，我也跟著走進兔房，結果沒注意地上，一腳踢翻了給兔子躲狗的爛瓦罐。瓦罐一滾，我就重重摔倒在地，額頭撞傷，嚇得所有兔子都躲了起來。蕭亞松過來問我痛不痛，她的聲音像唱歌一樣好聽。回家路上，我滿腦子都是她。結果一不小心踩進水溝，弄得全身濕透。媽，你快去找個媒人替我說媒，只要能成，我保證病就好了。要是說不成，我恐怕會病得更嚴重。」

開琴伯母馬上請了村裡的媒人林婆幫忙。林婆爲撮合這樁婚事跑了好幾趟龍江坪，幸運的是兩人的八字是天作之合。於是過禮、報日子、送聘金等訂婚儀式都進行得很順利。

新郎新娘兩家都算富裕，因此訂下的婚禮是難得一見的「大行嫁」。

阿嫲對爸爸說：「這次讓你見識見識熱鬧。我這麼大年紀，也只看過一次『大行嫁』，比看戲還精彩！」

婚禮當天，爸爸和村裡的小孩一大早就在村口等著。鼓樂聲隱約傳來，小孩子們側耳傾聽，聲音由遠至近，由模糊變得清晰。

「新娘到了！」爸爸跟著看熱鬧的人一同奔跑向前。鼓樂聲越來越宏大激昂，大概跑了一里路，一隊浩浩蕩蕩的迎親隊伍迎面而來。隊伍前方是鑼鼓、八音樂隊和彩旗開路，緊接著是兩個拿燈籠的人。再後面是二伯，肩扛一根丈餘長的青竹，連根帶葉，一塊豬肉綁在竹梢上。二伯後面是一頂由四人抬著的大紅花轎，轎身鑲金雕刻，圖案有送子觀音、狀元及第、石榴、梅瓶與龍鳳，巧妙組成「祿」、「壽」、「囍」、「福」等字樣。花轎後還有四頂轎子，轎子後面是送親和迎親的隊伍。隊伍一半是本村的人，屬於新郎的迎親隊伍，另一半是陌生人，則是新娘的送嫁隊伍。走在隊伍最後的人抬著樟木櫃、大櫃、小櫃及大床等嫁妝。整個隊伍長達百米，鑼鼓喧天，八音齊鳴，引得看熱鬧的村民議論紛紛。

「這場婚禮眞是鋪張啊！」

「男家就這麼一個兒子，女家就這麼一個女兒，兩家都不缺錢，自然要遵循嫁娶的禮儀。」

「那頂花轎上的鴛鴦、『囍』、『福』、『祿』、『壽』雕得眞好看。」

「看到那兩個提著燈籠的人了嗎？他們提的是新燈，寓意著『送丁』，祝福兩個新人早生貴子。」

「祝常肩上扛的青竹是什麼意思？」

爸爸自豪地說：「二哥擔任的是『拖青』的角色。」

一位老人接著說：「拖青有兩層意思，一是『清道避邪』，二是『子孫綿延』。拖青的人通常是新郎的弟弟。晉常沒有親弟弟，祝常是他的堂弟，擔任這個角色正合適。拖青扛的豬肉是用來祭『攔路白虎』的，到了新郎家前要拋掉。在新郎家門前，男方要接過青竹，然後懸掛在大門框上。竹子能生筍，筍長大又成竹，再生筍，象徵子孫繁衍不息。」

爸爸插嘴說：「看，我二哥穿著一雙新布鞋，是開琴伯母特地買給他的。」爸爸一向沒有鞋穿，心裡羨慕二哥的新鞋子得不得了。

有人又問：「那花轎後面的四頂轎子上坐的是誰？」

「應該是新郎、送新娘的至親和媒人。按理說，新郎不一定要去迎親，但晉常堅持要親自去接。這新娘子眞是有福氣。」

「晉常的人品、相貌和家境這麼好，能讓他那麼著迷的女子，肯定很漂亮。」

「龍江坪離上羅衣有二三十里路，從那裡到這裡要走好幾個時辰，怎麼這麼早就到了？」

「按照禮俗，新娘在半夜子時或卯時就要動身。走得越久，天色越亮，寓意婚姻幸福，日子越過越紅火。再者，晚上出門也不會碰到抬棺材這類不吉利的事。」

婚嫁隊伍在新郎家門口停了下來，鞭炮「劈裡啪啦」地炸響。青竹掛上了門框。新郎晉常從第三頂轎子裡走了出來。他頭戴紅圓帽，身穿一套嶄新的深藍長袍，外加紅馬褂，滿面春風，氣宇軒昂。他向圍觀的人拱手行禮，隨後走進家門。新娘的花轎則停在路旁。衆人竊竊私語：「入門的時辰還沒到呢。」

大約過了半個時辰，頭上插滿紅花的媒人林婆將一小束杉樹枝放在「自成樓」的門檻外。新郎從家門走向花轎。圍觀的人激動起來：「新娘子要下花轎了！」

梁晉常用腳在轎門上踢了三下，「砰，砰，砰。」

緊接著裡面傳來了三聲「砰，砰，砰」，卻是新娘從裡面用腳踢開了轎門。新娘拉著新郎的手走出轎子。眾人倒吸了一口氣，只見亭亭玉立的新娘頭戴鳳冠，蓋著紅蓋頭，肩披霞帔，頸套天宮鎖，上穿繡花紅袍，下著紅裙、紅褲、紅緞繡花鞋，左手拿著一本《論語》，宛如從戲劇中走出來一般。

頓時八音齊鳴，鼓聲震耳欲聾，鞭炮又肆意響個痛快。新郎拉著新娘的手，滿臉自豪，兩人一步步走近大門。林婆點燃了那把杉樹枝。新郎對新娘耳語幾句，紅頭蓋下的新娘子輕輕點了點頭，然後輕提紅裙，跨過火堆。眾人齊聲喝彩。

阿嫲一早就到了新郎家幫忙。爸爸大模大樣地跟在新娘新郎後面走進大門。大廳裡已經擺好了香案，紅燭高香燃得正旺。林婆和阿嫲在那裡指揮，安排各人的站位。開琴伯公伯婆坐東邊，新娘子的親眷站西邊，宗親站北邊，輩分小的則站南邊。爸爸與新郎同輩，自然也站在北邊。

新娘新郎在鼓樂聲中走進大廳。女方的媒人陳婆把一條五尺長的紅布披在新郎身上，口中念念有詞：「手拿幡紅五尺長，一心拿來扮新郎，扮得新郎生貴子，早生貴子中個狀元郎。」

新郎披上紅布，拜堂儀式正式開始。新郎站左，新娘站右，兩人依次一拜天地，二拜祖先，三拜高堂，四夫妻對拜。拜堂禮成後，阿嫲牽著新娘走進洞房稍作休息。爸爸早幾天就聽開琴伯婆拜託阿嫲牽新娘入洞房，當時阿嫲還推辭說：「婚禮禮儀規定，只有有福氣的婦人才能做這事，我行嗎？」開琴伯婆笑著說：「怎麼不行？你生了四個兒子，還有誰比你有福氣？」

婚宴擺了二十多席酒菜，大廳和上下廳各四席，其餘的擺在門外。上席的位置按照輩分和親疏分配得當。送嫁的娘家人和幫忙迎親、辦酒席的賓客分開坐，各自入席。

那頓婚席吃了很久，賓主盡興地吃喝，高聲談笑，說著喜慶的話。新郎新娘逐席敬酒，雖然新娘一直蓋著紅頭蓋，但從她敬酒的姿態和動作中，可以看出她的端莊和自若。娘家來的人吃過飯便離開，本村的客人則繼續吃喝談笑，氣氛熱鬧非凡。

幾個喝得有些醉意的人問：「新娘怎麼還不揭頭蓋讓我們一睹芳容？」

林婆笑道：「急什麼？又不是你們娶新娘。等鬧洞房時，自然有你們看的。」

酒席從下午一直持續到傍晚，桌上剩下的是一片狼藉的碗筷。

鬧洞房的時候到了，喜氣洋洋的新房擠滿了人。爸爸也使勁擠到前面。新娘坐在大床邊，新郎站在她旁邊，媒人林婆守在一旁，一盞汽燈高高懸掛。

鬧房的人齊聲喊：「揭頭蓋！揭頭蓋！」新郎伸出雙手輕輕觸碰紅頭蓋，卻猶豫地縮了回來。

「還捨不得讓我們看嗎？」鬧新房的人取笑道。

新郎俯身問：「準備好了嗎？」

新娘微微點了點頭。新郎小心翼翼地捏住紅頭蓋的兩角，慢慢掀過新娘的頭頂。眾人隨即齊聲驚嘆，「哇！」

只見她瓜子臉，眉清目秀，雙眼如秋水般清澈，透過紅唇可隱隱看見幾顆白玉般的皓齒。爸爸心裡想，「我從來沒見過比她更漂亮的人。」新娘子的端莊大方和優雅氣質瞬間征服了那些想大鬧洞房的人，使得他們不禁收斂起張狂的態度，有些不知所措。

林婆說道：「鬧洞房只是圖個彩頭，別放肆。讓新人先喝交杯酒。」

兩杯酒斟滿後，新娘與新郎手臂相交。新郎滿面春風，神采飛揚，而新娘則含情脈脈。有人故意推了新郎一把，結果幾滴酒洒在他的禮服上，逗得眾人哄堂大笑。

接下來，眾人將一顆糖果吊在床架上，讓新娘和新郎對咬。新郎張開嘴準備咬下去，卻不小心咬偏了，糖果在他的鼻尖前來回晃動，大家看到這一幕笑得前仰後合。他穩住心神，趁糖果往回晃時，伸長脖子張嘴一咬，終於將整顆糖銜入口中。這一舉動再次引來滿堂哄笑，有人甚至笑到蹲在地上。連新娘也微微低頭淺笑。

眾人起哄道：「這糖可是要和新娘對咬的，怎麼可以獨吞？」

梁晉常一點點把半塊糖塊從嘴裡移出，示意新娘蕭亞松咬住那另一半。新娘踮起腳尖，卻怎麼也夠不著糖塊。

眾人齊聲喊道：「梁晉常，抱起新娘子！抱起新娘子！」

梁晉常於是伸手攬住蕭亞松的腰，輕輕將她抱了起來。新娘子的臉瞬間紅到了脖子根，卻沒有絲毫扭捏。她紅潤的雙唇微微張開，含住了糖的一半。眾人見狀，紛紛拍手叫好。

遊戲一個接一個地進行，不知過了多久，爸爸的眼皮已經困得快要粘在一起。突然聽到林婆說：「最後一個節目，請新人對唱山歌。」

新郎擺手笑道：「我可不會唱山歌。」大家便將目光轉向新娘，說：「新娘子先來唱。」

新娘子稍作沉思，站直身子，用清脆悅耳的聲音唱了起來：

高山點火唔怕風，
大海行船唔怕龍。
阿哥連妹唔怕苦，
妹子連郎唔怕窮。

眾人喝彩，新郎驕傲地望著新娘，新娘也回望著他，兩人含笑相視。

眾人又齊聲喊道：「新郎唱！新郎唱！」

新郎笑著說：「我真的不會唱山歌，以後再學吧。今天就用《詩經》來代替山歌吧。」

眾人拍手稱好。只見新郎握著新娘的手，情深款款地說：「執子之手，與子偕老。死生契闊，與子相悅。」

爸爸聽不懂這些話，但新娘卻流下了兩行熱淚。

蕭亞松，是那個時代鳳毛麟角的幸運客家姑娘。

一九三九年，爸爸又參加了一場婚禮。新郎是英承太公的第五代長子嫡孫梁震光，新娘是來自二十里外的關蘭芳。

梁震光是梁家老宅裡年齡最大的男丁，自小跟隨母親周嫲在上羅衣村長大。他的父親在南洋謀生。與老宅的其他男子不同，梁震光多了一份世故和投機的心思，常常嘴邊掛著一些如「破除迷信，廢舊立新」之類的時髦詞彙。他在初中時結交了一位姓邱的同學，這位同學的父親是縣城看守所的排長。初中畢業後，通過邱排長的介紹，梁震光順利進入看守所當差，從此時常叼著一根煙，走路時故意將手往口袋裡一碰，發出「叮叮當當」的硬幣碰撞聲。

同群小學旁邊有一間雜貨店，出售糖果、香煙、火柴、柴油、鹽醬醋等日用品。店老板患了肺癆，掌管店鋪的是老板娘。這位老板娘豐滿有致，聰明伶俐，說話嘻笑怒罵，潑辣爽快。

梁震光不時到雜貨店買點糖果或香煙，老板娘比他年長十幾歲。每次買完東西，他總會和老板娘聊上幾句。開始時，他講一些從看守所聽來的案件和傳聞，老板娘手裡忙碌著，眼睛不瞅他，卻聽得津津有味。當故事講到緊要關頭時，梁震光往往故意賣個關子，轉而說起別的話題。老板娘這時便瞪他一眼說：「你別說著說著就轉話題啊，繼續講！那個犯人真的逃走了嗎？」

如此來來回回幾次，梁震光開始自作多情起來。

一天，梁震光坐在櫃台邊的長凳上，吸了一口煙，慢悠悠地吐出一圈煙霧，不緊不慢地問道：「老板還好吧？」

老板娘愣了一下，冷冷地回道：「他好不好關你什麼事？」

梁震光笑了笑：「呵呵，隨便問問。怕你太寂寞了。」

她揮了揮手，不屑道：「你說什麼鬼話。」

「我可是在說人話，你心裡清楚。」

她挑起眉毛，瞪了他一眼：「你這壞小子，我可以當你媽了，還想占我便宜？」

「老板娘，別動氣。說真的，男人不壞，女人不愛。你

爸爸兒時的雜貨店依然存在

家那位，壞得起來嗎？」

老板娘厲聲喝道：「你給我滾回家，娶個老婆，當她的壞男人去！」

梁震光沒急，反而嘆了口氣：「你也這麼說？我媽正張羅著給我辦婚事呢。我倒覺得是她要結婚，不是我。心裡想著一個人，卻要娶另一個做老婆，你說我該怎麼辦？」

老板娘冷笑兩聲：「你愛怎麼辦就怎麼辦。」

梁震光湊近些，壓低聲音說：「假如我心裡想的人是你呢？」

老板娘猛地一拍櫃台，怒聲道：「你住口！我跟你沒有任何瓜葛！你們男人那一套把戲，騙得了誰？下巴輕輕的無恥之徒，出了事卻縮得像烏龜，吃虧的總是女人！你可別忘了，那個姓劉的媳婦被扔進山裡的深潭浸豬籠，勾引她的男人還是你們梁家的。怎麼他就沒跟著一起浸豬籠？出了事，你有膽量搭上命嗎？再敢踏進這裡，我就打斷你的腿！」

梁震光萬萬沒想到老板娘會把話說得這麼絕，頓時覺得討了個沒趣，灰頭土臉地離開。出了店門，他一腳狠狠踢向門口的大榕樹樹幹，嘴裡咒罵道：「假正經！還以為自己是什麼東西！」

一個多月後，梁震光結婚了。他自誇道：「新事新辦，辦個文明婚禮。」婚禮在梁家老宅舉行，賓客是梁家老宅的所有人以及幾個看守所的同事。新郎穿了一套西裝，而新娘雖沒有蓋頭，卻穿了一件祖傳的紅袍，散發著濃濃的樟木味。

主婚人是看守所的邱排長。新郎的証婚人是他的同學——邱排長的兒子；新娘的証婚人則是撮合他們的媒婆。婚禮上，邱排長拿出了結婚証書。梁震光從口袋裡掏出印章，沾上印泥，端端正正地在自己的名字後面蓋上了印章。証婚人也隨後在結婚証書上蓋上了印章。

邱排長將結婚證遞給新娘關蘭芳，「現在請新娘蓋章。」

新娘連忙搖手，低聲說：「我沒有印章。」

梁震光不耐煩地說：「早就叫媒人跟你們說要文明結婚，你穿得个倫不類，連印章都沒有。一身封建陋習，土裡土氣的！」

新娘委屈地低下頭。媒人一把拿過結婚證，斥道：「結婚就是結婚，這是明媒正娶，結婚證也只是一張紙，算什麼大不了的東西？我也沒有印章。印章隨便哪裡都能刻，稀罕什麼！手指才是眞正屬於自己的，只有你自己有。蘭芳，往上面按個手指模吧。」

邱排長也順勢說道：「說得對，按個指模就行了。」

新娘和媒婆一起按下了手指模。邱排長隨即宣布：「我現在正式宣佈，梁震光與關蘭芳結爲夫妻。現在請各位來賓一起唱文明結婚歌。」

會唱的人不多，梁震光唱得最起勁，幾個從看守所來的同事也跟著他唱：

少年的朋友聽根由，
自己的幸福自己求，
不能不自由，

自己的幸福自己求。

參加梁震光和關蘭芳婚禮的有七個梁家童養媳，年齡各異。聽著那首「文明結婚歌」，她們該是別有一番滋味在心頭。

梁家老宅裡年紀最大的童養媳是古亞純，比爸爸大十五歲。她八歲時便嫁入梁家，成為梁旭光的童養媳。梁旭光卻一直沒回梅縣。大家都知道，他早已在南洋與當地一名女子結婚，兩人感情融洽，還育有幾個孩子。抗戰勝利後，梁旭光匆匆回過一次老家，臨走時告訴古亞純，他無法帶她去南洋，因爲那邊的女人不能容忍他再有一個妻子。

中國解放時，古亞純才三十三歲。一九五零年五月一日，新通過的《中華人民共和國婚姻法》正式施行。該法第一章第一條明確規定：「廢除包辦強迫、男尊女卑、漠視子女利益的封建婚姻制度。實行男女婚姻自由、一夫一妻、男女權利平等，保護婦女和子女合法權益的新民主主義婚姻制度。」

《婚姻法》實施後，村幹部對古亞純說：「梁旭光在南洋已經有了老婆，新的法律不允許再有小老婆，你應該回娘家吧。」

她斬釘截鐵地說：「我八歲就進了梁家的門，早就沒有娘家了。我比他在南洋的老婆早進門，自然是他的大老婆，我哪裡也不去。」

一九九一年，爸爸回到老家，七十五歲的古亞純還健在，獨自住在屬於梁旭光的房子裡，平靜地過著她的日子。

梁家老宅裡還有一個叫張鳳招的「等郎妹」。一九二四年，八歲的她被招入梁家，等著未來的丈夫出生。快三十歲的家婆江亞秀無子無女，丈夫在南洋謀生。隨著江亞秀一天天老去，張鳳招也一天天長大。兩人都在等待著同一個男人回鄉，但那個男人卻始終沒有回來。張鳳招進了梁家十五年，從來沒有見過她的家公。她與江亞秀相依爲命，情同母女。

一九三九年六月二十七日，日軍佔領了與梅縣相鄰的汕頭和潮州。從汕頭到梅縣的山路，要經過潮陽、潮安、揭陽、豐順，橫跨六個縣。儘管如此，仍有大批難民從汕頭逃到梅縣。

一天，張鳳招上山砍柴，途中在山路上發現一個衣不蔽體、奄奄一息的男孩躺在路旁，看起來五六歲，渾身髒得像個煤球。

張鳳招大聲喊道：「有人嗎？這孩子的爸媽在哪裡？」

四周一片寂靜。她摸了摸男孩的額頭，燙得像火炭。於是她抱起男孩回家。男孩氣息微弱，連水都吞不下。張鳳招找來一塊布，浸了暖水放進他嘴裡，又用老薑煮水，從頭到腳給男孩擦拭。抹完身體後，她煮了一個雞蛋，用布包著，熱辣辣地搓男孩的前胸和背部。男孩的氣息稍稍恢復了些。張鳳招把搓過背的雞蛋碾爛，喂了一點到男孩嘴裡。男孩嘴巴動了一下，卻無法吞咽。

江亞秀在一旁說：「救不過來的，快把他送回原處吧，他要是在咱家裡死了，可不吉利。」

張鳳招搖了搖頭，繼續堅持。她打了一顆生雞蛋在碗裡，用筷子挑了一點放進男孩嘴裡。男孩的嘴動了一下，終於把那點雞蛋吞了下去。就這樣，男孩一點一點地吃下整顆生雞蛋，張鳳招終於鬆了一口氣。

第二天，男孩可以吃粥了，張鳳招喜極而泣。

小男孩不會說客家話，於是張鳳招請來一位從汕頭嫁過來的阿婆。阿婆問他：「你阿爸阿媽在哪裡？」男孩一聽，立即抽泣起來：「阿爸阿媽，你們去哪裡了？」

張鳳招聽了，不禁聯想到自己八歲時，因家裡貧窮成爲梁家的童養媳，如今等郎無望，依然孤苦伶仃。與眼前的這個孤兒同是天涯淪落人，她忍不住跟著男孩一起哭了起來。

家婆江亞秀看透了她的心事，說：「鳳招，你今年二十三歲了，也該爲自己找條後路。如你們倆都願意，就收他做乾兒子吧。即便等不到郎，老來還有個乾兒子照顧你。你願意嗎？」

張鳳招淚眼汪汪地說：「我願意，可我還沒結婚，怎麼做人的媽？」

江亞秀笑了笑：「你過了我們家門十五年了，收個乾兒子名正言順，怎麼不能？」

她轉身對孤兒說：「乖仔，你願不願意認她做你的乾媽？以後有吃有穿，還能上學讀書。」

孤兒聽到有吃有穿，兩眼放光，說道：「我願意。」

張鳳招喜出望外。那孤兒說不清自己的出生年月日時和姓名，張鳳招便將發現他時的時辰寫進了他的十六字「年生」，請家族中輩分高的人寫了一份「過房書」記錄事情原委，並替他取名梁繼光。選定吉日，請村裡的甲長梁新彬主持了簡單的過繼儀式。儀式上，將一隻雞和一壺酒供奉在祖先牌位前，點上香，念了一遍「過房書」，兩人一齊跪拜祖先。甲長高聲祝告：「梁繼光自願過繼爲梁家媳婦張鳳招之子，拜請列代祖宗庇佑梁繼光頭腦聰明，勤奮讀書，長大後孝順養母，傳接梁家香火。」

儀式結束後，張鳳招和梁繼光互相對拜。從此，梁繼光稱張鳳招爲「阿媽」，稱江亞秀爲「阿婆」。

自那天起，張鳳招彷彿變了個人，變得快樂、自信，說話聲音也響亮了許多。她對梁繼光疼愛有加，如同自己的親生兒子。幾年後，她送他去讀書。

梁繼光非常聰明，學什麼都很快上手。和村裡的孩子們玩遊戲時，他總是贏家；做家務時，也井井有條。村裡人都讚嘆張鳳招好心有好報。

然而，張鳳招最終沒能留住梁繼光。抗戰勝利後，他的親生父母沿著當年逃難的路線尋找失散的兒子。當他們在上羅衣村打聽到鴨下梁氏一族在汕頭淪陷後收養了一名孤兒時，便直奔梁家老宅。令人驚訝的是，梁繼光一眼便認出了親生父母。張鳳招無奈，只好含淚讓他離開。村裡的人紛紛議論：「這孩子人小鬼大，年紀這麼小，心裡卻什麼都記得一清二楚，眞是辜負了張鳳招的一片眞心。」

梁繼光一走，張鳳招日漸消瘦，逐漸恢復到當年孤苦伶仃的樣子，沉默寡言，難得一笑。而她的家公始終沒有回鄉。解放後，張鳳招與同村的梁少謀結婚。

潮州和汕頭淪陷後，外來商船無法停靠碼頭，陷入糧荒的潮汕地區頓時成了人間地獄。被困的災民不是被日寇殘忍殺害，就是餓死街頭。飢餓的難民如潮水般湧向興梅地區。這些難民個個目睹過日軍的燒殺姦淫，人人都有驚心動魄的逃生故事。一時間，街頭巷尾談論的全是日軍的兇殘行徑。

爸爸聽一個逃難的人說：「那些日本鬼子不是人，是禽獸，是魔鬼。我親眼看到他們拿著大刀殺人。一刀一個，血濺四方，人頭飛落，眞是可怕至極。我教書的那條村，幾百人，男女老少，一夜之間全被殺光。我那天剛好不在村裡，才僥倖逃過一劫。他們在南京挖了萬人坑，活埋了一萬多壯年男人。那些可憐的黃花閨女，才十來歲，就被輪姦。有的先被姦後殺，有的被抓去做軍妓。眞是悲慘至極。現在日佔區的家庭，只要有閨女的，都想方設法把她們嫁出去，禮儀和彩禮一概免了。有的地方甚至出現了搶新郎的情況。」

梅縣地區雖然沒有被日軍佔據，但城鄉居民卻人人自危。家家急著替女兒找婆家，從幾歲到十幾歲的女孩，一旦說合便立刻送往婆家，婚嫁禮儀一切從簡。無聲無息的婚嫁成爲那段時期的新常態。

村裡的女孩子們一個個走了，又陸陸續續來了幾個童養媳，爸爸家的結構也因此發生了巨大變化。

太公梁汝台的一個妹妹嫁到了龍江坪一個姓熊的人家。爸爸的幾位兄弟都稱她「菊姑婆」。二伯在梅南中學讀書時，寄宿在菊姑婆家的耕熊館。

菊姑婆有五位雲字輩的孫子孫女，與二伯年齡相仿。六人朝夕相處，彼此以兄弟姊妹相稱。

二伯放學後，常常與五個表兄妹圍坐在地堂。有時將學校裡的趣聞告訴他們，有時教他們在課堂上學到的抗日救亡歌曲。

這五個表兄妹中，有一位叫春雲，比二伯小一歲。她上過小學，平時話不多。二伯對五個表兄妹一視同仁，皆有關懷。

春雲剛踏入豆蔻年華，每次與二伯在一起，臉龐不知不覺間會發起燒來。二伯並未在意，待她如親妹妹，毫無間隙。

菊姑婆和她的兒子媳婦看在眼裡，喜在心上。二伯的學業和品行在同齡人中數一數二，寫一手氣勢如虹的草書，還能畫出好畫。有時他到山坡上和溪水邊寫生，一群小孩會七嘴八舌地評論：「平時看慣了不覺得怎麼樣，怎麼畫出來卻這麼好看？」

二伯性情溫和，尊老愛幼，眉宇深秀，雙目傳神，高大英俊，一表人才。相識的人都認爲他前途無量。

梅南中學停辦後，二伯前腳離開龍江坪，菊姑婆後腳便來到羅衣村。她開門見山地說：「阿梅，我跟你說個好事。祝常是一位有長進的青年，與我家春雲的年齡、相貌和性情都般配。我年紀大了，做得來他們的媒人，你覺得怎麼樣？」

阿嫲猶豫了一下，答道：「聽起來確是一門好親事。但是，做親戚容易，做親家難。如果他們兩人相處不好，會影響我們的關係。再說春雲是你們的心頭肉，我怎能讓她到我家受苦呢？我過意不去。」

菊姑婆說：「這年頭誰都一樣。客家女人年輕時哪個不受苦？好歹我們是親戚，嫁給別家還不是受打受罵？嫁出去的女，潑出去的水。你願意怎麼使喚她都行。我只盼著祝常將來有了出息，春雲就能妻隨夫貴。我願意爲了阿祝做這媒，正是看中他的爲人。過禮和聘金都不計較。」

阿嫲有點心動，說：「我先問問阿祝的意思。他自小就是家裡的主心骨，小事大事我都跟他商量。」

菊姑婆說：「婚姻大事還是應該由父母之命、媒妁之言。他從來沒有結過婚，哪裡知道哪門婚姻是好婚姻？再說，他這麼出類拔萃，以後肯定要到外面做事。如果娶個嬌小姐回家，你可得侍候你的媳婦，而不是媳婦侍候你了。春雲不同，她和你親上加親，肯定會盡心照顧你。不如我們先把他們的八字對一下？」

阿嬤同意了。

二伯和春雲的八字竟然是天作之合，阿嬤便把婚事應承下來：「這事就這麼定了！成婚的日子我還得跟阿祝商量。」

阿嬤向二伯提起這樁婚事。二伯連連搖頭：「不行，我不要封建落後的包辦婚姻。我待春雲如親妹子，怎能結爲夫婦？婚姻大事，你爲什麼不跟我商量就答應了？」

阿嬤有點生氣，「你說到哪裡去了？婚姻從來都是媒妁之言、父母之命，我幹嘛要和你商量？再說春雲哪點不好？你現在就待她如親妹子，結了婚後更可相敬如賓。」

二伯委屈地說：「媽，求你把婚事退了。我說不出春雲哪裡不好，她哪兒都好，但我對她沒感覺。」

阿嬤瞪了一眼：「感覺是什麼東西？」

二伯的腦海中浮現出埋在記憶深處的那幾根細軟髮絲，似夢似幻。他脫口吟誦出徐志摩的〈再別康橋〉：「感覺是，『那河畔的金柳，是夕陽中的新娘；波光裡的艷影，在我的心頭蕩漾。』」

阿嬤愣住了，「你說什麼？你讀書就讀出這些不三不四的東西嗎？春雲一家不嫌我們窮，我覺得這樣很好。婚事已經過了媒人和『合八字』兩關。菊姑婆說了，過禮和聘金多少不論，婚禮從簡。你和春雲的婚事就這麼定了。你選個雙月雙日的良辰吉日吧。」

二伯壓著滿腔不滿說：「媽，這是我一輩子的幸福，我怎能跟一個自己不喜歡的人過一輩子？」

「你剛才還說待她如親妹子，怎麼一下子就不喜歡了？我嫁給你爸時連面都沒見過。」

「媽，你們幸福嗎？我要自由戀愛，我要找自己的幸福。」

「幸福是什麼？日子就是要挨的。」

二伯絕望了，他知道直言拒絕母親安排的婚姻是不可能的，只能拖延。能拖多久就拖多久，或者慢慢想出金蟬脫殼的妙計。

「好吧，媽，我聽你的。但我年輕，還要繼續讀書，你總是鼓勵我好好讀書，總不想我連書都不讀就成家立室吧。」

「只要你答應就好。我也沒有說你要立刻結婚。我不反對你讀書，真的能出去讀大學更是光宗耀祖。但讀書不妨礙結婚，結婚也不妨礙讀書。二十歲前完婚就行。」

一九四一年春，菊姑婆派人捎來口信：「阿梅，這年頭這麼亂，今日不知明日事，今日的事今日了，不要拖了。我們親戚一場，也不求什麼彩禮，就讓他們成婚吧。」

阿嫲對二伯說：「菊姑婆來催你們的婚事了。」

二伯回答：「我現在學業太忙了，過一年再說吧。」

一九四二年春，二伯到同群小學當代課老師。菊姑婆再次捎口信：「阿梅，阿祝現在不讀書了，應該可以成婚了吧。你聽說過日本人多殘忍嗎？現在人心惶惶，家家都急著嫁女兒出去。村裡的人還以爲春雲嫁不出去呢。我們不求彩禮和儀式，只求你們早點成全春雲，免得被日本人糟蹋。」

那天晚上，阿嫲向二伯再提「成婚」的事。

二伯說：「我剛開始教書生涯，處處要向同事請教，加上校務繁忙，從早到晚都忙不過來，怎麼能在這個時候結婚？」

阿嫲生氣了，「你怎麼能推了一年又一年？菊姑婆是我的長輩，我沒臉再推托下去，你們就把婚結了。」

二伯對阿嫲說：「媽，我也知道你難做。這半年確實不行，結婚的事再等半年，好嗎？」

阿嫲聽他軟了下來，也就同意了。

一九四二年底，春雲過門了。沒有送嫁隊伍，沒有轎子，沒有婚宴。兩人到上廳拜了祖宗，拜了阿嫲，再互相對拜。

爸爸還記得晉常和蕭亞松的婚禮，梁震光和關蘭芳的婚禮。二伯和春雲的婚禮實在冷清得不成樣子。

阿嫲對他說：「叫一聲嫂子吧。以後家裡多一個人，你也要聽她的話。」爸爸向前拉著春雲的手，甜甜地喊了一聲「嫂子」。春雲突然淚如泉湧。

阿嫲對她說：「剛過門不要流淚，要討個吉利。」

春雲進門的第二天，阿嫲帶著她沿著老屋裡外和周圍的田地走了一圈，指點安排她每天要做的家務。第三天她們就一起去春種。

除了種田，阿嫲每次到山上砍柴都會叫上春雲。春雲在娘家受祖母和母親寵愛，心裡不情願地對阿嫲說：「我怕蛇。在家的時候從來沒有到山上砍過柴。」

阿嫲對她說：「我們客家女人生來命硬，哪能那麼嬌氣，怕這怕那的。來，我教你怎麼打蛇，以後你就不用怕了。」

春雲委屈地轉頭望著地面，上牙咬著下唇，右腳踢著地下的草叢。阿嫲有些不高興地說：「你不是不知道我們家的狀況。好歹我們多砍點柴到市場賣，可以幫補一些家用。家裡就你和我做這些粗重活。阿祝和阿仰都是讀書的好料子，不能讓他們做這樣的事。阿雪還小，也在讀書。我們家還指望他們三個早日讀書有成，將來能過上好日子。」

二伯婚後對春雲不冷不熱。周六下午他從縣城的華南中學回家，春雲默默地拿起他換下的髒衣服到河邊洗乾淨。二伯要麼和朋友聊天散步，要麼一人埋頭看書做作業。很晚才上床，兩人背對背。二伯的鼻鼾一起，春雲便默默垂淚。星期日午飯後，二伯帶上乾淨的衣服和鹹菜回校。

春雲沒有放棄對愛的追求。有幾次二伯周末沒有回家，春雲提著新季的蔬果和鹹菜，長途步行送到縣城。二伯接過菜籃，不帶任何感情色彩地說：「下次不用送來了。快回吧。」春雲多希望他能留她稍坐，斟一杯熱茶，說幾句貼心話。可惜總是落花有意流水無情。

春雲深冬嫁來。二伯上學後，阿嫲悄悄對爸爸說：「現在太冷了。你二哥不在家時，你就跟二嫂睡吧。你不要告訴她是我叫你過去的，就說一個人太冷，要跟她在一起取暖。」

春雲是個善良的客家女子，她沒有拒絕爸爸的提議。兩人在那個寒冬互相取暖，建立了姐弟般的情誼。有幾次爸爸醒來時看到春雲蜷縮在床上抽泣，心裡禁不住感到酸酸的。

二伯於一九四六年考上中山大學。因爲是由公嘗資助，春雲需跟保長到每一戶梁姓人家收糧食。收來的穀物挑到長沙墟賣，得到的錢便是二伯的學費和生活費。

在等待開學的一兩個月裡，二伯對春雲變得溫和許多，話也多了幾句，春雲的臉上終於綻放出了甜蜜的笑容。

大學的第一個寒假，二伯老實回鄉度假。一九四七年二月，春雲發現自己懷孕了。阿嫲高興地說：「兒子女兒都好，等老了有人照顧。」

春雲說：「媽，這段時間我還是不上山砍柴了。萬一有什麼三長兩短，豈不是害了這尚未出生的嬰兒？」

阿嫲說：「我從來沒聽說過懷了孩子就不能去砍柴。你怎麼一開口就是不吉利的話？阿祝上大學後花費很大，家裡等著賣柴草的錢。」

春雲雖不敢當面與阿嫲爭執，心裡卻已積怨。

一九四七年，二伯參加了中山大學的學聯。忙於搞學運，再沒有在寒暑假回家。同年十月，春雲生下了女兒彤雲。

春雲守著女兒，一邊爲失聯的丈夫擔驚受怕，一邊勤勞耕耘。農閑時還跟著村裡的強勞力到江西挑鹽賺零錢。

一九四九年十月，中華人民共和國成立。隨著《婚姻法》的公布，許多革命幹部解除了父母之命、媒妁之言的包辦婚姻。一九五零年，二伯成爲廣東省曲江縣首任文教科長。一九五一年，他寫信要求離婚，理由是他們的婚姻是封建舊婚姻。

收到信的春雲如同晴天霹靂。她已嫁入梁家八九年，吃盡了苦，一直在付出。原以爲苦盡甘來，卻被一封來信打入十八層地獄。她不甘心，立刻回信「不同意」。

當時的鄉長是二伯的相識。二伯不想拖泥帶水，便聯繫上鄉長。鄉長同情春雲，先幫她找到一份新塘墟衛生所的炊事員工作，再春風化雨地做她的思想工作。經過一年多的抗爭，春雲的心死了。最終，她接受了，那個讓自己心動的男人永遠不會被她感動。一九五三年，她萬念俱滅地在離婚證書上簽名，傷透心地拋下三歲的女兒彤雲，離開上羅衣村。

春雲在新塘墟衛生所學會了配藥、打針和接生，成爲那一地區很受歡迎的接生婆。她後來再嫁給衛生院的一位醫生，二人養育了兩男一女。

離婚後，二伯愛上土改隊的女隊員李美鳳。雖然《婚姻法》明確規定婚姻自由，當時的政治環境卻沒有眞正的自由可言。革命幹部談戀愛和結婚必須首先經過組織部的審批。李美鳳家庭背景良好，在土改隊的表現也相當突出，組織部輕易批准了二伯的對象申請。然而，萬事俱備只欠東風，這東風卻姍姍不來。

李美鳳堅決拒絕了二伯的求婚。她敬重二伯，卻不愛他。她拒絕的理由是，二伯比她大八歲，這樣的年齡差距不合適。她最不能接受的是和一個自己不愛、並且已有一個七歲女兒的人結婚。她拒絕不明不白地成爲後媽。

爲了說服李美鳳，組織部和婦聯派幹部輪番對她進行思想工作，言下之意是：黨組織既然已批准你們兩人談對象，就不允許你發個人情緒，一定要服從組織安排。

李美鳳最終意識到人在組織中身不由己，最後只得接受了組織的安排。結婚前，她淸楚地告訴二伯：「我不能接受當後媽。」李美鳳就是我的二伯母。

阿嫲於一九五七年帶著彤雲姐離開梅縣，搬到二伯家居住。彤雲姐明顯不受歡迎，她是兩段不自由婚姻的犧牲品。在夾縫中堅強地生存與成長，確實不容易。

二伯母對我們非常慈祥。那時我們是右派子女，她對我們的友善表現出她的正義與善良。

一九四四年初，有熟人問阿嫲是否要替爸爸找一個六歲的童養媳。阿嫲回答：「阿仰長得福相，以後肯定能找到老婆。我倒有心爲我的小兒子阿雪找個童養媳。他九歲，跟那個女孩子年齡相當。」

幾天後，一個叫李菊嬌的小女孩跟著她的祖母來到梁家。阿嫲留她的祖母一起吃飯。矮小的菊嬌坐在她祖母的腿上，機靈的雙眼好奇地東張西望。她的祖母吃一口飯，抹了一把眼淚，說：「她是我的命根子啊。一出生就是我一手一腳帶大的。別看她年紀小，她特別乖巧，懂得察言觀色，一開口就讓人暖心。她爸媽帶著她弟弟去了泰國，丟下兩姊妹給我。三四年了，音信全無。我老了，下不了地。要是有別的法子，哪裡捨得把她送出去。看到你，我心裡也好受點了。找到個好人家，總比在家挨餓好。」

阿嫲回答：「我們也是窮人家。但不論怎麼窮，只要有我們一口，就會有她的一口。」

那個女孩後來成了我的四嬸。她是童養媳中的幸運者，每年她的祖母都會來探望她幾次。阿嫲看她年幼，也沒有怎麼難爲她。每到春種秋割的時候，便讓她跟著春雲下田。她還跟著阿嫲和春雲上山砍柴，挑著柴草到長沙墟賣。妯娌兩人相差十歲多，卻在困境中見證了眞情。春雲教她各種農活，四嬸也替她調停與阿嫲的關係。

四嬸剛到梁家時不與四叔避嫌，閑暇時還跟他一起玩。幾個調皮的小孩取笑四叔說：「阿雪，你老婆來管你了。」四叔臉皮薄，從此一見四嬸便板起臉，擺出一副與你無關的樣子。

四嬸就乖巧地在他面前消失。

隨著婚姻法廢除了童養媳，未成年的四嬸回到了自己的家。

四叔長大後，和小時候一樣不善言辭。他在韶關讀完技術學校後，分配到韶關鋼鐵廠，二伯一家和阿嫲也在韶關。

全家人都爲四叔的婚事擔心。二伯、二伯母和其他熟人朋友熱心地替他介紹女子，但四叔每次都搖頭拒絕去相親。

一九五九年底，一家人坐在一起吃晚飯，又提起了他的婚事。他低頭吃飯，不發一語。

二伯母突然心有靈犀地問：「你都二十四了，爲什麼不肯相親？是不是心裡有了人？要眞有，你要說出來，我們才能成全你的好事。」

四叔的臉一下子紅了，過了好一會兒才低著頭說：「就是菊嬌。」

阿嫲一聽急壞了：「你怎麼不早說！她都離開我們家快十年了，大概早嫁人了。」

四叔生氣地說：「她不會的！」

二伯母追問：「你寫過信給她嗎？」

四叔搖搖頭：「沒有。」

「那你怎麼知道她不會嫁給別人？」

四叔「唰」地一聲站起來說：「我就知道！我明天就回梅縣找她，證明給你們看。」

阿嫲和他當晚收拾行李回梅縣。家門都沒進，就去了長沙四嬸家。四嬸剛好背著個嬰兒走出家門，四叔臉色大變，扭身就想離開。四嬸疾步追上，拉著他的手說：「不要走，這是我堂哥的小孩。」

四叔真的不走了。他不顧家人強烈反對，辭去了韶關鋼鐵廠的工作，回到梅縣，與四嬸在梁家老宅安家。

四嬸這個舊社會的童養媳，終於在新社會收獲了愛情。四叔用最不浪漫的方式，結束了他沉默的愛情長跑。

我 1986 年回梅縣時與四嬸在羅衣溪邊洗衣服。那年的溪水依然清澈透底。我 2014 年二度回梅縣。羅衣村受到嚴重的環境污染。羅衣溪渺無蹤影。

梅縣重男輕女的觀念特別嚴重。新政府大力提倡婦女解放和婚姻自由。幾個婦聯幹事到農村收集自由戀愛的模範事跡。到了上羅衣村，村裡的人都說：「梁雪常和李菊嬌兩人就是自由戀愛的。菊嬌命好，雪常爲了她連大城市工人的職位都不要了。」

一位幹事找到了四叔和四嬸，想讓他們講一講他們的戀愛故事。四叔硬繃繃地說：「有什麼好說的？她是我的童養媳！」

婦聯幹事一頭霧水，不知所措。她回頭對四嬸說：「村裡人還說你們是自由戀愛，你怎麼會是他的童養媳？那是封建制度的產物。現在是新社會，《婚姻法》十年前已經廢除了這個陋習。你爲什麼還要嫁給他？」

四嬸不高興地說：「我要嫁給他關你什麼事？！」

四叔和四嬸的這段故事，最終被寫入反面材料，證明在客家地區，很多婦女仍然對封建婚姻妥協。

四叔和四嬸一起耕了幾十年的田，養育了四個孩子。

從溪邊可以看見英承公的老宅。2014 年回鄉時找不到這布滿卵石的河灘。老宅也被新蓋的樓房遮蓋

第九章：求學篇—小學（一九三九年—一九四五年）

此章描述我父親六年的小學生涯。上學第一天的所見所聞。小夥伴引領他成為球王李惠堂的二手球迷，萬人空巷看球王。校長靈活生動的教學大法。解讀韓愈、李白和孔子的經典作品。參與社會活動，擔任追悼團的禮生。捐獻一元造飛機，打敗日本侵略者！渡過一九四三年的梅縣飢荒，奪得「嶺東第一學府」梅州中學入學考試第一名。抗日勝利大遊行的歡呼聲響徹雲霄。

問：「你幾歲上小學？」

答：「虛歲九歲。」

問：「你上小學前對上學有什麼想法？」

答：「無比嚮往。梅縣人看重讀書。我從小就會念一首老少皆知的兒歌：

泥蛤蟆，嘎嘎嘎，

不讀書，沒老婆。」

問：「我讀書前很想早日上學。但上了小學以後很失望，覺得上課很枯燥。你有沒有同樣的感覺？」

答：「沒有。我喜歡上學。每一堂課都很有趣。那時候只有老師有課本，學生是沒有課本的。老師上課的時候把課文寫在黑板上，我們一筆一畫地抄下來。覺得所有科目都很有趣，綜合性、知識性和實用性都很強。比如語文課中有很多做人的道理，還有算術、醫學、生物、植物和物理等常識，一點都不枯燥。」

問：「你讀小學時最喜歡哪一科？」

答：「算術。我的校長也是我的算術老師。」

問：「我還從來沒有碰到一個心算比你快的人。你的心算技巧是不是那時侯學來的？」

答：「正是。算術是一通百通的。」

問：「那時讀書有寒暑假嗎？」

答：「有，但印象中不是很長時間。」

問：「寒暑假有作業嗎？」

答：「有，但不多。要練字，要寫日記。上了高小以後還要背古文。」

一九三九年，爸爸上小學了。阿嫲早已節衣縮食地省下一擔米，還沒有開學就把米挑到學校，那便是爸爸一年的學費。那天一早起床，阿嫲已經做好了一大海碗香噴噴的蔥炒飯。飯上面並排擺了兩個圓圓的煎蛋，筷子放在雞蛋的左邊，筷子和雞蛋構成完美的「一百」。阿嫲笑瞇瞇地說：「吃了這碗飯，你在學校要聰聰（蔥蔥）明明，每科都考一百分。」

羅衣村的同群小學是由新加坡的歸國華僑梁榮曾先生於一九二一年左右創辦的。梁榮曾先生回鄉時才二十多歲，他在新加坡受過正規的新式師範教育，立志回國辦新學。當時村裡只有一間私塾，教材還是《三字經》、《百家姓》和《千字文》。

梁榮曾回鄉後，立刻聯繫七保和八保的名士鄉紳辦起新學校。那時兩個保共有三千村民。學校開辦時主要選用《四書》作爲教材，這些書籍包括記錄孔子與其弟子言行的《論語》、曾子談古代教育的《大學》、戰國時期子思談儒家道德標準的《中庸》，以及談仁政治國的《孟子》。

二伯在一九三四年就讀時，學校正經歷新舊交替，有數位穿馬褂留辮根的私塾先生教授四書和唐宋古籍。[1]爸爸入學時，學校全面採用了民國的白話文統一小學教材。學校大約有二百多個學生，共有三個班，男女生比例大約是七：三。除了梁榮曾校長外，學校還有四位老師：來自湖南的林江老師和三位客家老師——熊幼生老師、陳鶴老師以及年輕的梁坤新老師。學校還雇了一位校工兼體育老師，名叫梁欣章。

解放後，爸爸才知道同群小學是當時共產黨的一個秘密據點。林江老師是共產黨中央特派員，熊幼生老師和陳鶴老師也是共產黨員。這三位老師出於掩護自己的身份，言行舉止都非常低調。

學校離梁家老宅不遠，從屋子的後面爬上山坡，往左走不遠便到了。第一天上學，爸爸跟梁顯光一起走到學校。校長和老師們已經站在課室門口，指揮新生走進課室。他們親切和藹地對同學們說：「小朋友早！」爸爸則跟著高年班的同學說：「先生早！」

在原址重建的同群小學。改革開放後，許多年輕人紛紛外出務工，留在農村的孩子很少。我2014年回鄉時學校已停辦

1 梁常：《南嶺夕照樓詩稿選——華年舊事》之二十一和二十二。

爸爸的班級是一－二年級的複式混班。學校還有另外兩個班：三－四年班和五－六年班。一－二年班開設六門課：語文、算術、公民、圖畫、音樂和體育；三－四年班則開設九門課，除了一－二年班的六門課外，還增加了歷史、地理和自然三門課；而五－六年班開設十門課，除了三－四年班的科目，還加上英語。除了英文課以外，所有課程都是根據當時國民六年制小學的教學大綱開設的。

陳鶴老師是一－二年級的班主任，同學們都稱呼他陳鶴先生。第一天上課，陳老師首先宣布了一些校內和課堂的紀律，介紹完畢後便正式開始了爸爸人生中的第一堂課。

陳老師對同學們說：「你們今天進校時跟先生們互相問候，『先生，早！』，『小朋友，早！』。這很好。學生要尊重先生，先生也要愛護學生。先生認真地教，學生努力地學。這就是我們今天要學的字。」

他轉身在黑板上「唰唰唰」地寫下了那七個字：「先生，早！」和「小朋友，早！」讀了三遍課文後，陳老師講述了這些字的筆畫順序和結構，然後說：「你們現在每個字寫十次，要認眞地按筆畫順序寫，邊讀邊寫邊記。我現在要跟二年級的同學講課。這堂課結束前，我會測試一下你們有沒有學會這兩句問候語。」

爸爸從小跟阿爺和二伯練字，早已寫出一手好字。快下課的時候，陳鶴老師走到他的桌子旁，看到他寫下的「先生，早！」和「小朋友，早！」，立刻把他的字舉起來對全班同學說：「同學們看，梁仰常同學的字寫得眞好。你們都要像他那樣，認眞寫好每一個字。」

上完第一節課，一個眼睛大大的男孩走到爸爸跟前，拍了拍他的背說：「原來你就是梁仰常。我認識你哥！他跟我舅舅是好朋友。」

「你舅舅是誰？」爸爸問。

「是梁就星。」

爸爸記得二伯說過，梁就星的父親中醫梁學琴，把女兒梁喜蘭嫁給一位姓楊的朋友的兒子。兩家立約，頭胎姓梁，跟外公過日子，跟外公學醫。梁喜蘭嫁入楊家第二年如願生下兒子，楊家應約，讓小男孩跟外公姓梁，名叫洪超。小男孩一直跟著爸爸媽媽生活，直到上小學才應約到外公梁學琴家。因此，他和爸爸在上小學時才第一次見面。

爸爸一把抓住男孩的手說：「你就是梁洪超，我二哥揚起過你。我認識你舅舅，他來過我們家。」

從那一刻起，洪超跟爸爸成了形影不離的小伙伴。

爸爸對語文、算術、公民和音樂都很感興趣。他記憶力強，即使在課堂上不能理解所有內容，也能記得七七八八，然後通過記憶慢慢消化。洪超的讀書能力不及爸爸，但身體協調能力卻超強，特別喜歡足球。

同群小學課室外有一個大草坪操場，操場兩端豎著兩根杉木柱作爲足球場的球門，另一邊有一個籃球架。上體育課時，老師解釋足球和籃球的運動規則，示範動作，然後讓同學們一起練習。體育課還會教一些武術和體操。在所有項目中，足球最受學生們的歡迎。

梅縣是中國現代足球的發源地。自二十世紀三十年代起，足球成爲梅縣的全民運動。街頭巷尾流傳著球王李惠堂帶領的球隊如何射門、贏得國際比賽的故事。全縣的學校都有簡陋的足球場，大都像同群小學一樣，插兩根木柱或竹子作爲球門。

洪超是李惠堂的忠實粉絲，開口閉口都提到「李惠堂」。

「李惠堂是五華橫陂鎮的客家人。上海人常說，『看戲要看梅蘭芳，看球要看李惠堂』。李惠堂又快又靈活，只要球在他的腳下，兩三個人也搶不走。他的射門才叫絕招，無論什麼位置、什麼角度，他都能左右開弓，甚至還能倒地臥射。他射門，球球入門。」

「李惠堂在十八歲參加第六屆遠東運動會時是中國隊的前鋒。[2] 在決賽中，踢入關鍵一球，以四：三戰勝日本隊，拿下冠軍。」

「過了兩年，他又去菲律賓參加第七屆遠東運動會。[3] 在與菲律賓的決賽中，李惠堂連續踢進三個球，中國隊以五：一大勝，奪得冠軍。」

「他後來成爲中華民國足球隊的隊長，帶領球隊在一九三〇年和一九三四年連續獲得第九屆和第十屆遠東運動會的冠軍。他就是這麼神！」

爸爸問：「你看過他踢球嗎？」

洪超說：「現在還沒有，以後肯定要看的。」

2 第六屆遠東運動會於一九二三年五月在日本大阪舉行。
3 第七屆遠東運動會於一九二五年在馬尼拉舉行。

「你怎麼知道那麼多關於他的事？」

「我聽我舅舅說的。」

「你是說梁就星？」

「對。我舅舅回國前在緬甸看過李惠堂的一場球賽。那是李惠堂和他的足球隊爲了參加柏林奧運會籌款而打的比賽。」

那是爸爸第一次聽說奧運會。

洪超說：「一九三六年，以李惠堂爲隊長的中國隊以亞洲第一的成績獲得奧運出線權，但政府無法拿出錢送他們去德國柏林。李惠堂和他的隊員只好一路打球籌款前往柏林。他們提前兩個多月乘坐法國郵輪離開中國，先後在越南、新加坡、印尼、馬來西亞、緬甸和印度六個國家打了二十七場比賽，結果勝了二十四場，平了三場，贏得了二十多萬港元。我舅舅看了六月在緬甸打的那場球賽。他說李惠堂和他的球隊壓著緬甸隊打，球迷看得連連喝彩，尤其是那些華僑，連當地人都輸得心服口服。」

爸爸追問：「他們在柏林打贏了嗎？」

洪超說：「李惠堂和他的隊員連續兩個月邊走邊踢，終於在七月底乘著郵輪到達柏林，但已經累壞了。運動會的首輪淘汰賽在八月六日舉行。中國隊遇上了很強的英國隊。英國隊沒想到中國隊這麼能打，上半場竟然打成零比零。可惜，經過兩個月的舟車轉接和一場接一場的比賽，隊員們的體力已經透支。下半場時好幾個球員抽筋，最後中國隊以〇：二敗給英國隊。」

「英國和法國兩隊都爭著高價邀請李惠堂加入他們的隊伍。李惠堂非常愛國，假如他參加了外國球隊，就不能再代表中國隊參加國際比賽。因此，他一口拒絕了英國隊和法國隊的邀請。」

爸爸通過洪超獲得了許多與李惠堂有關的信息，成了李惠堂的二手球迷。

洪超的足球技術也非常好。放學後，他經常懇求幾個朋友：「你們跟我踢一下球再回家。」學校只有一個足球，放學後便收起來。洪超的書包裡總是裝著幾個拳頭大小的青硬柚子，那就是他們的足球。一個柚子踢破了，就再換一個。每場球賽中，總能看到洪超靈活的身影左衝右突。

爸爸擔任守門員。洪超每踢一球都念念有詞：「左右開弓」、「凌空抽射」、「倒地臥射」，這些都是李惠堂成名的射門姿勢。爸爸很少能擋住射來的柚子，但每次洪超進球時，他不但不沮喪，反而跳起來歡呼，好像那顆柚子是他自己踢進的。

爸爸在小學裡最敬重的人是梁榮會校長。校長四十歲出頭，高大英俊，看上去嚴肅，不苟言笑。爸爸一開始每次碰到他都有點懼怕。在同群小學上了六年學，校長臉上的表情幾乎沒有改變。但爸爸對他的態度卻是從懼怕，到尊重，最後發展爲深深的愛戴。

校長是一位嚴謹認眞、有創意、有理想並且精益求精的教育家。他以中華民國的教育宗旨作爲辦學的指南，從學科、教材、教育方法和社會活動四方面去培養學生。除了管理學校的大小事務，校長還親自執教數學、英語和古文選讀三個科目。

校長使用靈活生動的教學方法，使每堂課趣味橫生。在數學課上，他不滿足於僅僅教會學生加減乘除，而是著重於用一些實際生活中的問題，讓學生將知識與運用結合起來。在教授四則運算時，他經常出一些像「鵝雞兔同籠」這樣有趣的智力開發題目，讓學生們比賽誰算得最快最准。

有一天快下課時，校長出了一道題：

一百饅頭一百僧，
大僧三個更無爭，
小僧三人分一個，
大小和尚各幾燈？

爸爸擅長心算，最喜歡這類題目。聽到競賽題，爸爸立刻像田徑運動員聽到起跑令一樣，腦筋飛快地轉動。不到一分鐘便得出了答案，高高地舉起手來。

校長問：「你沒有用筆和紙，解題卻這麼快。把你的答案說出來，讓我們看看對不對。」

爸爸回答：「共有大僧二十五人，小僧七十五人。」

校長說：「很好。解決數學問題就要這樣，要快，要準。梁仰常最快得出正確的答案，但不能驕傲，要繼續努力。其他同學要多做幾遍書本上的題目。功夫不負有心人，只要肯下苦功，一定可以提高解題的速度和質量。」

校長教珠算也有自己的一套方法。他示範用左手撥珠，右手記賬，還給珠算的難題取上有趣的名字以吸引學生的注意力。例如，「五虎下山」，要求用算盤求得五個五乘以五個五的結果。最難的是「九龍下海」，要算出九位九乘以九位九。

由於校長靈活生動、實用的教學方法，爸爸總是能把課堂上學到的算術用在家裡，比如幫阿嫲預算要賣多少個雞蛋才能買回需要的日用品。每年中學招生時，同群小學學生的算術和珠算成績都非常出色。

英語是校長爲五、六年級增設的課程。梅縣是僑鄉，家家戶戶都有親人在海外。因爲不會用英文寫信封，很多村民往海外寄信時都困難重重。有的要出錢讓人替寫信封，有的出不起錢，只能硬著頭皮像畫畫一樣把英文字臨摹上去，經常出錯，導致親人收不到信。校長有感於此，特別開設了這門課。第一堂課時，他對學生們說：「你們學了英文後，要主動幫助父老鄉親代寫英文信封，方便他們與南洋的親人聯繫。你們自己也會得益於英文學習。打敗日寇後重建祖國，需要大批懂英文的人才。」

校長的英語教學別出一格，生動活潑。爲了幫助學生增加詞彙量，他用簡單的英文單詞串成謎語讓學生猜。其中一個謎語是：

Inside the powder
Outside the paper
Put in the fire
Bibabiba
謎底是鞭炮（firework）。

校長編了很多英文順口溜。每句的上半句是中文，下半句是英文，兩者意思相同。其中一首順口溜是這樣的：

打打籃球 Playing ball
關起門來 Shut the door
一二三四 One two three four。

學生們特別喜歡這類順口溜。上學和放學時，邊走邊念，毫不費力地學會裡面的英文生詞。學了英文後，老宅裡的很多人都請爸爸代筆寫信給海外的親人。爸爸的記憶力好，幫忙一次後基本能記住老宅裡所有海外親戚的地址。

阿爺大哥的老婆開勝伯婆也是老宅的留守婦女。不知什麼原因，阿嫲和開勝伯婆互不搭理。但開勝伯婆很喜歡爸爸。逢年過節，她會打手勢叫爸爸去她房裡。爸爸進去後，她會先盛一碗飯給爸爸，飯上還有肉。爸爸吃完飯後，會幫她寫信給開勝大伯公。

古文選讀不是一個獨立的科目，而是校長爲輔助學生們學習語文而自己開設的機動課。這門課選用了三篇古文：韓愈的〈進學解〉、李白的〈春夜宴桃李園序〉和有關孔子的〈禮運大同篇〉。

講述韓愈的文章時，校長請學生們分享他們對「業精於勤而荒於嬉，行成於思而毀於隨」的理解。學生們都理解上句，但對下句有疑問。爸爸問：「不是要聽長輩的話，老師的話嗎？我們按照他們的話去行動，難道會毀了自己嗎？」

校長說：「問得很好。你們聽長輩的話，是應有的禮節，但不能盲目地聽話。韓愈所談的『行』是指『德行』，卽一個人的道德品行。一個品行高尙的人要去私心，幫助別人。他們謙遜，待人和行事卻堅守原則，不會盲目追隨地位或輩分高的人。所以聖人說修德比修學問重要。要成爲社會棟樑，首先要獨立判斷是非曲直，然後才去讀好書。一個讀了萬卷書卻不會思考的人，很容易被壞人利用，成爲貽害社會的人。因此，韓愈把讀書和道德修養放在一起。你們都要做一個情操高尙、志向遠大的讀書人。」

講述李白的〈春夜宴桃李園序〉時，校長先朗讀了第一段：「夫天地者，萬物之逆旅；光陰者，百代之過客。而浮生若夢，爲歡幾何？古人秉燭夜遊，良有以也。」

然後解讀道：「我們是天地間短暫的過客，百代的光陰如白馬過隙，一眨眼就過去了。人生如莊周夢蝶，從無到有再歸於無。短暫的人生，歡樂的時光又有多少呢？古人夜間執著火炬遊玩，我們也千萬不要辜負良辰美景啊。」

他接著說：「李白的這篇序文立意高深，站在宇宙的高度來看待人生。我們只是宇宙天地光陰的賓客，而非主人，我們要尊重自然，懂得欣賞自然，並從自然的各種現象和變化中感悟人生的眞諦。要站得高、看得遠，不要鼠目寸光。不要整天想著功名利益，應該懷有廣闊的道德情懷和樂觀的人生態度，終生追求充實和提升自己的道德情操。」

爸爸問：「校長，既然不應該追求功名利益，爲什麼還要好好讀書呢？您不是鼓勵我們考試考第一嗎？」

校長回答：「我鼓勵你們考第一，是希望你們主動求學，從而發掘自己的潛能。『天行健，君子當自強不息。』如果把功名利益當成學習的動力，那就本末倒置了。君子自強不息，才是學習和人生的眞正動力。我們要尊重自然，也要尊重自己的潛能。每個人的潛能不同，比如你的記憶力特別好，而洪超的身體特別靈活。現在全國很多小孩都沒有機會上學。你們既然有了上學的機會，就不要走入寶山卻空手而回。」

講述〈禮運大同篇〉時，校長重點讀了其中一段：「大道之行也，天下爲公。選賢與能，講信修睦；故人不獨親其親，不獨子其子，使老有所終，壯有所用，幼有所長，鰥寡孤獨廢疾者皆有所養，男有分，女有歸。貨惡其棄於地也，不必藏於己；力惡其不出於身也，不必爲己。是故謀閉而不興，盜竊亂賊而不作，故外戶而不閉，是謂大同。」

校長解釋說：「孔子理想的大同世界是怎樣的呢？天下屬於大家，當政的是由大家選拔出來的賢能之士。百姓之間講究信用，關係和睦。人人都懂得孝順父母，關愛兄弟姐妹，並且能將這種人倫擴展到整個社會。對待所有老人如同自己的父母，對待所有的兒童如同自己的子女。老年人能夠得到社會的撫養，壯年人都有用武之地，幼年人都能得到撫養。社會負責供養所有鰥寡孤獨及殘疾人士。男子有正當職業，女子都能適時出嫁。人民愛護財物卻不佔爲己有，人民竭盡所能爲社會勞作。在這樣的世界中，沒有人需要用陰謀詭計去獲取私利；沒有人被迫鋌而走險去偷竊作亂，家家戶戶的大門敞開。這就是孔子理想的大同世界。」

他繼續對學生們說：「聖人的心胸多麼博大！你們從這篇課文中要學到的是心懷天下。孔子的大同世界是一個充滿仁、義和愛的社會。一代代仁人志士爲了建設這樣的社會前仆後繼。我們的國父孫中山先生提出的三民主義與孔子的大同世界也是相通的。你們也要有這樣的胸懷，要學會愛與包容。要認眞讀書做人，使自己成爲家國的棟樑，承擔起民族生存、社會平等、民生發展的大任。要立志成爲心胸開闊、知識淵博的人。這樣的人到了哪裡都能發光發熱，都能爲人類謀福。」

校長教授古文時，除了自讀講解外，還與學生們一起大聲朗讀，以便讓學生領會其中的韻律和寓意。他每教完一篇都要求學生回家後背誦。爸爸回家路上大聲背誦，直到二〇一〇年仍能一字不差地背誦這三篇古文。

校長除了要求學生認眞學習外，還鼓勵他們積極參與社會活動。他對學生們說：「學校必須得到鄉民的支持才能成功運作。你們必須與社會接觸，才能將知識運用到實踐中去。不要做書呆子。」

每次爲有名望的鄉紳舉行追悼會，校長都會派四五十名學生參加。這些學生在追悼會上念祭文，唱悼歌。爸爸從四年級開始便成爲學校追悼團的禮生，即領隊。在追悼會前，學生要背熟悼詞和追悼歌。追悼會上，爸爸站在學生代表的最前面，帶頭念悼詞和唱追悼歌。祭文和歌詞因人而異，但曲子都相同。

爸爸還記得國民黨軍需處處長梁運煌父親的追悼會是在某月的初五舉行的。他的追悼歌詞是這樣的：

老伯處事溫和
久為閭裡稱揚
如今長離人事
胡據云亡
當此初五良辰
經備鮮花牲雞
吾輩憑弔靈堂

小學每年都有期末考試，名次會在全班宣讀。每科的第一名還會在全校的大操場上集合公告。每次校長公布了第一名的同學名單後，都會說：「得到第一名的同學不能驕傲。學習如逆水行舟，不進則退。你們今年得了第一並不代表明年還能得第一。沒有得第一的同學也不要失望，只要加把勁，每位同學都有機會成爲第一名。」

爸爸第一年就考了語文和算術的第一名。阿嫲比誰都高興，特地買來了麻紗，把麻紗染成藍色後再紡紗織布，縫了一件寬大的短袖衣給爸爸。這件麻衣很耐穿，爸爸一直穿到五年級。

爸爸緊記校長的教導，不驕傲自滿，小學六年都是全班的第一名。

爸爸讀小學的六年是抗日戰爭的高峰期。每當有一兩個戰區傳來好消息，或後方政府發來的抗日資訊，學校的老師們都會及時傳播。

一九四〇年五月三十日的《中央日報》報導：「五．二九空戰，我空軍擊落敵重型轟炸機一架，墜落於璧山來鳳驛東部地區。」學校的老師看到消息後，第一時間告訴了所有學生。三個課室一下子沸騰起來。有的學生以爲擊落了轟炸機就是打敗了日本鬼。這條消息在鄉間一傳十，十傳百，後來的版本成爲「梅縣的防空隊在長沙墟上空擊落一架日本的轟炸機」。

一九四一年六月，中國航空建設協會號召全國同胞「手擎一元錢，向空軍建設大進軍」。

同時要求各縣市成立「一元獻機運動」勸募委員會，以實現一人捐獻一元。「用血與鐵的反攻，來完成我們民族解放的歷史使命」。

梅縣的各中小學立刻行動起來。校長在操場上對同學們說：「日寇用轟炸機空襲我們的領土，無數軍民被炸傷、炸死，無數建築被炸成灰。日本鬼在天上，我們在地下，他們控制了制空權。要扭轉劣勢，我們一定要飛到天上去把他們的飛機打下來。買飛機需要很多錢。我國有四億五千萬人口。如果每人都捐獻一元，我們就有四億五千萬元。每架飛機十五萬元，你們算算能買多少架飛機？」

爸爸立刻算出可以買三千架！

校長說：「對。如果我們國家有三千架飛機，就能扭轉我們的空中劣勢，打敗日本侵略者。現在全國人民都行動起來了，我們也要行動起來。人人參與一元獻機運動。我們要用血與鐵的反攻，來完成我們民族解放的歷史使命。」

校長話音剛落，一位老師帶頭喊起口號：「捐獻一元造飛機，打敗日本侵略者！」學生們都跟著振臂高喊。

爸爸把一元獻機的消息告訴阿嫲：「媽，如果我們每人都捐獻一元錢，我們就可以製造出三千架飛機，定能打下所有的日本飛機。中國一定會贏。」

第二天早上，阿嫲鄭重地交了一元錢給爸爸。

一九四一年十二月二十五日，香港淪陷。李惠堂當時在香港的華南足球隊。汪精衛政權要求李惠堂的球隊與日本軍的足球隊打友誼賽。李惠堂和隊員斷然拒絕，受到僞政府的監視。李惠堂借助在澳門比賽的機會，化裝潛回故鄉五華縣，剛好趕上一九四二年的農曆新年。他在家門口貼上一幅對聯：「認認眞眞抗戰，隨隨便便過年。」過年後，他在家鄉組建了五華足球隊，先後在錫坑、安流、河口、橫陂、華城等鎮獻技傳藝，並爲抗日籌款。

洪超一聽到李惠堂回五華的消息，興奮得跳了起來。「五華離梅縣這麼近，他肯定會來梅縣的。他如果來，我無論如何都要和舅舅一起去看他踢球。」

洪超的願望很快就實現了。

梅縣的強民足球隊當時享譽全國。球隊由印刷圖章工會和其他社團的店員組成，隊長兼中鋒溫集祥是南洋歸僑。以強民足球隊爲基礎組建的梅縣足球隊在一九三五年和一九三七年連續獲得廣東省第十三屆、十四屆運動會足球聯賽冠軍。一九四一年，這支足球隊再次獲得省足球比賽冠軍。

李惠堂組建五華足球隊的消息傳來，強民足球隊立刻發出戰書，邀請李惠堂來梅縣公共體育場切磋球藝。李惠堂早已聽說過這支冠軍隊，欣然接下了戰書。

收到消息後，梁就星立刻帶著洪超趕去梅城。

一九四二年十月十七日是星期六。當李惠堂率領的五華足球隊在梅城南門碼頭下船登岸時，凌風路與義化路交會處堵得水泄不通。梁就星和洪超擠在人群中，爭睹「亞洲球王」的風采。

第二天，梁就星和洪超一早就去東教場排隊買球賽的門票。門票每張十元，卻吸引了上萬觀衆，購票人數遠遠超過體育場的座位。比賽在下午舉行，許多觀衆席地而坐。當足球隊員們跑進場時，觀衆發出震耳欲聾的歡呼。

球賽一開始便打得非常激烈，只見球王帶著球忽左忽右、忽前忽後。強民隊派出三四個人對他圍追堵截，但他卻在緊逼中把握住機會，倒地臥射，「呯」的一聲，球掀起網子。觀衆們都驚呼出聲，張著大嘴久久無法合攏。強民隊不甘示弱，越戰越勇，觀衆也在吶喊助威：「強民隊，加油！」最終，強民隊以三比一戰勝五華隊。第二天，《中山日報》的大幅頭條是：「李惠堂球藝高超，溫集祥領導有方。」

星期一，洪超見到爸爸時仍激動得手舞足蹈。他將兩天的所見所聞眉飛色舞地告訴同學，最後感慨道：「李惠堂眞是個球王，他被強民隊前後夾攻，還能射進那高難度的一球。話說回來，五華隊的團隊配合不到位，強民隊的整體配合協調，使李惠堂英雄無用武之地。強民隊射入的第三個球最精彩，內鋒張卓瑨得球斜吊門前，隊長及中鋒溫集祥躍起得球，連同五華隊守門員一起撞入球門。眞是精彩！」

洪超說得眉飛色舞，爸爸彷彿親臨其境。

一九四一年十二月七日，日本發動了太平洋戰爭。爸爸剛升上三年級，印尼的僑匯無法匯入梅縣，家裡的經濟狀況迅速下滑。爸爸上學時肚子經常咕咕叫，阿嬤安慰說：「會好起來的。」

事與願違，到了四年級，阿嫲連火柴也捨不得買。每天煮飯後的炭火用冷灰蓋著，第二天煮飯時再撥開灰，然後用卷成二三十公分長條狀的紙煤放在炭上，接著往火炭上吹。要吹好一會兒才會冒煙。煙一起，阿嫲便狂咳一陣。這樣吹吹咳咳，要好一陣子才讓舊炭復燃。

家裡拿不出買煤油的錢，阿嫲便到山上砍來竹子，將竹子削成筷子大小，截成四十釐米長。竹枝曬乾後沾上米湯和木屑，再曬乾。然後，她拿一個碗到山上，找到一顆老松樹，在樹幹上割一個口，用碗接住老松樹口流出的松香。松香拿回家後煮溶，立即把沾了米湯和木屑的竹枝放進滾燙的松香裡，松香冷卻後凝固。這樣做成的松香竹枝可以燒一個時辰，爲夜間照明。

2014 年 - 上羅衣山上的採松香

因爲做松香竹枝非常費工夫，只有晚上做針線活或功課時才舍得點燃。瞬間，滿室洋溢著松香。偶爾松香汁會滴到手背上，燙出水泡。點燃的松香持續冒著濃煙，把鼻孔熏得漆黑。

一九四三年，梅縣地區接連八個月未下雨。梅江斷流，禾田龜裂，赤地千里。早稻顆粒無法收成。一家人能吃的都吃完了，沒有米，沒有番薯，沒有芋頭，豬也賣了。往年豬都不吃的菜根這次也被吃光了。爸爸餓得腸臟像被吸成眞空一樣擠在一起，難受得無法形容。

所有同學上課時都在挨餓，有的同學甚至消失了。村裡一下子死了很多老人。阿嫲聽說村裡的人到山裡挖闕根和土茯苓充飢，於是也去山裡挖了些。闕根是棕櫚類植物，將它錘爛後加水能得到少得可憐的澱粉。阿嫲把沉澱的澱粉倒進開水裡，等水稍微放涼，便結成比水稍微稠一點的闕根糊。這糊只能欺騙一下肚子，吃了幾分鐘後，難以抵禦的飢餓又卷土重來。

土茯苓是一種攀藤植物，其根莖平時用作中藥，具有去濕保腎的功效。土茯苓生長在山地，葉子有些像竹葉。長藤沿著灌木攀爬兩三米高，埋在土裡的根莖每棵有一米多深，盤根錯綜地生長在一起。黃泥土太硬，挖大半天才能挖出幾斤。

阿嫲告訴爸爸，土茯苓有很多渣，吃了後難以消化，如果整根吃下去，會脹死人。阿嫲先把土茯苓錘爛，加水把茯苓渣過濾掉，再煮成糊狀食用。

在學校，一位同學蹲在茅坑裡，抱著肚子邊哭邊呻吟。班主任梁坤新老師看到後，立刻詢問：「你是不是吃了土茯苓？」

那個同學痛苦地點點頭。梁老師說：「把褲子脫掉。」然後捋起衣袖，在地上撿了一根小棍子，半跪半蹲在地上，指指自己的大腿說：「快趴在我腿上。」

梁老師用那根小棍子從那個同學的屁股眼挑出幾乎乾硬的屎。挑了半個多小時，那位同學終於拉出了一泡屎，然而，梁老師卻因為兩腿發麻而抽筋，無法站起來。幾個圍觀的同學連忙上前，把他半抬半扶地送回課室。

梅江和韓江在大埔縣的三河壩交匯處，離羅衣村大約五十公里，是一個小有規模的商業中轉地。沿江兩岸有許多飯館和肉店。

一天放學，爸爸看到收買廢銅爛鐵的黃紹球身旁圍著許多人。黃紹球正在說：「人吃人了！在深山老林裡，父子相殘的事都發生了。三河壩的肉店賣的都是人肉！」

一人問：「你怎麼知道的？」

黃紹球回答：「我剛去過那裡。看到肉包子不太貴，就買了兩個。一口咬下去就覺得那肉帶酸味，吃不出狗肉或豬肉的香味。後來別人告訴我三河壩的肉都是死人肉，弄得我直想吐。」

黃紹球這番話使爸爸毛骨悚然，連續幾晚都作惡夢。

那次飢荒，梅縣農村餓死了很多人。爸爸後來才知道，他們一家全靠阿嫲陸續低價變賣從南洋帶回來的首飾活了下來。旱災後，政府向農民提供番薯苗。飢荒到了年底，番薯收穫後情況才有所好轉。

轉眼間，爸爸升上了小學六年級。校長對他們說：「今年是你們小學的最後一年。如果你們想繼續求學，就必須打硬仗。你們正好趕上了一個求學的黃金時代。梅縣現在有四十多所中學，有本土的，也有淪陷區遷來的。只要你們想讀就能讀，問題是你們能考上哪間學校。省立公校梅州中學是最難考的，如果考上了，學費最便宜，每年只收兩斗米。如果考不上梅州中學，你可以考縣立公校，每年學費是三斗米。如果再考不上，你們還可以考私校，每年學費在五斗到十斗米之間。如果連私校都考不上，你就只好考學費最高的教會學校了。每間學校都有自己的招生考試，各校錯開考期。

「梅州中學最先考，次爲縣立公校，再輪到私校，最後是教會學校。無論你的目標是什麼，你都要狠下功夫，因爲每考一次都要交考試費。所以你們最好選定目標，一次考試過關。我剛才說過，你們要打硬仗，除了正常的六年級課程外，我們每個星期會安排一次小考，題目中會加一些挑戰題。你們學習的重點還是要掌握課本的內容。我保證只要你們能把課本學透了，就起碼能得八十分。挑戰題是用來篩選出尖子中的尖子。每個星期的小考是爲了幫助你們適應考試的模式，避免考試時手忙腳亂。我們當老師的都會傾盡全力輔導你們，但最終的成功與否還是要看你們付出多少努力。」

放學後，洪超問爸爸是不是要考梅州中學。爸爸說：「對，不成功，則成仁。」

洪超回答：「我陪你考，但恐怕考不上。聽說每年報考的差不多有一千人，但學校只招一百人左右，十人中只招一人。而且很多有自知之明的人都不敢報考。要是我考不上梅州中學，就再考教會的廣益中學。廣益中學跟梅州中學、東山中學和樂育中學一起號稱梅城的足球四雄。只要有足球打我就高興。」

爸爸握著洪超的手說：「如果我們都能考上梅州中學，那該有多好啊！」

梅州中學的入學考試在四月底進行，校長親自送所有報考的學生去考試。

兩個星期後，梅州中學公布考試成績。爸爸在八百多個考生中勇奪桂冠。「上羅衣同群小學的梁仰常奪得『嶺東第一學府』入學考試第一名」的消息登上了報紙，這則消息甚至在抗日戰爭後傳到了南洋。一九四六年，爸爸收到了一筆從南洋寄來的錢，是一位與他素未謀面的宗親寄來的。附信中鼓勵他再接再厲。

洪超沒有考上梅州中學，但在六月如願考上了廣益中學。梅州中學和廣益中學都在梅縣縣城，這意味著兩人可以在週末一起回家。

七月底，爸爸小學畢業。他既期待中學生涯的來臨，又隱約感到忐忑。畢竟他從來沒有離開過阿嫲和家。

一九四五年八月十六日清早，忽然傳來鼓聲和銅鑼聲，伴隨著隱約的叫喊聲，由遠而近。爸爸跑出大門，二伯、輝光、顯常和一群小不點也隨之而出，沒有出田的男女老少也湧出門來。來的竟是梁就星和幾個舞獅隊的人。梁就星扛著獅子，梁洪超打著銅鑼，邊走邊喊：「日本鬼投降了！我們勝利了！」

一屋子人迎上前去，「日本投降？真的！？」

梁就星說：「真的！快來，我們一起去縣城參加慶祝遊行。」

二伯和輝光立刻加入他們的行列。爸爸和顯常也走到洪超身旁。這一行人抄小路走到長沙墟。一路上打著鑼、敲著鼓，唱幾句「大刀向，鬼子們的頭上砍去」，喊幾句「我們打贏日本鬼了！」

隊伍在長沙墟遇到梁有勝的商船。梁有勝一聽說日本鬼投降了，馬上說：「報應啊！都上船，我載你們去縣城！」在船上，群情激昂，有切身經歷的人咬牙切齒地訴說日本鬼子的滔天罪行。

二伯站在船頭大聲朗誦：「劍外忽傳收薊北，漫卷詩書喜若狂。白日放歌須縱酒，青春作伴好還鄉。卽從巴峽穿巫峽，便下襄陽向洛陽。」

商船在南門碼頭靠岸。梅縣縣城萬人空港地狂歡慶祝。梅江橋上、江岸上、馬路上都人頭湧湧。到處是鑼鼓聲和鞭炮聲。上羅衣的一行人剛上岸，就看見兩隊鑼鼓隊從淩風東路左右而來。兩隊人馬撞了個正著，瞬間合爲一隊。梁就星舞著獅子當仁不讓地走到遊行隊前頭，其他上羅衣的人也擠進遊行的人流。隊伍迅速壯大，鑼鼓聲震耳欲聾，高呼聲一浪高過一浪：「日本投降了！中國勝利了！正義屬於我們！」

人潮從淩風東路走到淩風西路、中山路、西門路、東門路、元城路和卜市等大街小巷，打鼓的、舞獅的、敲鑼的、振臂高呼的。炎黃子孫匯成歡慶的洪流，歡呼聲從高昂到沙啞。

爸爸隨著人流振臂高呼，喉嚨最後沙啞得發不出聲。他拉長脖子，恨不能竄高幾寸，把眼前的一切盡收眼底，留作永遠的記憶。

第十章：求學篇－中學（一九四五年－一九四九年）

此章是我父親對梅州中學的深情回憶。學校設施完備，師資臥虎藏龍。放大鏡和顯微鏡下的博物科學。作曲填詞家傳授唱歌要領。童子軍的十二項紀律和野營操練。與社會大課堂接軌。從學生宿舍到梁家祠堂。一條變色蟲，一個裝滿鈔票的皮箱，堂皇包裝的高級煙。白色恐怖、深夜敲門聲、北門崗的槍聲、剿匪隊、無辜的小狗和問心無愧的老師。一場突如其來的瘧疾改變了人生軌跡。

問：「你懷念中學時光嗎？」

答：「當然。我懷念那時的師生情和同學情。打倒四人幫後，我重新與老同學取得了聯繫，當時的激動心情難以言喻。一九九四年，梅州中學慶祝建校九十週年，我與幾位老同學一同回去參加。接待我們那一屆的竟然是我初三的音樂老師郭德明，他當時已年過六旬，但依然精神奕奕。」

問：「你的中學時光快樂嗎？」

答：「有快樂、有憧憬，但也有迷茫。內心時常感到躁動。中學以前有阿嫲守護，靈魂是純淨的。上了中學後，開始與社會這大課堂接軌，接觸到了白色恐怖，感受到人性的多面性，並染上了抽煙這個壞習慣。」

問：「你中學時還是每年全級拿第一嗎？」

答：「我的成績依然很好，但沒再拿全級第一。那幾年時局動盪，而且孤身在外，讀書不如小學時那般專心。」

問：「你的中學同學後來都成功了嗎？」

答：「能夠聯繫上的同學都很有作為。和我同住梁家祠的梁棠文成為了上海航天局的研究員，參與了無線電辭典的編輯工作。比我高一級的翁志輿，一九八五年回到梅縣重建嘉應大學，並擔任副書記和副校長。高中同班同學黃淦華曾任南海艦隊政治部組織部長，後來他移民澳洲，我曾到雪梨拜訪過他。讀書時人緣極好的朱志陸，八零年代後期擔任深圳市公路局經理。初中同班的林登雲在文革後擔任廣東省財政廳廳長，那時他是學校裡的籃球好手。梅州中學的畢業生人才濟濟，出了八位院士。」

梅州中學的前身是東山初級師範學堂，由清末著名外交家、詩人黃遵憲和地方名士吳登初、黃文彬等人於一九〇四年冬籌辦。一九〇五年，清政府推行新政，新式學校如雨後春筍般湧現。一九一二年，東山初級師範學堂、務本中學堂、嘉屬官立中學堂、梅東中學堂四校合併，並使用務本中學堂的校址，更名爲公立梅州中學。

上學的第一天，爸爸和新同學一起參觀校園，初步了解學校的地理位置、歷史背景、規模及設備。

梅州中學位於梅城北部，坐落在北門路東教場的對面。學校的東邊是下市，西邊是元城路，北邊靠近北門崗。

學校的正門朝南，是兩扇安裝在兩座教務樓之間的鐵門，約三米寬、三米高。「廣東省立梅州中學」的正楷校名被焊接在弧形的鐵門框上。爸爸看見的這道鐵門和招牌似乎歷經風霜，想必是一九一二年四校合併時安裝的。

學校分爲初中部和高中部。初中部稱爲「愛余齋」，由八座單層水泥建築組成；高中部則名爲「居學齋」，由四棟兩層的鋼筋水泥樓構成。學校設有教務室、化學實驗館、物理實驗館和生物實驗館，這三個實驗館內配備了多種多樣的儀器。

學校的圖書館藏書豐富，讓爸爸感到特別興奮，因爲他隨時可以到圖書館看書或做功課。「讀萬卷書，行萬里路」，他做夢也沒想到眞有萬卷書等著他去讀。

此外，學校還擁有正式的足球場、籃球場、單雙杠、軍訓操場和學生宿舍。參觀校園時，其他新同學和爸爸一樣，像劉姥姥進大觀園，對一切都嘖嘖稱奇。

由於爸爸在入學考試中奪冠，學校免除了他第一個學期的學費和食宿費，因此他住進了學校北邊的學生宿舍。宿舍共有三幢樓，每幢樓有四間房。

宿舍裡沒有浴室，宿舍前的天井裡有一口井。第一天回到宿舍時，幾個高年級的同學正穿著短褲在井邊洗澡。新認識的同學梁銳光拉著爸爸說：「快放下書包，脫了上衣，穿上短褲，我們先沖涼再回宿舍。現在還有幾個空桶，來晚了就得等。」

第一次在陌生同學面前洗澡，爸爸有點尷尬。他上小學前很少沖涼，上了小學也不是每天洗。梁銳光邊洗邊說：「童子軍的一項紀律就是保持整潔。學校要求我們每天都要洗澡，睡覺前還得刷牙。春夏秋冬，一天也不能落下。幸虧井水冬暖夏涼。」

洗完澡，爸爸問：「你怎麼對學校這麼了解？」

梁銳光訕笑著說：「我去年就入學了，因爲考試不及格留級到你們班。你很厲害，考了全校第一。以後我們一起做功課吧。我奶奶和我爸都說，如果我再不及格，就得去參軍，但我不想。我一定要及格！對了，明天我要跟班主任說，讓我和你同桌，向你學習，你不介意吧？」

爸爸很高興認識了一個新朋友，自然不會介意。

兩人一起走回宿舍。宿舍每間房約七米長、六米寬，兩邊各有三張相連的上下鋪單人床，總共住十二個人。兩排床中間擺著一張四米長、三米寬的杉木桌子，供學生吃飯和做功課。爸爸的床位在上鋪。

梁銳光說：「等下跟你一起去廚房打飯。吃完飯我們一起做功課。」

一提起吃飯，爸爸立刻來了精神。

學校每天向住宿生提供三頓飯。爸爸跟著梁銳光到廚房領回飯菜，其他室友也陸續坐到木桌旁。爸爸打開泥缽蒸飯，飯上面鋪著蒸熟的青菜和兩塊油炸豆腐。梁銳光說：「這裡一天三頓，一年四季都是一樣的飯菜。想吃點別的，要從家裡帶來。」話音剛落，他才慢慢掀開自己的菜碟，一陣肉香飄來，竟是梅菜豬肉。

他說：「這是我今天從家裡帶來的。你也可以帶些自己的肉菜，廚房會幫你蒸熱。」

爸爸說：「我在家很少能吃飽飯。現在能每天吃上三頓飯，已經很奢侈了。」

宿舍的房樑上掛著一盞汽燈，點燃後發出「吱吱」的聲音，將整個宿舍照得通亮。爸爸坐在大杉木桌旁做功課，但思緒卻不由自主地飄走了。「阿媽應該正在八仙桌旁縫補衣服吧？要是家裡也有這麼亮的汽燈，那該有多好。」他從來沒有離開過母親，思念的情感如潮水般湧來，讓他無法自拔。

第一次離家，爸爸感到緊張又興奮，既期待又惶恐，內心充滿陌生感和孤獨感。頭三天，他翻來覆去睡不著。直到星期四，緊繃的神經終於稍微放鬆。吃完晚飯後，他困得睜不開眼，爬上床便沉沉入睡。酣睡中，他彷佛聽到低沉的呻吟聲，似夢似眞。隨後，他又迷迷糊糊地睡著了。第二天清早，一個同學在喊：「仰常，你怎麼睡在地上了？」爸爸睜開眼，才發現自己竟然從上鋪摔到了地上。他不知道自己在冰冷的石灰砂地上睡了多久，只感到頭部和頸部傳來陣陣痛楚。

學校每周上五天半的課。星期六上完課後，爸爸忍著疼痛趕回家。到家時，他的右邊頭部腫得老高，肩膀一片紫黑。阿嫲緊張地問：「怎麼傷成這樣？痛不痛？」

爸爸憋了一整個星期的思念和抑鬱如火山爆發，一哭便不可收拾：「我從床上掉下來了。」阿嫲放下了手上的活計，煮熟一個雞蛋，然後用布包著，叫爸爸坐在矮凳上，頭靠著她的膝蓋。她用熱雞蛋輕輕揉著紅腫處，眼淚一滴滴掉在爸爸的臉上，而爸爸的眼淚也不停地流在阿嫲的褲子上。

星期六下午從學校回家，星期天下午從家回學校，每程十五公里。即使快步疾走，也需要三四個小時。爸爸光著腳板來回走了四年。

梅州中學每星期一早上七點在操場舉行升旗儀式。當時學校有約七百名學生。小號手吹響嘹亮的號聲，學生按年級和班級排好隊列。當青天白日滿地紅的國旗冉冉升起至旗桿頂端後，教務主任帶領大家誦讀總理遺囑。接著，由校長進行訓話，總結上週的成績，宣布本週的校務重點以及校內外的活動，並鼓勵師生共同努力。

從升旗儀式開始，到校長訓話結束，全程大約五十分鐘。解散前，全體學生立正，高聲齊喊童子軍的法則：「誠實，忠孝，助人，仁愛，禮節，公平，負責，快樂，勤儉，勇敢，整潔，公德。」

自踏入梅州中學的那一刻，爸爸就加入了童子軍。蔣介石從一九四一年開始提倡戡亂救國，所有初中生都必須參加童子軍。上學時需要剃光頭，穿著童子軍制服，戴上軍帽。軍裝是米黃色的，無論冬夏，制服都是短褲。初一時的軍帽是寬邊絨帽，初二則是寬邊竹編帽，到了初三便換成船形布帽。

童子軍不准穿鞋。炎熱的盛夏，太陽將操場晒得燙腳；而寒冬的早晨，地面結著一層薄霜，童子軍們光著腳板，邊喊著「向後轉，往前走，左，左，左右左，一，一，一二一」，邊在操場上操練。

梅州中學有一個獨立的童子軍團——七八〇軍團，教官是三十多歲的客家人溫雲勝。溫教官身材中等，說話聲音平和，但有著震懾的威嚴。

童子軍課程包括文課、操練課和野營課。

第一堂課，溫教官頒發了童子軍的十二項執行紀律。他說：「從今天起，你們要牢記這十二項執行紀律，行事做人都要以它們為準則。現在大家一起高聲念一遍，下堂課要背誦並寫出來。期末考試會開卷，但題目是要你們寫一篇關於這十二項紀律的認識、體會和執行。

我提前告訴你們題目，就是要你們每天都思索這個問題。好，現在大家一起大聲念！」

學生們齊聲誦讀起來：

1. 誠實：爲人之道，首在誠實；無論做事、說話、居心，均須眞實不欺。
2. 忠孝：對國家須盡忠，對父母應盡孝。
3. 助人：盡己之力，扶助他人，每日至少行一善事，不受酬，不居功。
4. 仁愛：待朋友須親愛，待衆人須和善；對生命要尊重，對社會要關心，對大自然要維護。
5. 禮節：對人須有禮貌；凡應對進退，均應合乎規矩。
6. 公平：明事理、辨是非，待人公正，處事和平。
7. 負責：信守承諾，克盡職責，遵守團體紀律，服從國家法令。
8. 快樂：心常愉快，時露笑容；無論遇何困難，均應處之泰然。
9. 勤儉：好學力行，刻苦耐勞，不浪費時間，不妄用金錢。
10. 勇敢：義所當爲，毅然爲之；不爲利誘，不爲威屈，成敗在所不計。
11. 整潔：身體、服裝、住所、用具須整齊清潔；言語須謹慎，心地須光明。
12. 公德：愛惜公物，重視環保，勿因個人便利，妨害他人。

在操練課上，學生們練習立正和行進步伐。在野營課中，童子軍前往密林進行定向訓練。

隊伍解散後，學生們被分成數個小隊，每隊配有指南針和地圖。小隊首先確定方位，然後根據行動線索尋找下一個目標的位置，並依此找到新的線索，繼續尋找下一個地點，直至與大隊會合。爸爸非常喜歡這樣的定向訓練，並由此培養了強烈的方向感。

童子軍有時也會到學校對面的東較場進行野營。梅縣東較場原爲一片小丘陵，內有不少墳墓。清朝時，軍隊在此進行比武和操練，清朝的武科考試也曾在這裡舉行。

一九三五年，梅縣縣長彭精一提出將東較場改造成大型體育場。當時駐防梅縣的團長張簡孫，爲下市張家圍人氏，率先捐助了五百元經費，並動員族人將其二世祖的墳墓遷出東較場。駐梅縣的粵軍獨一師統領黃任寰和參謀長曾舉直也是梅縣人，他們派出士兵義務平整場地。一九三六年，體育場初步建成，命名爲「梅縣公共體育場」，其規模僅次於廣州的東較場（卽廣東省人民體育場）。體育場的直線跑道長二百五十米，中央是一個大型足球場，周圍還有數個籃球場和排球場。體育場大門的設計仿自南京體育場，市民俗稱「紅門」，場內還有大型觀禮台。中學時期，爸爸經常與洪超一起到東較場觀看梅縣強民足球隊的訓練。

東較場南側有一座建於宋代淳熙年間的雙孔石橋，長約十二米，寬約四米，名爲嘉應橋。不遠處還有一座建於清朝嘉慶年間的涼亭，名爲烈女亭（又稱馬氏亭）。童子軍的野營活動通常在嘉應橋和烈女亭周圍的嘉應子樹下進行。

抗戰期間，淪陷區的大中院校紛紛遷往後方。梅縣的中小學師資隊伍鼎盛，臥虎藏龍。第一堂課，一位二十多歲、瘦小的女老師含笑走進教室，正是他們的班主任莊施珍老師。

莊老師一開口，就讓學生們驚訝不已。她竟然不說客家話！而是講國語！

說來奇怪，爸爸對國語竟有一種與生俱來的親切感。最初的一兩句，他一個字也聽不懂；第三、四句時，開始似懂非懂；到了第五、六句，已經半懂不懂了。當她講到第十句時，爸爸已經能夠理解七七八八。那堂課快結束時，他已經能用不鹹不淡的國語回答問題了。莊老師讚許地說：「現在提倡用國語教學。我們國家歷經戰亂，百廢待興，學好國語有助於與全國人民溝通。畢業後，你們可能會到五湖四海參與國家建設，學好國語是今年的學習目標之一。梁仰常開了個好頭。你們不要怕說得不好，要盡量開口講。」

從此，爸爸每年都代表班級參加梅州中學的國語演講比賽。雖然國家提倡國語教學，但其他老師都不會講國語，還是用客家話上課。

莊施珍老師畢業於廈門大學，是學校最年輕的老師。她的丈夫則是學校的教務主任。莊老師教授英語和博物兩門課。由於爸爸在小學時就學過英文，便成爲班裡的英文課科代表。莊老師強調使用字典和學習音標，這使爸爸打下了扎實的英文基礎。

莊老師所教的博物課涵蓋了生物和植物。在講解動物的血液循環時，她在實驗室裡解剖田雞，並指導學生們透過放大鏡觀察血液的循環過程。她還帶來精子樣本，講授哺乳動物的授精過程。樣本被放在試管裡，並加入淡黑色的色素。爸爸透過顯微鏡，看到那些尾巴長長的精子，像蝌蚪一樣搖頭擺尾地游動。

其他任課老師還有教授語文和美術的朱凱老師，數學的王慕杰老師，音樂的蔡曲旦和郭德明老師，公民課的郭文杰老師，體育的鄧鎮老師，歷史的楊道睦老師，地理的劉希仲老師，化學的候宏老師，三角幾何的楊偉老師，以及物理的邱品希老師。

當爸爸得知蔡曲旦老師是他們初一的音樂老師時，高興得跳了起來。抗日戰爭期間，蔡老師是一位享譽梅縣的作曲塡詞家，他創作的抗戰歌曲在梅縣家喻戶曉。爸爸在小學時就經常唱蔡老師創作的抗戰歌曲。

第一節音樂課上，大約四十歲的蔡老師走進課堂。他手裡拿著吉他，身穿一件白色西裝，略顯緊繃地裹著他微微發胖的身材。蔡老師問學生們：「你們會唱什麼歌？」爸爸忍不住說：「我會唱您的〈挖戰壕〉和〈秋聲謠〉。」

許多同學也紛紛響應：「我們也會！」

蔡老師微笑著說：「那很好，今天我們就來唱這兩首歌。唱的時候要張大嘴，每個字都要清晰地唱出來，這樣才能字正腔圓，不走調。另外，臉部的表情要配合歌詞表達的情感，這樣聽衆才能被你們的歌聲打動。要用心靈去唱，自己感動了，才能感動聽衆。好，現在你們都站起來，我們先唱〈挖戰壕〉，我用吉他爲你們伴奏。」

隨著吉他聲響起，蔡老師打著節拍，說了一聲：「一起唱！」同學們便放聲唱了起來：

你看那金風吹呀吹呀吹，
你看那樹枝搖呀搖呀搖，

你看那秋風吹落葉，
你看那人們在挖戰壕，
嘿呀嘿呀嘿嘿呀，
你看那人們在挖戰壕。
動員呀保家鄉，
武裝呀保邊疆，
保家鄉也就是保邊疆，
保邊疆也就是保家鄉，
嘿呀嘿呀嘿嘿呀。

歌聲停下後，蔡老師說：「唱得很用心，做得很好。你們中有高音、中音和低音的搭配，很不錯。現在大家到前面排成兩排，我根據你們的音色來調整一下位置。」

排好隊伍後，蔡老師便指揮學生們唱起了他的另一首代表作——〈秋聲謠〉：

金風颯颯井梧殘，
遍地清涼天微寒，
萬裡長空遇征雁，

幾行衰柳絕鳴蟬。
金風颯瀝在何處，
似在疏林野草間，
正欲相尋尋未得，
忽聞驟響滿前山。
月下何來風雨急，
更深誰弄管弦繁，
含枚想見軍行疾，
何日長驅夜出關。

上完音樂課後，那兩首歌的旋律在爸爸的腦海裡不斷回旋。他盼望著下週的音樂課快點到來。

蔡老師對西洋音樂情有獨鍾。爸爸在他的課堂上學會了許多旋律優美的西洋歌曲，其中包括〈聖母瑪利亞〉、〈春之歌〉、〈馬賽曲〉、〈科羅拉多河上的月光〉以及義大利的〈我的太陽〉。

每當教一首新歌，蔡老師都會先用吉他彈奏並示範演唱一次。他那寬厚洪亮的男中音充滿感染力，歌聲一起，便把聽衆帶入優雅迷人的音樂世界。示範完畢後，蔡老師將印好的歌譜發給學生，調好節拍器的節奏，然後一句句地教唱。他先教歌譜，再教歌詞，並強調唱歌時的口型和表情。

蔡老師還在音樂課上教學生們用口哨爲合唱伴和音。爸爸學會了吹出清脆的口哨聲。到了初二，蔡老師挑選了爸爸和幾位同學學習口風琴。爸爸很快掌握了用口風琴吹出優美旋律的技巧，這也成了他一生的愛好。

初三時，音樂老師換成了年輕的郭德明老師。這位郭老師正是一九九四年梅州中學九十週年校慶時，負責接待爸爸那一屆的老師。郭老師教唱的多是解放戰爭期間的激昂戰歌。爸爸印象最深刻的一首是〈跌倒算什麼〉：

「跌倒算什麼，我們骨頭硬，爬起來再前進。」

第一堂體育課上，三十多歲的鄧鎮老師精神抖擻地站在操場上。他身材勻稱，穿著白色背心和運動短褲，黝黑的皮膚和結實健美的肌肉顯得格外突出。上完那堂課後，爸爸心中豎立起以鄧老師爲男性美的標準。

帶領學生們完成熱身運動後，鄧老師講解了體操運動的項目、規則和動作要領。接著，他帶學生們到體操房，親自示範單槓、雙槓和高低槓的動作。他的動作那麼自然流暢，一氣呵成的騰躍、倒立、空翻、轉體，輕盈如燕，優雅無比。學生們全都看得目瞪口呆。

爸爸的獎學金只免除了他第一學期的食宿費。到了第二個學期，爸爸搬到了縣城中心的梁家祠，在那裡一住就是三年半。

梁家祠是閩粵梁氏總祠的一部分。科舉制度廢除前，三階段的童試（縣試、府試和院試）都在梅城舉行，參加考試的梁氏門人可免費住在祠堂裡。每一房的梁氏後裔都分配到一間上下兩層的住房。科舉制度廢除後，祠堂成爲了梁氏後人到縣城讀書及經商的落腳之地。

入住梁家祠不需要付住宿費，住客須自行提供每日的米和菜。祠堂雇了一位四十多歲的香姐，負責清潔並替住客蒸飯。香姐帶著十二歲的兒子曾其祥，住在祠堂門邊的工人間。住客們將米和菜交給香姐，她幫忙洗米洗菜，然後把洗好的米菜分別放進每個人的蒸缽，再將這些蒸缽一同放在蒸籠裡蒸熟。洗米時漏出的米則歸香姐和她的兒子。

爸爸每週從家裡帶來米和鹹菜。逢三、六、九的長沙墟日，阿嫲會托商船主梁有勝把新鮮蔬菜送到縣城，爸爸放學後便去船上取菜。

梁家祠位於下市與元成路之間，南北通向東門路、太康路和東湖路的菜市場。祠堂坐西朝東，東門正對著戲院前街。曾經有一座破舊的戲院，一九三九年同盟軍進駐梅縣後，舊戲院被拆除，改建成一座粉黃色的樓房，成爲同盟軍的飲食俱樂部，稱爲東安食堂，平民百姓不得入內。

梁家祠是四棟相連的古老青磚樓房，四升四降，整個建築呈正方形，佔地面積超過一千平方米。祠堂四周有四十多間兩層高的宿舍。大廳位於西面，與三個天井相連。每個天井裡都有一口井和竹棚搭建的簡易浴室，天井的暗渠入口與縣城的排水系統相通。天井之間還有兩個小廳，北邊爲上廳，南邊爲下廳。當時，三個廳都被租出，上廳用作米鋪倉庫，大廳和下廳則出租給織布廠，織布機的機梭聲此起彼伏。

爸爸住在東面的兩層宿舍。每層大約三米寬，四米長。爸爸搬進去時，棠文、洪超和顯常已經住了半年。棠文和洪超住樓下，爸爸和顯常住樓上。洪超和顯常自小與爸爸一同長大，棠文則是同群小學校長梁榮曾的兒子，也在梅州中學，比爸爸高一級。洪超就讀廣益中學，顯常就讀縣中，三所學校都在梅城。自此，四人每週結伴返鄉回城，十五公里的山路上留下了他們的歡聲笑語。

梁家祠的生活舒適愜意，但也有闖禍的時候。一次，阿嬤送菜來時，四人正聚在一起打麻將，阿嬤見狀不禁流下了眼淚，爸爸內心深感愧疚。這件事後，兩人都沒有再提起。

梁家祠內用花生油燈照明。半截燈芯草浸在盛滿花生油的淺鐵碟中，火焰散發出暗紅色的光芒，伴隨著淡淡的花生油香氣。

當爸爸讀初二時，梅城剛接通電力，有錢人家和商鋪開始使用電燈。當時的電線是裸露的，沒有保護層。樓上打開窗便可以看到梁家祠屋檐下懸吊的裸露電線。

一天，棠文上完物理課後，興奮地說：「我今天上了物理課。根據物理原理，接通電燈其實很簡單。金屬是導電的，只要我們找到鐵絲，就可以從掛在屋檐的電線上把電接到我們的房間。電線接上燈泡，燈泡就會亮起來，一點都不難。我們只需弄些鐵絲和一個燈泡。」

四人聽了都興奮不已。幾個星期後，經過東拼西湊，終於弄來了兩段鐵絲、一個燈泡和幾根竹枝。一天放學後，在棠文的指揮下，四人開始行動。他們用刀在兩根竹竿尖端刻了凹口，然後打開樓上的窗戶，把竹竿伸到窗外，用竹竿尖的凹口勾住屋檐上的電線，準備把電線拉進屋內。棠文的計劃是用竹竿將燈泡固定在房子的中央，再用鐵絲纏緊燈泡的燈頭，接通從窗戶勾進來的裸露電線。然而，鐵絲一碰到電線，梁家祠附近的電線頓時噼裡啪啦地冒出火花，周圍的電燈瞬間全都熄滅了。爸爸和棠文四人知道闖了大禍，嚇得冷汗直冒，幸虧沒有引發火災。電務局的人來調查，但最終沒有查到他們頭上。爸爸這才真正明白電的危險性，從此再也不敢碰與電相關的東西。我們小時候，瓦斯經常斷，爸爸從不親自換，總是求鄰居幫忙。

爸爸讀初二時，有一位在梅縣稅務局工作的稽查員梁其審搬進了梁家祠。他經常對爸爸他們惡聲惡氣。有一天取飯時，梁其審看見爸爸的飯缽壓在他的飯缽上，導致他的飯缽傾斜了一點，飯撒出了少許。他當即拿起爸爸的飯缽，狠狠摔到天井。爸爸氣得衝上前去搶他的飯缽，梁其審一手推開爸爸，惡狠狠地說：「小共匪，你敢再靠近一步，我就告你是共產黨！」

上羅衣村有一個名叫梁運煌的男子，年輕時考入黃埔軍校。抗日戰爭和解放戰爭期間，他曾擔任過胡

2014 年—梅州梁屋巷。解放後公嘗嘗產歸國有。梁家祠已無處可尋。照片是梅城老城區的一角

宗南部隊的軍需處處長。爸爸小時候，曾在梁運煌父親的葬禮上擔任禮生。一九四八年初，梁運煌被任命爲蕉嶺縣公安局局長。途經梅縣時，他帶著妻子、兒子伯敏、伯銘，以及女兒菊芳住進了梁家祠。梁運煌個子不高，但對從上羅衣村來的四個學生十分親切。他一住進梁家祠後，平日裡作威作福的梁其審完全變了個人，遠遠看見梁運煌，就像蝦米一樣點頭哈腰：「梁處長，您好！您早！您走好！」

梁其審卑躬屈膝的模樣讓爸爸覺得解恨。爸爸對洪超打趣道：「我終於知道變色蟲長什麼樣了。」梁其審狠狠瞪了爸爸一眼，但再也不敢像往常那樣對他惡聲惡氣了。

梁運煌進出時總提著一個很大的黑皮箱，看起來沉甸甸的，爸爸對箱子裡裝的是什麼感到非常好奇。

梁運煌全家在梁家祠住了一個多月。在前往蕉嶺縣上任之前，他帶著全家到縣城最高級的酒店，並邀請了爸爸、棠文、洪超和顯常同行。酒店金碧輝煌，那豪華氣派讓爸爸目瞪口呆。還未緩過神來，一盤盤精緻的點心便擺上了餐桌，接著又是一碟碟魚肉，桌上擺滿了爸爸從未見過和吃過的美食。

梁運煌叫大家不要客氣。四人起初有些靦腆，隨後便忘卻了禮儀，開懷大吃。飯後，梁運煌讓所有人先出去，他自己來結賬。爸爸想上廁所，解手出來時經過酒店櫃台，正好看到梁運煌從他那個大黑皮箱裡拿出一疊厚厚的鈔票。那個黑皮箱裡堆滿了鈔票！

梁運煌不慌不忙地關上皮箱，拍拍爸爸的頭，笑著說：「這年頭，鈔票不值錢。吃一頓飯，半個皮箱就空了。」這確實是事實。因爲通貨膨脹，梅縣山區的農民那幾年拒絕使用貨幣交易，只接受物物交換。

梁家祠西面的元城路上，有一個地痞叫張光頂，總是穿著一件卡其色的長衫。他的手下在縣城裡收保護費。張光頂在元城路擁有一座容納一百多人的電影院，這影院是用竹篾片搭成的。張光頂特別喜歡年輕學生叫他「光頂先生」。一天，爸爸和洪超路過電影院，剛好遇見張光頂從戲院走出來。梁洪超叫了一聲「光頂先生」，張光頂哈哈大笑，心血來潮地問：「一場電影剛剛開始，你們想不想看？」

爸爸和梁洪超從來沒有看過電影，興奮地點了點頭。那天的電影是由淘金、白楊、舒綉文和上官雲珠主演的《一江春水向東流》。

自開學第一天認識以來，梁銳光便成爲了爸爸在班上最好的朋友。認識後的第二天，他果然要求與爸爸同桌。不知用什麼理由，施老師居然同意了。於是兩人同坐了三年。

梁銳光英俊高大，他的父親是當時梅縣頭號報紙《中山日報》的主編。他和爸爸都喜歡唱歌，梁銳光的表演欲望強烈，每次班級活動都主動獻唱。他的聲音洪亮，爸爸特別喜歡他的共鳴聲，既高昂又充滿磁性。

梁銳光擔心自己奶奶和爸爸逼他參軍，他對爸爸說：「今年再考不及格就要去當炮灰，怎麼都要考及格。」爸爸明白他的苦衷，於是每天做功課時都幫他一把。

因爲父親在報館，梁銳光成了不折不扣的小靈通，他向爸爸透露了許多社會上的小道消息。例如，游擊隊綁架了梅縣煙廠老板王海源，家人交了多少贖金，王海源又是如何獲釋的，如今家門緊閉，家丁日夜荷槍實彈。

爸爸初中的另一位好友是龍江坪的熊國文，他與爸爸的嫂子熊春雲同宗。兩人一見如故，自一九四九年熊國文去了印尼後，便一直與爸爸通信，直到一九五五年兩人才中斷聯絡。

梁超伍是爸爸的另一位好朋友，他讀書勤奮，書不離手。爸爸經常與他討論學習上的難題。中學畢業後，梁超伍考上了中山大學的物理系。

初三最後一個暑假，爸爸參加了童子軍的長途露營活動。他們背著自帶的乾糧和食物，清早出發，行軍約四十公里，最終到達位於梅縣西北部的陰哪山。這座山有一千多米高，峰巒陡峭，喬木密集。隋唐時期著名僧人潘了權於公元八六一年在近山頂處建了一座佛寺——聖壽寺。明朝洪武十八年（一三八五年）擴建後改名爲靈光寺。寺廟寬廣宏大，寺前有兩棵柏樹，一生一死。那棵生的枝葉翠綠繁茂，而那棵死的經過幾百年，樹幹依然齊全，沒有一點枯爛。

童子軍在日落時到達靈光寺，解散後，以三四人爲小組在山地上挖坑作爐，撿來乾柴草生火做菜。爸爸帶去的是鹹菜和新鮮豆角。同組的張佰華同學家境富有，從包裡拿出兩隻鮮紅的水果和一小包切好的牛肉。爸爸從來沒有見過那鮮紅欲滴的水果。

他好奇地問：「這是什麼？是水果嗎？」

張佰華回答：「這是番茄。番茄不算水果。番茄煮牛肉特別好吃，等一下你就可以嘗到它的美味。」

番茄炒牛肉片確實好吃，番茄的酸甜和香嫩的牛肉片交織在一起，讓爸爸一生難以忘懷。

野餐後，童子軍在靈光寺的大堂鋪上草席，就地而眠。爸爸的頭一碰地便沉沉入睡，山風吹起，林木沙沙作響。廟堂裡的大佛半張的嘴彷彿在低誦著：

諸行無常
諸法無我
涅盤寂靜
阿彌陀佛

一九四八年，爸爸升上了高中。他在高中讀了差不多一年，然而其印象竟如碎片般凌亂。高中部不分文理班，課程基本與初三相似，但軍訓取代了童子軍。高一的班主任是教語文的楊修伍老師。楊老師四十多歲，講課時天馬行空，涉及語文、文學、歷史和哲學。他聲調平和，卻字字千鈞。每當他幽默地從正反兩方面用現實的例子闡述一個道理時，學生們都鴉雀無聲。講到興致高漲的時候，他會「哈哈哈」地笑幾聲。

第一堂課，他對學生們說：「成績好，品德修養差的人有什麼用？你願意成爲一個科科一百分，但心胸狹窄的人嗎？首先你要問自己：你會得到別人尊重嗎？別人會追隨你嗎？會助你一臂之力嗎？哈哈哈，當然不會。」

「老子說：『知其雄，守其雌，爲天下谿。知其白，守其黑，爲天下式。知其榮，守其辱，爲天下谷。』知識重要，品德修養更重要。要做一個胸懷若谷的人。不要追求顯山露水，要有樸素純眞的心態去包容和幫助別人。」

高一的代數老師是五十多歲的王芝仙老師。第一堂課，王老師面向學生講述題目，反手在黑板上整齊地寫出解答方法。學生們看得目瞪口呆，暗暗稱奇。下課後，同學們紛紛嘗試像王老師一樣反手板書，卻沒有一個能寫出可辨的字。王老師講課時還能化腐朽爲神奇，把深奧和枯燥的數學概念講得通俗易懂，並清晰明了地解答學生的問題。

高一有位同學叫黃劍秋，他的哥哥是國民黨胡中南部隊裡的一位師長。黃劍秋不喜歡讀書，經常請爸爸幫他代做功課。樂於助人是爸爸的一貫風格，原則是不會對任何人有傷害，因此他樂於幫助黃劍秋。在爸爸代趕功課的時候，黃劍秋則在旁遞煙送水。梅縣當時的金星煙廠出產友拓牌香煙，而黃劍秋給爸爸抽的卻全是外地出產的包裝堂皇的高級煙。就這樣，爸爸抽煙上了癮，直到六十四歲才戒掉。

梅州中學到了高中部才招收女生，但女生很少，爸爸班上只有三位女生。其中一對夫麗的雙胞胎姊妹名叫李彬彬和李櫻櫻，她們比爸爸大十歲，能歌善舞。在一次學校的慶祝集會中，她們姊妹倆載歌載舞地表演〈插秧謠〉：

布穀聲聲
田裡水迢迢
我們大伙兒從早到晚彎腰插秧苗——

爸爸被她們的歌聲和舞姿打動得糊裡糊塗。雙胞胎姊妹中的一位也移民到澳洲，爸爸曾在雪梨與她相見，並一同緬懷中學時光。爸爸提起《插秧謠》，她也記得學霸梁仰常。

從抗戰勝利到一九四六年六月，國民黨和共產黨名義上還是國共合作，卻貌合神離。共產黨大多轉入地下，秘密吸納知識青年。爸爸住在學生宿舍時，經常在夜深人靜、似夢非夢之間聽到輕輕的敲門聲。清晨起床時，總能發現塞在門縫下的共產黨宣傳小冊子。十五歲的爸爸當時只想做個好學生，對政治的感悟略顯遲鈍。

梅州中學後面北門崗的東北角是梅縣的打靶場。每隔一兩天，街上便會貼出「槍斃反對政府XXX」的告示。梁銳光告訴爸爸，「這些反對政府的人士其實都是共產黨員」。行刑前，在一隊背長槍的兵丁押送下，犯人五花大綁地站在木板車上游街示眾。兩三個吶叭手在前毫無節奏地吹著號角。游街隊伍一直走到打靶場，一些閒散市民和過路人沿途圍觀。吶叭聲停下不久，便傳來一排「噼噼叭叭」的槍聲，撕裂梅州中學校園的寧靜。

高中第一學期，學校裡突然出現了許多陌生面孔。這些人穿著唐裝，年齡、相貌和氣質都與老師和學生格格不入。那副凶神惡煞的樣子讓爸爸不寒而慄，學校的氣氛變得沉重。同學見面僅微微點頭打招呼，朋友相聚也僅限於竊竊私語。

梁銳光偷偷告訴爸爸：「他們是便衣特務，聽說是來學校清查埋伏的新民主義青年團員。」他捏了捏爸爸的手問：「你有沒有注意到他們那鼓鼓囊囊的褲袋？」爸爸點了點頭。梁銳光神秘地說：「那是上了子彈的槍。這幾天學校要出大事。」

隨後幾天，校園的空氣如刀般凝厚，爸爸覺得窒息，感到壓抑。不久之後，一名高二學生在夜裡被捉走。

國共第二次合作失敗後，共產黨的游擊隊撤離到山區，國民黨時不時派剿匪隊到四鄉清剿共匪。

一九四九年正月，爸爸寒假在家，恰好國民黨一個中隊進鄉剿匪。梁家老宅有一條很可愛的看門小黃狗，見到生人便張牙舞爪地狂吠。剿匪隊一進村，它便竄出天井，奔到大門，前腿趴著門檻，伸長脖子「汪！汪！汪！」地嚎叫。一名兵丁在曬場上單腿跪下，瞄準小狗。噼啪！子彈穿過小黃狗毛茸茸的胸膛，再穿過天井，射進老宅西南角樓梯的柱子。

槍聲炸響時，爸爸在房間裡看書，嚇得一聲不吭。剿匪隊的腳步走遠後，他才敢走出房子，卻見血淋淋的小狗倒在血泊中。

老宅的人七嘴八舌地議論：

「早聽說了，爲防狗吠雞啼走漏風聲，剿匪隊每到一個村落便先打狗。」

「怪不得其它村的人稱『剿匪隊』爲『打狗隊』。」

「菩薩保佑這隻狗升天吧！」

那天，剿匪隊捉來了同群小學的梁坤新老師。中隊隊長用槍頂著梁老師的胸口喝道：「我們早就知道你是共產黨。你馬上帶我們去捉游擊隊。你要耍什麼花招，我就一槍斃了你。」

梁老師雖然平時言詞進步，卻不是共產黨員。他全身發抖地說：「我不是共產黨，不知道游擊隊在哪裡。」

剿匪隊長一手把他揪起來：「今天捉不到游擊隊就把你斃了。」

梁老師被槍頂著背部一跌一撞，漫無目的地走向深林。在林子裡繞了幾圈，剿匪隊長邊走邊用槍柄打，逼他繼續走。

黃昏降臨，被打得渾身是血的梁老師跌跌撞撞地走進一個山谷。山谷裡突然槍聲大作，剿匪隊竟真的遇上了游擊隊。游擊隊邊戰邊退，剿匪隊窮追猛打。梁老師一動不敢動，過了好一會兒才意識到山谷裡只剩下他一個人。他跌跌撞撞、深一腳淺一腳地走出山林。

第二天，《中山報紙》的頭條新聞是「國軍在上羅衣山林擊斃數名共匪。」梁老師看到報紙，抱頭痛哭地說：「蒼天可鑒，我真不知道游擊隊員在哪裡。我開始還有意去不易藏身的山裡，後來卻迷失了方向。哪裡這麼巧，游擊隊剛好在那呢？罪孽啊，天知地知，我問心無愧。」

一九八〇年後，爸爸和以前的同學聯繫上。梁棠文告訴他：「解放後，梁坤新老師被判了十幾年徒刑，被押送到北大荒的牢獄。罪名是『出賣共產黨』。從此音訊全無。」

那年，爸爸很久沒有收到二伯的音信。最後的一封信是他在一九四九年四月寄給輝光哥的。在廣州讀書的輝光哥放暑假時把信交給爸爸。信很短：「見信之日，我已易水蕭蕭。家慈有問，叫她不要牽掛，山花爛漫會有期。」[1]

爸爸模糊地猜到二伯可能參加了共產黨。怕阿嫲擔心，他讀信時把內容改了：「見信之日，我的功課滿滿。家慈有問，叫她不要牽掛，忙完了我會去信。」

一九四九年五月，梅縣的政治架構發生了翻天覆地的變化。五月十四日，蔣介石嫡系駐梅將領吳奇偉聯合在五月一日才上任的廣東省第九行政區督察（閩粵贛邊）專員兼保安司令李潔之，以及其它國民黨廣東軍政官員和民主人士曾天節、肖文、魏鑒賢、魏漢新、藍與初、張蘇奎，發起反蔣起義。他們共同發出棄暗投誠，投奔共產黨的《我們的宣言》。歷史稱此爲「粵東起義」。

事發當天，梅縣的《中山日報》、《大公報》和《建國日報》等各大報紙發號外：「吳奇偉、李潔之起事，共產黨接管國民黨。」起義宣言發布日是星期六，學校擔心不法之徒乘機作亂，立刻宣布停課。

粵東起義幾天後，又傳出爆炸新聞——原縣長李世安被槍決。上羅衣村農民出生的共產黨員葉曉方走馬上任縣長的職務。梅縣人稱這爲第一次解放。這次解放維持了兩個月。七月，

1 梁常：《南嶺夕照樓詩稿選——華年舊事》之四十四。

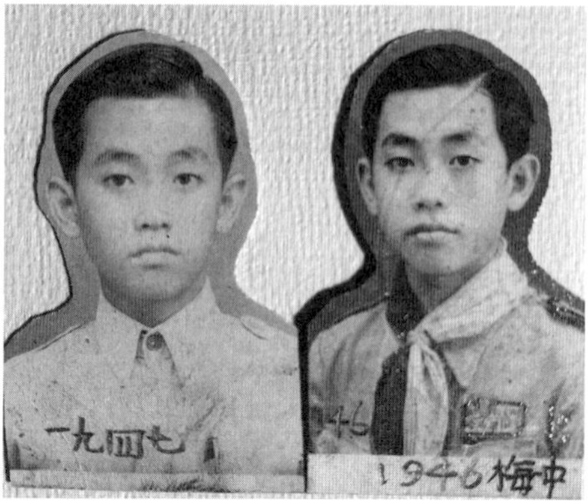

爸爸在梅州中學

國民黨的胡璉兵團從江西撤退入梅縣。共產黨的梅縣人民政府則戰略撤退，再次轉入地下。共產黨撤退後，胡璉兵團的柯遠芬暫任廣東省第九行政區的督察專員。

一九四九年七月的一個星期六，高一的期末考試還沒有開始。

上完課，爸爸和三個同屋的伙伴一起速行回鄉。首先要從北到南走過橫跨梅江河的梅江橋。梅江橋由華僑捐資建造，一九三一年十月動工，一九三四年建成。那是一棟差不多三百米的連拱弧形鋼筋水泥橋，橋面寬度超過六米。四人快步登上橋右端的人行石階梯，氣喘吁吁地到了橋頂。七月驕陽似火，幾輛載滿貨物的貨車在橋中間的木板車道上熱氣騰騰地駛過，發出嗞嗞的聲音。橋下的梅江碧波粼粼，波瀾壯闊，河上帆影點點。

過了橋，四人沿著梅畬公路向南走。偶爾有一兩部貨車經過，泥沙路面掀起一陣沙塵。大約走了七公里，抵達長沙墟的主街。

棠文指著一家新開的小食店說：「這是我阿叔剛開的雲吞店。阿叔在縣城做了二十年廚子，他的雲吞可好吃了！」

爸爸從未聽過或見過雲吞，四人心血來潮，走進了雲吞店。不久後，四碗熱氣騰騰的雲吞面便端上了桌。碗裡有六個精緻的雲吞，薄薄透明的皮，隱約可見鼓脹的肉餡，雲吞下有細細的蛋面。面湯裡飄著誘人的韭黃花和金黃色的炸蒜片，聞一聞就令人垂涎三尺。爸爸急不可待地夾起一個進嘴，熱乎乎的讓他不禁咦咦喲喲，稀稀噓噓，吧吧唧唧地吃下去。

走出雲吞店，四人沿著秀麗的羅田溪畔石徑向東朝上羅衣村走去。四人邊走邊回味著雲吞的美味。其中一人說：「這雲吞眞是不浪虛名。雲吞雲乔，吞進嘴裡讓人覺得騰雲駕霧。皮那麼細滑，像雲一樣吞進肚裡。」其他三人附和著哈哈大笑。

第二天早上，爸爸突然發起了瘧疾。他萬萬沒想到他的求學生涯因此戛然而止。與幾個朋友第一次吃雲吞的巧合，竟然與瘧疾和告別中學生涯連在一起。一天陰雨一天晴，一場歡喜一場痛，誰能料到明天的事？

第十一章：路在腳下（一九四八年—一九五〇年）

從失學到走上社會。打擺子與死神擦肩而過，躲入柴房避過捉壯丁。時局波濤洶湧，家裡家外亂紛紛。寡母劫走乾隆花瓶。好同學各奔前程。順流逆流，別母離鄉。滯留香港，人生路茫茫。柳暗花明，一封家信指引方向。離開香港，返回祖國，經廣州北上韶關，未來向他飛奔而來……

問：「你沒有讀完高中，遺憾嗎？」

答：「當時確實很難過，但現在不遺憾了。人生的際遇充滿了不確定性，每一個選擇都有其因果。如果我當時讀完高中，人生可能會完全不同。我就不會認識你媽媽，也不會有你和你姐姐。那才是最大的遺憾。」

問：「對於選擇人生道路，你有什麼經驗可以分享給年輕人？」

答：「每一步都是一個挑戰。對於不可控的外在因素，要泰然自若、順勢而為。要懂得變通，並在危急關頭發揮自身的可控潛能。利用這些潛能作為切入點，全力以赴，扭轉失控的局面，重新掌握主動權。」

問：「什麼是自身的可控潛能？」

答：「人格的高尚、性格的堅毅、知識的積累、應變能力，以及判斷和決斷力。人生的每一步都是經驗的累積。要培養高尚的宇宙觀、世界觀和人生觀，並保持勤奮謙虛，不斷充實自己，提升應對挑戰的能力。」

問：「這些道理是你在中學時就領悟的嗎？」

答：「呵呵，哪有那麼聰明？這些都是我在一輩子跌跌撞撞中慢慢總結出來的。」

一九四九年七月，爸爸染上了瘧疾，村人叫它「打擺子」。起初症狀像感冒，發燒、發冷，還伴隨頭痛。爸爸對阿嫲說：「快要考試了，接下來幾週的學習任務很重。不管怎樣，我星期一一定要上學。」

阿嫲勸道：「靜心休息，很快就會好。身體最重要，別的什麼都不用想。」

到了星期一，爸爸的病情更加嚴重。下午兩點，體溫突然驟降，冷汗直流。發冷持續了兩個小時後，隨卽轉爲高燒。輝光哥的阿嫲聽說了，對阿嫲說：「如果兩三天後的同一時間他再發冷，那肯定是被鬼纏上了。後天下午兩點以前，你帶他到屋後的空地準備好屎尿和掃把。如果他那時再開始發冷，你就用掃把蘸上屎尿追他，追得越緊越好，要把附在他身上的鬼魂嚇跑。」

輝光哥的阿嫲見多識廣，阿嫲自然聽她的建議。

星期三下午兩點，一切準備妥當，爸爸和阿嫲守在屋後。不一會兒，爸爸果然開始發抖。阿嫲迅速拿起浸在糞桶裡的掃把，瘋狂地朝爸爸打去。掃把臭氣熏天，爸爸嚇得沒命地繞著後屋奔跑，阿嫲邊追邊大喊：「你要是不放過我兒子，我也不會放過你！我必與你不干休！」

沒跑多久，爸爸體力不支，跌倒在地。阿嫲凜然地高舉掃把：「再敢糾纏我兒子，我跟你沒完！」這樣跑了一通，那天的發冷症狀果然沒有再發作。阿嫲鳴金收兵，攙扶著他回房子。兩人都充滿了期待，「終於好了。」

可惜好景不長，第二天下午兩點，爸爸又發起冷。那天沒有預先準備糞桶和掃把，所以這次沒能進行「追鬼」的儀式。爸爸發冷持續兩個小時後，再次轉爲高燒。

輝光哥的阿嬤又對阿嬤說：「過兩三天還會再發作。妳得趕快上山去採一些金銀花和左轉藤，每天煲給他喝，幫助清熱解毒。」

到了星期六下午兩點，爸爸再次發冷。阿嬤又帶著他到屋後，用醮尿的掃把一追一跑，試圖驅邪，但這次仍未能抑制病情。爸爸冷得牙關緊咬，蹲在地上瑟縮不已。阿嬤揮舞著臭氣熏天的掃把，忽前忽後、忽左忽右，氣勢如同「一夫當關，萬鬼莫敵」。喝一海碗又一海碗的生草藥、一次次被尿掃把追得癱倒在地。兩週過後，爸爸的病不見好轉，反而瘦得皮包骨，形同枯槁。

阿嬤見狀，心急如焚，急忙帶爸爸去找梁學琴中醫討了幾劑藥來調理。可是，不論怎麼嘗試，爸爸的癥狀不但沒有好轉，而且連站都站不起來。

期末考試結束了，假期匆匆而過，開學的日子也隨之而來。洪超和意光升上了高二，而爸爸卻依然在病榻上煎熬。想到自己如落伍的大雁，他心情沉重，不禁感嘆：「人生真是無常啊！」

病情不僅沒有減輕，還出現了嘔吐等新症狀，皮膚蒼白毫無血色。爸爸開始第一次正視死亡的可能。在那個缺醫少藥的農村，瘧疾的死亡率超過一半。爸爸時常聽聞村裡有人死於「打擺子」，沒想到這次輪到自己。他內心充滿恐懼，只要閉上眼，就會胡思亂想：「人從哪裡來？又會到哪裡去？死亡後靈魂會不會就此消逝？難道我還沒來得及真正開始人生，就要迎來終結？」

雖然阿嫲在爸爸面前勉強裝作鎮定，但她的內心比爸爸更爲慌亂。她已經失去了一個兒子，絕對不能再失去另一個。村裡人對西醫不甚信任，一來因爲西醫治療昂貴，二來認爲西醫總是切割開刀，手段過於玄乎。

走投無路的阿嫲最後決定孤注一擲，請來了長沙墟唯一的西醫師——羅任光。羅醫師大約三十五歲，待人和善，診斷後留下了一瓶金雞納霜。沒想到，爸爸服完那瓶藥後，病情竟奇蹟般痊癒了。他自此對西醫深信不疑。

雖然病好了，但爸爸的身體仍極爲虛弱，需要長時間調養，因此錯過了重返校園的機會。

爸爸患病和養病的這段時間，正值梅縣解放前最動蕩的時期。胡璉率領的第十二兵團在七月從江西撤退至梅縣，之後再撤往廣東潮汕整編。胡璉兵團駐梅縣期間，隸屬的第十、第十八、第六十七軍四處駐防，共產黨則以退爲進，展開游擊戰。這幾個月間，胡璉的軍隊在梅州到處抓壯丁，兵痞們在城鄉肆意掠奪，民不聊生。

八月，爸爸病中聽說有同學在放學路上被國民黨軍隊捉去當壯丁，甚至連和家人告別的機會都沒有，就這樣被強行帶走了。類似的消息接二連三傳來，村裡許多青壯年男子突然失蹤，杳無音信。

忽然，爸爸收到一封從縣城寄來的信，是梁銳光寫的。信中說，他迫於祖母和父親的壓力，不得不加入胡璉的軍團，隨軍準備在一兩天內出發前往潮汕。信的結尾寫道：「不管未來的遭遇如何，我會謹記我們同窗共讀的快樂時光。此時一別，天各一方，唯望你珍重自愛，後會有期。」

爸爸無法相信這是眞的。他把那封信從頭到尾讀了一遍又一遍，百思不得其解，自言自語道：「梁銳光，你爲什麼要走上這條路？你不是說過絕不參軍嗎？爲什麼在青春年華時加入這支節節敗退的國民黨軍隊？難道你想當炮灰嗎？你眞的無路可走了嗎？」

九月初，爸爸的瘧疾剛剛痊癒，但身體依然非常虛弱。這時，國民黨的一支撤退部隊路經羅衣村，村裡的狗吠雞鳴，一片混亂。

阿嫲見狀，急忙把爸爸推進屋旁的小柴房，反手將門從外面鎖上，並冉三叮囑：「在裡面千萬不要出聲，等軍隊走了，我馬上來開門。」

柴房又窄又矮，黑暗悶熱，幾乎透不過氣。爸爸既無法站立，也不能平躺，只能彎著腿靠在乾草堆上坐著。外頭的雜亂腳步聲此起彼伏，持續不斷。柴房內溫度不斷升高，爸爸餓著肚子，腰酸腿麻。漸漸地，他感到頭腦昏沉，意識模糊。

不知過了多久，阿嫲終於打開柴房的門。爸爸的身體早已沉重不堪，雙腿麻木毫無知覺。阿嫲流著眼淚，艱難地將他拖出來，背回了家。

一九四九年九月三十日，胡璉兵團的主力部隊已撤出梅縣。游擊隊在畲坑全殲了胡璉兵團的後衛營，梅縣迎來了第二次解放。

然而，經歷過幾個月的政權更迭，鄉裡人不相信局勢能就此穩定下來。有門路的年輕人紛紛離鄉謀生。二伯的好友梁就星已重返緬甸，開琴伯婆也送走了兒子梁晉常和兒媳婦。「某某的兒子去了南洋」的消息在村裡不脛而走。

梁家老宅也陷入一片混亂。

老宅裡住著一位從南洋返鄉的寡婦彭嫻秀。她從縣城嫁到上羅衣梁家後，便隨丈夫去了南洋。不幸的是，丈夫在印尼病故，她只能帶著兒子梁復光回到上羅衣。但她始終無法適應農村生活，常常三天兩頭帶著兒子回縣城的娘家。村裡人對她的行蹤早已見怪不怪，習慣了她偶爾露臉，接著又不見蹤影。

十月初，彭嫻秀獨自回村露了個臉。有村民見她離開時神色慌張。此後，她再也沒有回過鄉。直到一個多月後，老宅的人才發現，英承公留下的乾隆青花瓷花瓶不翼而飛。根據時間推算，大家猜測是彭嫻秀趁亂順手牽羊。但時局動盪，人心惶惶，沒人有精力去追究此事。

爸爸對這一連串的紛擾感到悶悶不樂，尤其是長時間未收到二伯的音信。阿嫲一提起二伯便忍不住落淚，令爸爸心亂如麻。他不僅無法重返校園，還被捲入時局的波濤洶湧中，看不清未來的路在哪裡。他多麼希望二哥能突然出現，替他找到一條出路。

十一月，爸爸的中學好友熊國文從龍江坪來探望他。後天，熊國文就要啟程前往南洋，特地過來向他道別。他將印尼的地址交給爸爸，叮囑道：「要是你什麼時候也去了南洋，記得來找我。」

爸爸感嘆道：「爲什麼我們非得拋棄家園，飄洋過海，才能找到一條出路？」

熊國文沉默了片刻，良久才低聲說：「我們客家人祖祖輩輩以四海爲家，這或許就是我們的命吧。時局動盪，不想逆流而上，就只能順流而下。」

爸爸搖搖頭說：「可我還沒看清哪個方向是順流，哪個是逆流。你看清楚了嗎？」

熊國文微微一笑：「還記得楊修伍老師上課時提過水的優點嗎？水從來不會停在一個地方，而是不斷向前流動。無論流向何方，最終都要匯入江河大海。」

爸爸忽然覺得熊國文的話有道理。他點點頭說：「你想得比我透徹。每個人在人生的境遇中選擇不同的方向，但最終目標都是往前走。銳光參軍，你去南洋，我們的目的都一樣——都想流入大江大海，好好活一回。『樹移死，人移活』，我也不能做一潭死水。或許，我們眞的會在南洋再見。」

爸爸這麼說，是因爲不久前收到了阿爺的來信。日戰結束後，阿爺重新與家人取得聯繫，得知爸爸停學後，便開始安排他再度出南洋。然而，阿嫲收到信後一直未表態。

十二月，阿嫲終於對爸爸說：「我不能拖你的後腿，你還是去找你爸吧。」

爸爸握著阿嫲的手，千言萬語湧上心頭，卻只能沉默無言。

正值嚴冬，阿嫲傾盡積蓄，到縣城的裁縫店爲爸爸買了一套嶄新的中山裝和一雙黑布鞋——那是爸爸人生中的第一雙鞋子。

一九五〇年三月，爸爸帶著一個小包袱，踏出祖屋。他臨行前緊緊握住阿嫲的手，低聲說：「媽，我以後不怕吃苦，勤奮工作，一定帶你和弟弟一起出去。」

清晨的太陽尚未升起，四周群山籠罩在一層薄霧中。遠處東邊的山頭，微微泛出一道霞光。爸爸沿著走了十八年的山路越走越遠，直到轉過一個山腰，他的身影徹底消失在阿嫲的視線中。那一刻，他沒想到，自己要等三十多年後，才能再踏上這條山路，回到這座祖屋。

在長沙墟的渡口，爸爸與水客葉仰寧會合。同行的還有同屋的梁顯常、同村的梁伯炬，以及其他四位來自不同村莊的年輕人。八人一行，踏上了前往南洋的漫漫旅途。

從梅縣到南洋的第一站是香港。梅縣到香港的路途曲折漫長，舟車轉接幾乎花了整整一週。

旅途的第一段是從梅縣乘車前往老農。那是一輛燒木炭的破舊汽車，爐子安裝在車頭側面。司機的助手每隔幾小時便要打開爐門，扒灰加柴。木炭灰四處飛舞，不過半個時辰，車內所有乘客的臉上都覆滿了一層厚厚的灰，司機和助手更是成了只露出眼睛的「煤人」。

這輛汽車車身破爛不堪，千瘡百孔。窗戶的搖把因鏽蝕而卡在中間，既搖不上去也放不下，寒風從四面八方鑽入車廂。車板鬆鬆垮垮，彷彿隨時要散架，一路發出「吱嘎吱嘎」的碰撞聲。

上坡時，破舊的汽車「咕隆咕隆」地喘氣。遇到陡峭的坡路時，司機的助手便朝車內的乘客喊：「快！都下去推車，別讓車熄火了。」

有乘客幽默地說：「這到底是車載人，還是人扛車啊？」一句話逗得全車人哄堂大笑。幸虧乘客們年輕有力，對這些勞累也無所謂，一切都新鮮有趣。

汽車有三十多個座位，但只稀稀落落地坐了二十人左右，大多是第一次出遠門的年輕人。爸爸坐在靠窗的位子，雖然寒風刺骨，他卻被沿途飛逝的景色深深吸引。他想起高一時物理課學過的相對論：人在奔馳的汽車上，相對而言，自己和汽車是靜止的，而窗外的山川景物則似乎向汽車奔馳而來，瞬間便被甩在身後。

他回頭望去，村莊、山坡、溪流和路邊的樹木逐漸縮小，最後消失在視線的盡頭。那一刻，他在心裡想：眼中所見的景物是短暫而相對的，但沉澱在記憶裡的卻是永恆的。無論走多遠，他永遠不會忘記那養育他成長的山山水水、一草一木，以及慈愛的母親。阿嫲慈祥的面容浮現在他的腦海，他不禁熱淚盈眶。

汽車一路走走停停，途中有兩次在簡陋的飯館吃飯，有時還會停下讓乘客鑽進路邊的小樹林解手。每次乘客下車時，司機都叮囑：「回來時別忘了順手撿幾根粗一點的乾柴，別讓汽車斷了燃料。」

爸爸好奇地問：「這車不是燒木炭的嗎？」

司機笑道：「木炭是燒，但柴也燒啊！燒柴不要錢，燒木炭得花錢。」

天黑後，汽車終於抵達老農。一行人在那裡過了一夜。次日，水客葉仰寧找到了船主，經過一番討價還價後，船主同意走私載他們到惠陽縣的樟木頭。當時航運交通混亂，船主不願冒險載一船外鄉人，以免惹來麻煩。一敲定交易，船立刻啟航。

這艘走私船窄小擁擠，只有座位，沒有床鋪。船尾設有一個簡陋的廁所。船沿著東江一路向東南航行，經過一天一夜，終於在第二天清晨抵達樟木頭。

他們在樟木頭的小客棧住了兩晚，第三天又搭上開往深圳的汽車。翌日抵達深圳後，大家在一家便宜的飯館吃了一頓飯，然後跟著葉仰寧穿過羅湖橋，進入香港。

原本的計劃是從香港搭船前往印尼，但在辦理印尼簽證時遇到了麻煩。

一九四九年十月一日，中華人民共和國宣告成立，並不承認中華民國政府及清政府與各國所簽訂的條約及外交關係。

同年年底，印尼的政治結構也經歷了翻天覆地的變化。印尼人民在抗荷戰爭中取得勝利，宣布獨立，並於十二月二十七日成立了印尼聯邦共和國。

這兩國政權的更迭，使中國與印尼之間的外交處於真空狀態。新中國與新印尼尚未建立正式的外交關係。雖然部分荷蘭駐舊中國的前外交官暫時代理印尼政府的對華事務，但已關閉了簽證業務。

一九五〇年四月十三日，印尼聯邦共和國正式與中華人民共和國建立了外交關係。然而，印尼在中國及香港的辦事機構尚未成立，爸爸他們只能繼續等待。這一等，徹底改變了爸爸的生命航道。

爸爸與同行的幾人滯留在香港。同行的梁伯炬是前章提到的胡中南部隊軍需處處長梁運煌的侄子。他一到香港便憑著介紹信投靠了熟人。葉仰寧則帶著其他六人在德輔道上的聯豐隆旅店暫住。

這家旅店條件簡陋，六人共住一間房，房內擺放了兩張三層的架床。每人每月的房租為七元，包含食宿。

一九五〇年的香港髒亂不堪。聯豐隆旅店所在的港島德輔道擺滿了又小又髒的商檔和鋪面。有水果檔、蔬菜檔、豆腐檔、雞蛋檔，以及雞、豬、牛、魚肉檔。將要發爛的水果散發出濃重的香味，夾雜著酸味、餿味、臭味和腥味，讓人作嘔。街道又濕又滑，遍地都是爛菜葉、爛果皮、魚鱗和雞鴨毛。地上和牆上染滿了令人毛骨悚然的顏色：豬、牛、雞、鴨血跡的棕紅色，打爛臭雞蛋的青黃色，發霉砧板的黑色和鼻涕濃痰的綠色，彷彿讓人陷入絕望和瘋狂。

街道的喧鬧聲此起彼伏：小販的叫賣聲、雞鴨魚泥鰍掙扎的「噗磴噗磴」聲、嬰兒的哭喊聲和顧客的討價還價聲，混雜得雜亂無章。這些聲音和氣味讓爸爸聯想起兒時看過的佛教十八層地獄圖。

聯豐隆旅店的環境與德輔道無異，污垢遍佈房裡房外，蒼蠅蚊子四處亂飛。三層高的旅店，只有二三樓樓梯轉角處各設一間廁所。廁所裡沒有水，一角堆滿草木灰和一把鏟子。每次如廁後，都得鏟一把草木灰蓋上糞便。旅店房間空間狹小，陰暗潮濕，臭氣熏天。每天凌晨三四點，掏糞工便來鏟糞。

爸爸在香港人地生疏，在旅店裡呆不住，便常到街上東走西逛。有一天，他路過一家理髮店，站在門口的夥計扯住他嘰哩呱啦地說了一通。爸爸初到香港，聽不懂廣東話，只一個勁地搖頭。夥計用手指指他的頭，接著用食指和中指比了個剪刀的姿勢。爸爸終於明白了他的意思，點頭表示：「我知道了，你是要幫我剪頭髮！」

夥計二話不說便把他拉進店裡。爸爸連忙擺手示意不要，但夥計不容分說，把他按在理髮椅上，並熟練地圍上了一條髒兮兮的理髮布。一位瘦黑的中年理髮師立即上前，「唰唰唰」地動剪起來。既來之，則安之，爸爸也只好隨他去了。

理髮師一邊剪頭，一邊用廣東話說個不停，爸爸聽不懂，只能搖頭。誰知他搖頭越厲害，理髮師說得越起勁。最後爸爸改變策略，索性不再搖頭，改爲不斷點頭。

理髮師一看他點頭，立刻笑得合不攏嘴。剪完頭髮，他又幫爸爸在一個盤子裡洗頭。擦乾頭髮後，拿起一個吹風機開始吹頭。此時，一位看似熟客的客人走進店來，大剌剌地坐上爸爸旁邊的理髮椅。理髮師一邊幫爸爸吹頭，一邊轉頭與那位客人閒聊。爸爸聽不懂他們的對話，只覺得吹風機的熱風越來越燙。他不知是否正常，不敢吭聲。終於，實在忍無可忍，他「啊」地叫了一聲。

理髮師手忙腳亂地關掉吹風機，但爲時已晚，爸爸的頭皮已經被燙紅了一大片。他回到旅店後，頭痛欲裂，並發起高燒。葉仰寧趕緊請來附近行醫的中醫方植生診治開藥。爸爸每天喝中藥，花了十多天才退燒，身體漸漸復元。

爸爸發燒期間，同行的梁顯常與香港的一位經營紗廠的遠親聯繫上，搬離了聯豐隆旅店。他白天在紗廠當工人，晚上則在紡紗廠的地上過夜。梁顯常搬走後，爸爸愈發覺得孤單。他想起了同村的一位親戚梁婉雲，她比他年長幾歲，早些年嫁給了同鄉田姓男子，在香港安了家。離開梅縣前，阿嫲曾給過爸爸梁婉雲的地址，叮囑他有空一定要去拜訪。

爸爸病癒後心情低落，百無聊賴。他想起阿嫲的囑託，於是拿著梁婉雲的地址，邊走邊打聽，終於找到了她家。梁婉雲的丈夫經營著一家裁縫店。

兩夫妻熱情地招待爸爸吃飯。餐桌上的菜是梅縣的家常菜——酸菜肉湯，比聯豐隆旅店的油炸豆腐可口多了。爸爸吃完一大碗飯後，梁婉雲忙著給他再添滿一碗，笑道：「看你多瘦，多吃點兒，別讓你媽擔心。」

隨著身體逐漸康復，旅店內外的惡臭在狹窄的空間裡越來越讓爸爸感到窒息和絕望，他覺得自己像個被囚禁的犯人。心中一片迷茫：離開梅縣本是爲了尋找生路，但這條路卻越走越窄，前途漆黑。他的心情壞透了。

四月底，爸爸突然收到了一封從廣州寄來的信。是他二哥的來信！這封信經由輝光轉寄而來。看到熟悉的筆跡，爸爸喜出望外，心跳如鼓，拿信的手禁不住顫抖。他深深吸了口氣，穩定心神。

二伯在信中告訴爸爸，他已在韶關工作，正爲建設新中國而奮鬥。他叮囑爸爸立刻取消前往印尼的計劃：「中國已解放，前途光明萬丈。見信後務必立即前往韶關北江公學與我會合。來韶關讀完書後，便可投身建設社會主義新中國的宏偉事業。祖國百廢待興，正需要大批知識青年。詳情待會合後詳談。」

信裡還附有輝光的信件，寫了他在廣州的地址，並囑咐爸爸先去找他，由他再安排北上韶關。

看完信後，爸爸驚喜若狂，欣喜若舞。他不禁想起日本投降那天，二伯站在船頭上高聲朗誦杜甫的《聞官軍收河南河北》的一幕，便模仿著二伯的姿態，放聲朗誦起來。

爸爸立刻找到葉仰寧，興奮地說：「我哥來信了！他叫我去韶關投身建設新中國。我有出路了，我不去印尼，要回國與二哥會合！你幫我買去廣州的火車票吧。」

葉仰寧被他的喜悅感染，笑著說：「祝賀你找到出路！跟著你二哥好好幹，以後肯定有

1950 年爸爸在香港

出息。我馬上替你買從香港到廣州的車票。你想什麼時候走？」

「越快越好！我恨不得立刻就走！」爸爸毫不猶豫地回答。

葉仰寧哈哈大笑：「今天肯定來不及了，明天走吧。」

爸爸也笑了：「好！就明天。我馬上跟你去買票！」

買票後，葉仰寧與爸爸一起結帳，將從阿爺給的錢裡扣除從梅縣到香港的費用，剩下的全部退還給爸爸。

在香港的最後一個下午，爸爸去百貨公司逛了一圈，買了一支派克水筆送給二伯，一個鋁口盎留給自己，還買了一袋水果去梁婉雲家道別。

梁婉雲和她丈夫得知爸爸的好消息後，非常高興，笑著說：「這麼好的消息，我們一定要慶賀一番！」

梁婉雲笑著說：「我這就去煮飯。今晚我們來個韭菜炒滑蛋，再加一個酸菜湯，給你送行。」

三人邊聊邊笑地吃完晚飯，天色已晚，爸爸依依不捨地告別。田師傅突然說：「等等。」他彎腰從桌子底下拿出一雙舊皮鞋，拍了拍鞋上的灰塵：「這是我的一位客人穿過的。我穿著不合腳，你試試合不合適？」

爸爸試穿了一下，剛好合腳。田師傅笑著說：「看來這雙鞋非你莫屬。如果不嫌棄，就拿去吧。算是我們兩人的告別禮物，祝你前程無量！」

爸爸滿心歡喜，乾脆穿上皮鞋，興高采烈地回了旅店。

那天晚上，爸爸思緒如潮，翻來覆去，久久無法入眠。第二天清早，葉仰寧陪他前往九龍火車站。

爸爸登上了開往廣州的火車。揮手告別的那一刻，他感到心情無比輕盈，多月來的壓抑和焦慮頃刻間煙消雲散。最敬重的二哥正在祖國等著他，而他即將和二哥一起投身建設祖國的宏圖大業。

火車緩緩開出站台。雖然他坐在潮濕寒冷的三等車廂裡，心中卻充滿了溫暖，那份溫馨如同柔軟的毯子將他包裹，不受任何寒冷的侵襲，給予他無法言喻的安全感與幸福感。

車廂內響起旅客的嘈雜聲，蒸汽火車「砌嚓砌嚓」的車輪聲與「嗚嗚」的汽笛聲交織成一曲動人的離別之歌。爸爸靠在座位上，不知不覺地進入了夢鄉。

由於路軌年久失修，火車開得很慢，從九龍到廣州足足花了十個小時。當最後一抹晚霞在天際消失，火車終於駛入了熙攘的廣州大沙頭火車站。

爸爸拿起從梅縣帶到香港，再從香港帶回廣州的包袱，叫了一輛三輪車前往輝光信中留下的地址：廣州市支前司令部，長堤二馬路東安食堂二樓。

兩人重逢的那一刻，欣喜之情溢於言表。輝光哥拉著爸爸的手，驚訝地說：「仰叔，你看上去長大了不少！還剪了這麼摩登的髮型，穿上了這雙亮閃閃的皮鞋。」

爸爸與輝光哥，50 年代

爸爸一五一十地講述他在香港的經歷，說到剪頭髮時，兩人不禁笑成一團，輝光哥甚至笑得眼淚都流了出來：「你眞是又土氣又豪爽。」

輝光問：「你肯定餓了吧？」

聽到「餓」字，爸爸這才想起自己一整天沒吃東西，肚子立刻「咕咕咕」地叫了起來。

輝光安頓好爸爸的住宿後，帶他到一家宵夜店，要了兩大碗齋湯粉和一大碟油條。爸爸狼吞虎嚥地吃個精光。吃完後，他迫不及待地問：「二哥和你是怎麼找到我的？北江公學是什麼樣的學校？」

輝光笑道：「先回答簡單的。北江公學是一所爲新中國培養革命幹部的速成學校。隨著新中國成立，國家百廢待興，土改和城鄉管理的人才奇缺，北江公學便應運而生。學生一畢業，就會被分配到各地擔負重任。你二哥很厲害，他是學校的教導主任呢。」

「至於我們是怎麼找到你的，說來話長，我得慢慢告訴你。」輝光頓了頓，繼續說：「你二哥真是個勇敢又了不起的人。他在一九四六年進了中山大學後，就參加了進步學生會。一九四七年一月七日，他參加了以中山大學爲首的廣州各大院校三千多名學生聲援京津滬學生的抗暴大遊行。同年五月三十一日，他還參加了抗議『五二零』慘案的大遊行，並在那之後加入了共產黨。」

「一九四九年春，我還在廣東省商業專科學校讀書時，收到你二哥的一封信。那封信我回鄉時給你看過，你記得嗎？」

爸爸點頭：「記得，最後一句是：『山花爛漫會有期。』」

輝光笑道：「對，就是那封信。因爲共產黨員的身份暴露了，你二哥不得不撤離中大。在走之前，他匆匆寫了一封信，讓家人放心。」

「他先撤離到香港，再由地下黨安排輾轉到了粵北的北江支隊打游擊。[1] 一九四九年十月七日，粵北中心城市韶關解放，他參與了北江公學的籌備、設立和招生工作。當他收到梅

1 梁常：《南嶺夕照樓詩稿選——華年舊事》之四十四、四十五、四十六、四十七和四十九。

縣解放的消息後，前後寄了兩封信回梅縣。當時郵電系統混亂，你們可能沒收到信。一九五〇年一月，學校開始籌備新一期的招生，面向根正苗紅的知識青年。他認爲你完全符合條件，便幫你報了名，然後趕緊寫信通知你們。你媽收到信時，你已經離開梅縣。

「你二哥聽說你經香港南下南洋的消息後，急得不行，立刻打電話給我，要我無論如何都得找到你，帶你回祖國。我們通了電話後，他馬上把寫給你的信寄給我。我費了不少周折，才打聽到你在香港的住址。幸好你沒拿到印尼的簽證，不然我們今天就不能在這裡吃飯聊天了。」

爸爸繼續追問有關北江公學的情況。

輝光說：「我知道的也不算多。你二哥提過那裡包吃包住包穿。對了，那裡不教數理化，而是學習馬列主義、共產黨理論、社會發展史、階級鬥爭、政治意識形態、徵糧政策和土改政策等等。學生上午集中上大課，下午進行小組討論。

「你二哥還說，學校剛遷到韓家山的新校園，校園裡綠樹成蔭，環境十分優美。每期學習時間爲兩到三個月，一旦學期結束，學生就馬上投入徵糧和土改工作。替你報名的那一期已經開學兩個星期了。你二哥急得不行，打了好多電話找你的消息。」

爸爸聽著這些陌生的課程名稱，不由得心生疑惑。輝光笑道：「別擔心，你二哥對你充滿信心。有其兄必有其弟，你一定行的。」

那天晚上，輝光和爸爸一直聊到子夜，直到宵夜店要打烊時才依依不捨地分手。

第二天清早，輝光便到旅店接爸爸去火車站。他遞給爸爸一條帶補丁的短內褲，說：「這條底褲你拿去。你二哥跟我說了，你一到學校報到就能領到一套襯衣、夾衣、棉大衣和夾褲。夾褲厚，不能常洗，要跟底褲一塊穿。我們昨天聊得太開心，忘了去買新的。現在太早，百貨店還沒開門，只好先將就把我這條舊的給你。」

爸爸在北江公學

爸爸聽說這是二伯吩咐的，便高高興興地收下了那條帶補丁的底褲。

兩人到了火車站，輝光幫爸爸買了當天早上開往韶關的車票。他把車票和北江公學的地址一併交給爸爸，叮囑道：「你二哥很忙，不可能來接你。你直接到學校找他。對了，差點忘了，他簡化了自己的名字，現在不叫梁祝常，改叫梁常。」

廣州到韶關的火車要一天才能抵達。沿途，火車時而穿越稻田、河流與溪澗，時而與溪河平行，或伴隨群山。陽光忽左忽右，有時直灑進車廂，有時穿透軌道兩旁的樹梢，一縷縷射入窗內，又轉瞬被疾駛的火車拋在身後。

車輪像奏著高昂的進行曲一樣「咔嚓咔嚓」地轉動。爸爸心中熱血沸騰，腦海裡回想著輝光昨晚告訴他的一切，如夢如幻。他以前不知道二伯是否看重他們的兄弟情，這次終於有了答案：彼此的情誼無比珍貴。想到「長兄如父」這句話，心中感到無比踏實。

他又想到了即將入讀的北江公學，這所學校簡直不可思議——不但免學費，還包吃、包住、包衣，甚至包分配工作。

接著，他想到了阿嫲。若她知道兩個兒子即將團聚，不知會有多開心。想到自己即將學有所成，參與建設新中國的宏偉事業，爸爸不禁再次熱血沸騰。

他回想起這幾個月經歷的一切，爲自己的人生路程左右爲難，舉棋不定。冥冥中等待的或許是二哥的牽引。二哥一定感應到了他的焦慮與期待。他們兄弟相隔幾百公里，卻心有靈犀，默契無比。他相信二哥爲他鋪的路肯定是最好的路，對新中國充滿信心。

火車沿著鐵軌「砌嚓砌嚓」地奔馳著。兩旁的山巒、溪流、農田與曠野不斷向他的視線飛奔而來，又霎時被拋到視線之外。他想到了自己的人生軌跡。隨著飛轉的車輪，身後的十九年越拋越遠。他踏上了金色大道，未來正朝他飛奔而來。

那一刻，世界是如此美好。他何曾想到想到，人生從來不會一帆風順，等待他的是命運的跌宕起伏。

第十二章：回家（一九五九年—一九六五年）

此章記錄了我祖父從印尼回國前後的經歷。一九五九年六月，印尼禁止華僑在大城市以外的地方經營零售業，印尼華僑遭受鎮壓。祖父回國，回國後的全家福。祖父拿著黑漆閃亮的文明棍，在清遠古城走完人生最後一程路。

問：「阿爺什麼時候回國？」

答：「一九六一年。」

問：「阿爺見過我嗎？」

答：「沒有。你出生時，他已經不在人世了。」

問：「阿爺回國後的幾年，跟阿嫲相處得好嗎？」

答：「很不好。兩個人總是爭吵，互不相讓。」

問：「阿爺回國後身體好嗎？」

答：「他回國不久，我去探望他。他腰板很直，臉上沒有皺紋，看起來很健康。而且穿著整齊，風度翩翩，大有貴族風範。後來他得了肺結核。那時我還是摘帽右派，受監督勞動，沒能為他端茶煲藥，至今都感到很遺憾。」

問：「阿爺死於肺結核嗎？」

答：「不是。他自己選擇回家。」

問：「回家？」

答：「塵歸塵，土歸土。我們最終都要回家。我也快回家了。」

「爸爸！」

「不要難過。道生萬物，萬物歸道。我這一生從未做過傷天害理的事，凡事憑良心而行，問心無愧。閻王爺不會為難我的。」

一九五九年六月，印尼頒布法令，禁止華僑在大城市以外的地區經營零售店。

當時大部分華僑都在經營零售業，阿爺也在馬吉冷開了一家雜貨店。起初，他在徘徊觀望——怎麼能在短期內賣清所有存貨呢？去大城市？除了零售，他還能做什麼？

法令頒布後，各地傳來愈加不安的消息：印尼軍警開始大規模沒收華僑財產，並強迫他們遷移到大城市，許多華僑因此流離失所。

一九六〇年初，二伯來信說，中國政府向流離失所的印尼華僑伸出援手，歡迎他們回國參與新中國的建設。政府甚至租用了國際郵輪，協助華僑撤回故土。二伯在信的最後寫道：「回來吧，讓我們家人團聚，共享天倫。」

阿爺拿著二伯的信，看了一遍又一遍，一會兒微微點頭，自言自語道：「兒子大了，不該再四處漂泊了。」可過了一會兒，他又用力搖搖頭，自語道：「一九三六年走的時候，我曾向她發誓不會再回去。若是現在回去，不是認輸了嗎？怎麼和她面對面相處？還是再等一等吧。」

一九六〇年七月三日，數十名印尼軍警荷槍實彈來到萬隆附近的芝馬墟小鎮，強迫當地華僑遷移。男女老幼齊聚一堂進行抗議。軍警竟向手無寸鐵的婦孺開槍。兩名華僑婦女

阿爺在印尼（後排右第三）

阿爺在印尼

當場倒下，其中一位甚至還懷有身孕。

此事件在華僑界引發了巨大震動。大城市的華僑紛紛發起罷工、罷課和罷市行動。印尼的排華風暴隨後愈演愈烈，形勢一發不可收拾。

聽聞萬隆血案的消息後，阿爺長嘆一聲：「走投無路了。聽天由命吧。」

他隨即關閉了經營多年的雜貨店，前往中國政府辦事處登記回國，辦理離境手續。

一九六一年一月，阿爺在雅加達的丹戎不碌港登上了「美上美」號撤僑郵輪。八天後，郵輪抵達廣州黃埔碼頭。

下船前，阿爺細心梳洗打扮，穿上一套潔白的高領中山裝、腳蹬一雙白色皮鞋、頭戴一頂深灰色紳士帽。他推著一輛荷蘭製的高頭自行車走下郵輪。阿爺的行李十分引人注目：

· 一個棕色皮箱
· 一個銀色大錫桶，桶高三十三釐米，直徑三十七釐米

阿爺回國前

．一個白色藤條大籮筐，直徑一點五米，高約一米

藤筐穩穩地固定在自行車的行李架上，皮箱則放在籮筐底部，銀桶放在皮箱上面。籮筐、皮箱和桶都塞得滿滿的。銀桶內還插著一根黑漆光亮的文明棍。整個藤筐用麻繩牢牢地捆在行李架上，看起來既樸素又滿載著近半個世紀的印尼風霜印記。

阿爺從印尼帶回來的錫桶。現在放在我姐姐的家門口（美國）裝雨傘

二伯接阿爺回到了廣東清遠縣委位於青石街東風里的家屬宿舍。

清遠鳳城是一座有兩千多年歷史的古城，而青石街，更貼切地說應該叫「巷」，是一條由青石板鋪就的古街深巷。歷經歲月與無數過客的腳步打磨，青石板變得光滑透亮。巷子的兩邊多是民國時期的平房，偶爾能見到一兩座灰牆黛瓦的院落。

隔著一條街便是縣委大院。二伯帶阿爺去那裡參觀過一次。縣委大院原是民國時期的黨部，院內有一座輝煌的中山紀念堂，院中有一座樹木蔥鬱的古老庭院，除了幾棵需十人才能合抱的古榕樹，還種滿了四季飄香的亞熱帶果樹，如番石榴、黃皮、花捻、楊桃、黑欖、枇杷、沙梨、葡萄和蜜桃。

一個月後，我爸爸騎著自行車從花縣趕到清遠，全程六十二公里。他一路不停歇，風塵

僕僕。四叔也從梅縣趕來，這是骨肉分離二十五年後的團圓時刻。

全家人熱熱鬧鬧地前往照相館拍照留念。照相師在中間擺了兩張椅子，請阿爺和阿嫲各抱一個孫子坐下。兩張椅子靠得緊緊。阿爺坐在右邊，但他悄悄地將椅子往右挪了些才坐下。曉光立即跳上阿爺的腿上坐穩。阿嫲見狀，也把她的椅子往左邊拉了一下，抱起曉建穩穩地坐好。二伯母、四叔、彤雲姐、二伯和爸爸則站在他們身後。

照相師說：「很好，看著鏡頭，笑一笑。」隨即喀嚓一聲，歷史性的全家福就此定格。拍完後，曉建跳下阿嫲的懷抱，撒嬌說：「我也要和阿爺坐一起！」曉光聽了，立刻與他換了位置。曉建靈巧地爬上阿爺的腿，坐得端端正正。又是一聲喀嚓，眾人皆笑。

照相師豎起大拇指，笑道：「圓滿！」閱人無數的他可知道，看見的未必是真實的。那時爸爸剛從右派改造農場釋放出來，而阿爺和阿嫲彼此劃地為界，如針尖對麥芒。

回國后最讓阿爺欣慰的是三個孫輩。十三四歲的孫女梁彤雲十分懂事。她每天放學回家，總是禮貌地向阿爺請安，還主動幫他打掃房間。後來阿爺得了癆病，彤雲姐便替他洗衣服，還細心地幫他倒痰盂。

兩個五六歲的孫子更是活潑可愛。起初，他們只敢把頭探進房門，一見阿爺向他們揮手，便嘻嘻哈哈地跑開。熟悉之後，兩兄弟就大搖大擺地進出他的房間。他們最感興趣的是阿爺從印尼帶回來的那個白色藤條大籮筐。

曉建努力伸手也夠不到筐的頂端，只好不斷地跳來跳去，想看看裡面究竟裝著什麼寶貝。

1961 年 - 清遠全家福

阿爺站在一旁慈祥地笑著，輕輕拍了拍他的頭。隨後，阿爺從籮筐裡取出一包散發著奇特香氣的小紙包，打開後裡面是一些棕色的粉粒。

阿爺說：「這是咖啡。」

曉光和曉建各自放了一點進嘴裡。「好苦！」他們伸出舌頭，齜牙咧嘴地做了個鬼臉，然後捧腹大笑。

阿爺又從籮筐裡拿出一副象棋，問道：「你們會下象棋嗎？」

兩兄弟搖搖頭。

阿爺笑著說：「我來教你們。」

就這樣，從車、馬、炮的走法到棋盤布局，阿爺一手一手地教會了曉光如何下象棋。

當時清遠有一位非常有名的象棋大師，名叫林星流，他幾乎每個星期六晚上都在娛樂場坐台應眾。阿爺曾帶曉光去看過幾次。

而年紀尚小的曉建則坐不住，他對阿爺的香煙更感興

阿爺老年照

趣。阿爺教曉光下棋時，偶爾會慢條斯理地捲起一根粗如大頭釘的香煙，點燃後抽一口，再放在煙灰缸上。有一次，曉建趁機偷偷拿起香煙，用力一吹，頓時冒起一陣煙霧。

阿爺輕聲說：「唔好出煙啊。」

曉建慌忙放下香煙。阿爺拿起來，抽了一口，笑著說：「要抽，不要吹。」接著，他把煙遞到曉建嘴邊，教他怎麼抽。曉建照做，使勁吸了幾口，卻立刻嗆得猛咳不止，臉漲得通紅。爺孫三人都哈哈大笑起來。

黃口小兒的歡笑是阿爺夢昧以求的，終於在他有生之年看見了，聽見了。

阿爺每次上街市都一絲不苟地穿上他的中山裝、擦亮的皮鞋和那頂紳士帽。然後拿上那根黑漆閃亮的文明棍。

嘟—嗒嗒，嘟—嗒嗒。他挺直腰板，走在古老的青石板小巷。陽光透過房檐斜斜地照射ト來。他一步步地走，走完他人生的最後一程路。那是一九六五年。

阿爺和阿嫲在梅縣上羅衣村的墳墓在祖屋的後山深處

一個對話的開始

我的爸爸梁仰常在二〇〇九年五月被確診爲骨髓癌。爸爸的身體一向很好，臉上總是紅光滿面，性情開朗大度。他從不與人爭執，也不爲難自己，生活隨遇而安，吃得香、睡得沉。所以我們一直深信爸爸能活到百歲。

然而，命運總是捉弄人。當我們以爲還有長長的好日子在前方時，卻突然降臨了一種鮮爲人知的病。候診室裡，我們等待著皇家醫院的血液專科門診，身旁病人的私語聲逐漸模糊，燈光變得虛幻飄浮。那漂浮的白光，彷彿將我帶回了遙遠的童年。

1957 年 - 爸爸是當時花縣最年輕的區委書記

那一年，我大約四歲。爸爸騎著自行車，我和姐姐坐在車後。我們從花縣縣城出發，去清遠探望阿嫲。全程六十二公里，爸爸一邊踩著腳踏，一邊給我們講故事、說笑話。

不論何時何地，無論環境如何艱難，爸爸總是樂觀以對。有爸爸在的日子，總是趣味無窮。

坐在自行車上，我用雙手攬著爸爸的腰。他背上的汗水漸漸滲透過衣服，滴落在我的臉上。那汗水帶著淡淡的酸味和煙味，我貪婪地吸著，感到既溫暖又踏實。

自行車在北江河畔戛然而止。我們面前是一條約百米長的木浮橋，寬度大約一米。橋面是用樹幹和鐵鏈連接而成，兩側沒有扶欄。

我仰頭對爸爸說：「爸爸，抱我。」

爸爸笑著說：「我得扛自行車，不能抱你。你要自己走過去。」

我自幼膽小怕事，遇到困難時常常驚惶失措。望著河水滔滔，浮橋在水面上搖搖晃晃，河面仿佛無邊無際。我不禁放聲大哭，眼前只剩下一片跳躍的白光，我感到無助而頭暈目眩。

爸爸看了看我，說：「我們走了，你跟上來。」

我站在原地，哭得愈發放肆，死活不肯踏上浮橋。見狀，爸爸假裝往前走了幾步，又退了回來。他柔聲安慰道：「這樣吧，姐姐走在前面，你跟在姐姐後面，我在最後壓陣。」

我依然搖頭拒絕。他接著提議：「那這樣，我扛著自行車走在最前面，你跟著我，姐姐押後，好不好？」

我小聲問：「我可以牽著你的衣服嗎？」

爸爸笑了：「當然可以。」

於是，我緊緊牽著他的衣角，就像牽著他的手一樣，步步顫顫巍巍地走過了浮橋。

許是爸爸察覺到我的惶恐不安，他用平和的聲音將我從擁擠的候診室的混亂中拉回來：「不要擔心，什麼事情我沒見過？癌症就是癌症，很多癌症病人其實是被嚇死的。文革的時候，有些人還沒輪到被批鬥，就自己跳樓了。我是不會被嚇著的。記得以前在花縣，有個人患了肺癌，醫生說是晚期，無藥可治。他回家後根本不把病當回事，該吃就吃，該睡就睡，照樣勞動。十年後，他竟然還活得好好的。放心吧，癌症奈何不了我，我會像以前一樣，安安穩穩地睡覺，香香甜甜地吃飯，開開心心地過日子。」

爸爸的話讓我破涕爲笑。心中多麼希望一切眞的都不會改變。然而我也明白，爸爸的病對我們父女而言是一個轉折點——從此，我和他的角色將在某種程度上對調。他開始需要我牽他的手。而我暗暗問自己：「你準備好了嗎？」

爸爸生病的第一年，他積極配合治療。壞半球蛋白的指數逐漸下降，主治醫生大狼先生（MaxWolf）每個月看到他的驗血結果，都不禁讚嘆。

我每四週帶他去彼得．麥克癌症專科醫院（Peter MacCallum Cancer Centre）。先是驗血，然後見大狼醫生，看完醫生後再到五樓的日間治療中心打吊針、驗血。在看醫生與治療的等待間隙，我和爸爸常去菲茲羅伊（Fitzroy）花園散步，順道去花房看花。每次談起澳洲完善的醫療制度和優美的自然環境，爸爸都心存感激。他不止一次感慨：「在中國當了二十年右派，哪裡想到能來澳洲安度晚年？」

爸爸的病讓我親身體驗了人生三個階段——從嬰兒期受人照顧，到壯年期照顧他人，再回到晚年需要他人照顧的循環。這段經歷也讓我開始思考一些人生和宇宙的重大問題：什麼是生？什麼是死？生與死之間如何相連？生是否眞的是一個絕對的起點？死是否眞的是一個終極的結束？個人在生前與死後於宇宙中究竟佔據何種位置？生是否意味著「有」？死是否等同於「無」？

在思考中，我彷彿領悟了《莊子·外篇》〈秋水〉中「生而不悅，死而不禍」的道理，也似乎窺見了「量無窮，時無止，分無常，始終無故」的玄機。

與爸爸眞正的對話始於二〇一〇年十月。那時，疼痛愈發折磨他，醫院診斷結果顯示他罹患了肺癌。爲了轉移他的注意力，我開始向他詢問梅縣的往事。不問則已，一問才發現，他心中竟藏著一部跨越時空的巨書。

一旦打開話匣子，他對過往的記憶如泉水般湧出，故事娓娓道來。我們一問一答，他講我記。我們在候車間隙、火車途中、候診室裡、注射床上，見縫插針地談話，旁若無人，如痴如醉。有一次，我們搭上了回家的 Craigieburn 火車，卻因爲沉浸在故事中，沒察覺到火車中途轉了線。直到到達 Yarraville，我們才發現列車正朝相反的方向駛去。

隨著筆記本上的記錄愈加豐富，我逐漸意識到，這不僅僅是我和爸爸之間的對話，更是一場客家與文化、家族與民族、人性與命運的對話。講者平和，聽者痴迷。爸爸的故事喚醒了我內心深處的歷史使命感。一個聲音在耳邊低語：「寫出來吧，這是你義不容辭的責任。」

二〇一一年六月二九日傍晚六時九分，爸爸在墨爾本郊區 Broadmeadows 的舒緩療護中心 (Broadmeadows Palliative Care Unit) 平靜離世。媽媽、姐姐和我都守護在他的身旁。

爸爸向我講述了他自己、祖父和祖母的故事。

客家人的人生聚散、千年傳承，就這樣一一展現在我的眼前……

爸爸媽媽結婚後半年就被打成右派

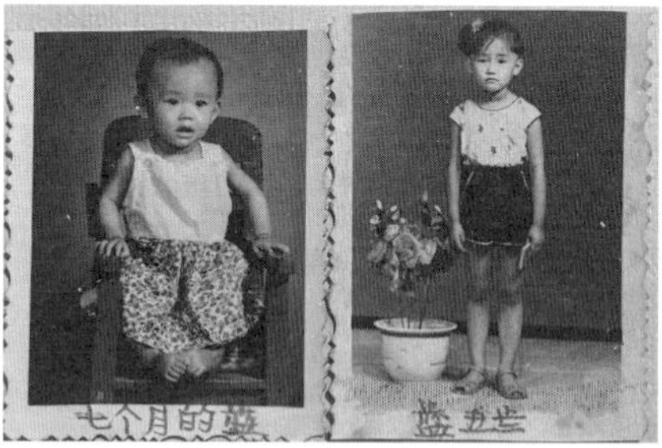

我姐姐梁賽藍生於 1963 年 11 月

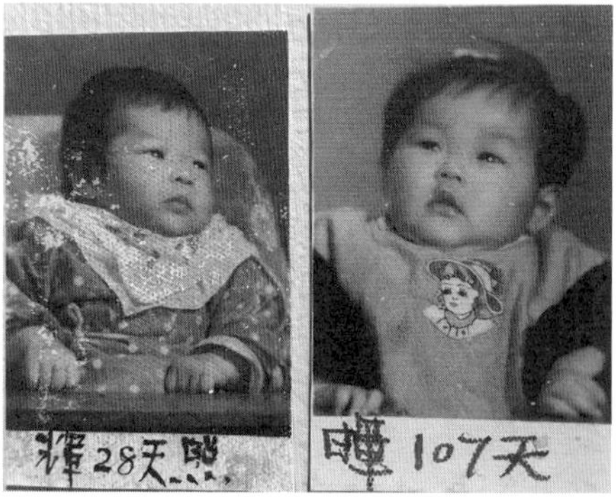

我生於 1965 年底。爸爸媽媽被打成右派後被關入牛棚。直到 1962 成為摘帽右派後才得以同居。我和姐姐因為推遲了五年出生而避過上山下鄉一劫。塞翁失馬焉知非福?

1978 年 12 月，右派即將平反的消息傳來，全家人春風滿面

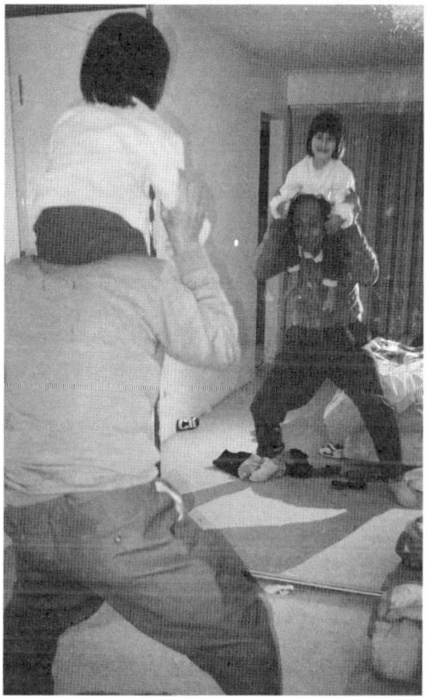

1998 年爸爸與我女兒阿苗

1999 年 爸爸媽媽與我兒子安其一起放風箏。風箏是爸爸自製的

2000 年爸爸媽媽參加我的澳州維多利亞大學會計碩士的畢業典禮

2001 年，爸爸媽媽與所有外孫在美國印第安納州

附錄一：

《子夜對談——客家舊事》第一版發佈會發言稿

二〇二四年二月於墨爾本

我想先用四句話來概括《客家舊事》的主題：

1. 歷史是波瀾壯闊的。
2. 人性是有缺陷的。
3. 命運是難以把控的。
4. 文字的魅力在於平淡中蘊含深切的情懷。

歷史的波瀾壯闊

我們首先來談「歷史」。歷史涵蓋了人類過去所發生的所有事件和演變。它可以遠觀，也可以近察。

客家人的歷史無疑是波瀾壯闊的。從遠處觀望，有古代文明的印記；從近處審視，則見客家人在中國近現代發展中的推波助瀾。

二十多年前，我經常去一個叫 Coffs Harbour 的地方，那是一個欣賞海浪的絕佳去處。遼闊的海面上，波浪一層層推進，從天際線上微小的波紋開始，逐漸匯聚成勢不可擋的巨浪，最終衝擊海岸的巨石，激起漫天浪花。

在創作《客家舊事》時，我試圖用觀浪的視角來呈現客家歷史的波瀾壯闊與起伏跌宕。透過這樣的視野，我希望能讓讀者感受到歷史進程中那股不可阻擋的力量。

書的開篇是一個古老的神話：女修吞食玄鳥的蛋而生下大業，大業又生下了伯益。四千多年前，伯益輔佐大禹治水成功，舜帝便將象徵高貴的「嬴」姓賜予伯益。伯益的後裔秦仲父子屢立戰功，因而受周文王封侯賞地。其中一位後代康伯在夏陽建立了梁國。然而在春秋時期，梁國被同爲伯益後裔且同樣姓「嬴」的秦國所滅。逃離家園的梁國子民自此以國號爲姓，建立了一個永恒、流動且生生不息的梁國。

《客家舊事》的第一章講述了安定梁氏的崛起與入梅梁氏的五次大遷徙，歷經漢朝、西晉、東晉、北宋、南宋及元朝。衣冠南渡是中華文明史上的壯舉，每一次遷徙都是生死的博弈，也是文明的推進。戰爭、苦難、機遇與新生如影隨形，這一章展現了歷史與人生的循環性。

第二章是〈梁氏家族〉，描繪了我的三位祖先的生活，他們分別活躍於清朝的前期、中期與末期：一位是老師，一位是醫生，一位是秀才。他們共同見證了清朝從盛世走向滅亡的過程。

在撰寫〈引子〉至〈第二章〉時，我彷彿站在時間的岸邊，望著浩渺的浪潮穿越時空而來。而從第三章〈出南洋〉到第十二章〈回家〉，我彷彿近觀巨浪拍擊礁石，感受到歷史的震撼。客家人「出南洋」是近代史上極爲重要的一章。南洋的客家人爲推翻清朝、抗日救亡，出人、出錢、出力，深刻改變了中國的近代史。孫中山先生本人卽是客家人，他多次前往南洋，尋求僑民的財政與政治支持。〈出南洋〉因此成爲客家歷史與中華民族歷史中不可或缺的一部分。

從第四章〈搖籃曲〉開始的後八章，是我與父親的對談主體。這段時期涵蓋了抗日戰爭與解放戰爭。書中的歷史元素有些是里程碑式的事件，如七七盧溝橋事變、國共合作、日本投降、國民黨撤離大陸及中華人民共和國成立；也有微觀層面的歷史片段，如戰爭導致的流離失所、天災人禍帶來的饑荒、知識分子被共產主義理想吸引，以及年輕人被歷史巨浪推向不同的命運軌跡。書中對人物的衣食住行描寫，也深刻反映了時代的印記。這些微觀的個體經歷如同拼圖，組合成一幅中國近代與當代歷史的縮影。

透過我父親童年與少年時期的眼睛，我看見了這段波瀾壯闊的歷史。在前言中我提到，我沒有對這段歷史作任何評判或註解，而是希望讓讀者自行判斷其中的價值與意涵。

我很慶幸梁氏的起源可以追溯至神話，並且上下五千年的歷史脈絡清晰可見。這種厚重的歷史感，如同滾滾江河，源遠流長。有明確的來處，也有清晰的去向。

我希望讀者透過客家的歷史，看見中華民族歷史的脈絡，並理解客家人在其中所發揮的深遠影響。

第二點：《客家舊事》所寫的是人性

人性指的是人類的固有特質和行爲模式。我從小接受的教育是以標籤來判斷人的好壞：屬於這個陣營的都是好人，屬於那個陣營的都是壞人。而且，好人樣樣都好，壞人樣樣都壞。如今，我當然明白這種簡單粗暴的判斷方法是可笑的。無論在哪個陣營，都有好人也有壞人。而且，沒有絕對的好人，也沒有絕對的壞人。

首先需要肯定的是，《客家舊事》中的人物大多來自草根階層。他們有善良、樸實、勤勞、勇敢的一面，與生活息息相關，充滿生命力，但同時也各有缺陷。

例如，我的爺爺向往美好的生活，但性情孤僻、不解風情，最終親手釀成了自己的人生悲劇。

我的奶奶是一位勤勞善良的客家婦女，擅長待人處事，但她偏執地將長子的不幸逝世歸咎於爺爺，爲婚姻的破裂火上加油。

我的二伯父是一個徹頭徹尾的理想浪漫主義者。他走出了一段身不由己的婚姻，卻又一廂情願地與另一位身不由己的女子締結第二段婚姻，結果讓三個女人陷入不幸。

而我的父親是個聽話且人見人愛的男孩，但他缺乏判斷力和掌控人生的主動性，這表現在他中學時交友不慎，以及在香港滯留期間的被動。

雖然我深愛這些書中的人，但我並未刻意掩飾他們的缺點。我懷著悲憫的心，忠實地描繪他們的本來面貌。我敬仰他們的堅韌，也接受他們的缺陷。我希望讀者能從這些人物身上，感受到他們的複雜性與眞實感。

第三個內涵：命運

命運指的是操控個人發展、無法抗拒的力量。雖然選擇、環境和機遇都是塑造命運的元素，但個人的命運往往受到整個社會或歷史潮流的牽引。

小時候，我常聽人說：「人定勝天。」長大後才明白，這句話並不符合現實。

《客家舊事》融入了我對命運的思考：

我的曾祖父年輕時考中秀才，本應前程似錦，卻一生困頓，最後客死山林，屍骨無存。

我的爺爺因一時賭氣決定永不回鄉，卻在印尼排華風波中走投無路，被迫落寞返鄉。晚年，他在病痛和感情困擾中結束了自己的生命。

我的奶奶爲長子安排好一切，卻未料兒子在異國他鄉感染瘟疫，不幸早逝。

而我的父親，愛讀書且成績優異，卻因病而被迫中斷學業。

這些人物的經歷，使我深刻體會到命運的無常。即使我們竭盡全力，也無法完全掌控自己的命運。透過他們的故事，我希望讀者能感受到生命的脆弱與無奈，同時也能思考個體如何在命運的洪流中掙扎與堅持。

書中也有人努力去擺脫命運的操控，但最後成功的人不多。例如：

一位等郎妹將全部感情寄託在一個撿到的孤兒身上，卻不料孤兒義無反顧地離開了她。

一位農婦爲了一頭將死的牛不惜冒險，卻因此付出了一隻眼睛的代價。

一位小學老師，被迫帶領國民黨的軍隊上山尋找游擊隊。雖然他專挑游擊隊不可能去的山頭，但游擊隊偏偏就在那個山頭出現，造成了嚴重的傷亡。這位無辜的老師不僅受到良心的懲罰，也受到命運的懲罰。

我對書中人物的命運充滿同情，並希望能表現人類的偉大。明知人的宿命是「塵歸塵，土歸土」，卻無怨無悔地堅持下去、傳承下去，這種明知不可爲而爲之的氣概和擔當，令人敬佩。

剛才我歸納了《客家舊事》的三個元素：歷史、人性和命運。那麼，我是用什麼文學體裁和寫作手法來表現這三大元素的呢？這就是我要談的第四個方面：文字的魅力在於平淡中蘊含深切的情懷。

在書的前言中，我提到《客家舊事》這本書以我父親的記憶以及我二伯父的《華年舊事》中的詩句爲架構，再用想像和虛構去塡補細節。它屬於歷史小說。

如果想細讀，讀者可以將南洋的章節與附錄中的《華年舊事》對照著讀，這樣可以更清楚地了解記憶的架構是如何與虛構交織在一起的。

《客家舊事》是一部歷史小說，也是一本鄉土文學。它的一切人物和事件都植根於鄉土，包含了二十四節氣的耕耘收穫、客家農村的喪葬婚嫁禮儀，以及客家人的宗族觀念和宗教信仰。

鄉土文學的一位代表作家是沈從文，他是我非常喜歡的作家。第八章的題目是〈月光下的新事舊事〉，靈感來源於沈從文作品中的兩句話：「太陽下無新事」和「月亮每天都是新的」。

《客家舊事》的文學寫作手法十分簡單，除了人物對話，主要運用白描。白描的特點在於文字樸素、描述簡潔，作者以眞實的情感讓讀者產生共鳴。白描手法的起源可以追溯到《詩經》，並經過陶淵明的傳承。在當代的白描大師中，有阿城。

總結整部作品，《客家舊事》的創作意圖是將客家歷史、客家的風土人情和客家人的命運結合在一起，展現歷史和人生的循環性與永恆性。

附錄二：梁常《南嶺夕照樓詩稿選——華年舊事》選

華年舊事(2)

客子南來斬棘叢，
中原禮俗尚遺風。
溯宗福建藍婆太，
廿世傳薪到嶺東。

注：客家祖籍中原，南遷到贛，閩，後入嶺東。梁姓溯祖閩南藍婆太，傳吾廿世矣。

華年舊事(3)

中秋端二謫凡胎
未死方生末甲催

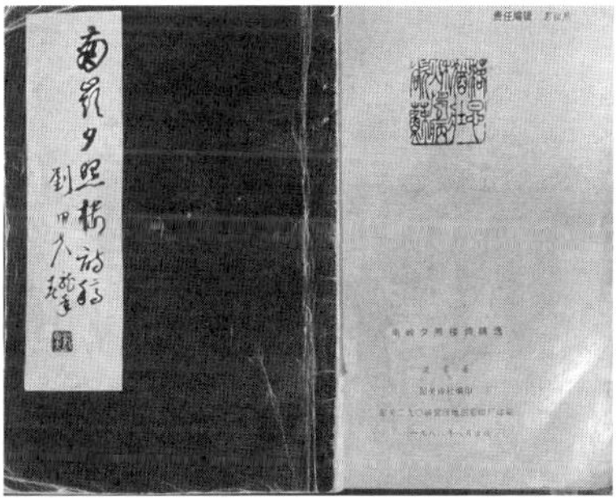

梁常的《南嶺夕照樓詩稿選》錄有《華年舊事》五十首

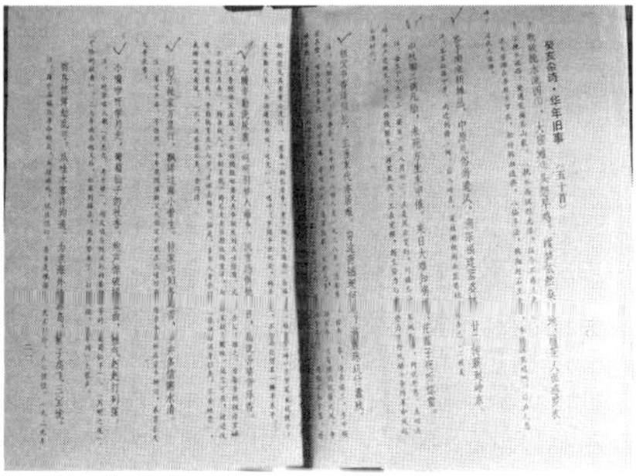

《華年舊事》五十首之首頁

來日大難知禍福
茫茫子夜聽驚雷

注：吾生在一九二三年八月初二，正是風雲變幻，列強瓜分，軍閥割據，內憂外患之時。

華年舊事(4)

祖父書香澤似蘭
生當末代亦居難
窮途荷鍤埋何地
滿腹珠璣付蠹殘

注：先祖父汝台，字養吾（一八四八－一九二八）清末秀才，讀書萬卷，詩書俱工，鄉中頗有名望。惜其生當末代，懷才莫遇。因寄情山水，詩酒狂歌，憂時感事，郁郁窮年，大有淵明阮籍之風。但身纏喘疾，老景坎坷。終因精神恍惚，有日夜出，竟然不知所蹤。感其生前書生一介，橐筆一枝，書城萬卷，手稿千篇。然志望難達，或追「從彭咸之所居」去矣。時，先伯母鄉曲文盲，不知瑰寶，竟將其所存詩書統統付之一炬。傷哉！吾少時曾見其殘稿，雖不甚懂，略知其豪情奔放，筆力蒼勁。惜歲月消磨，已一無所記矣。年稍長，在鄉鄰處常見其書黃公度詩「宵來一醉長安市，竟夕相思大海南」條幅，另一幅中堂「峰」字豎筆，虯枝鐵杆，足有數尺長，書法遒勁奔放，可見一二。嗚呼！而今，梅縣之大，不知尚能留其一鱗半爪乎。

華年舊事(5)

冷暖辛勤洗尿裳
呵呵引夢入幽鄉
流言恐懼拋孫日
敢說吾婆背澤香

注：吾繼祖父汝蘊，早年跟隨陸姑婆丈夫李聯慶到爪哇經商，無子。吾父過繼之。娶吾年輕貌美的繼祖母羅嫲，婚後夫妻長期遠隔重洋，與族鄰某疑有曖昧，流言可畏，被迫改嫁。她極愛我，辛勤撫育至六七歲，臨走，多事人責曰：「你祖母滿身爛臭，不要她背」，我聞而哭著說：「不，我阿婆不臭，香得很」。

華年舊事(6)

別子拋家萬裡行
漂洋過海小營生
持家巧婦多勤苦
鄉井多情粥水清

注：家父開壽，字德勝。早年跟隨繼祖父及伯父開勝爪哇經商。母親李酉妹在家鄉種田，養育吾及大哥慶常。

華年舊事(8)

宿鳥驚彈劫亂弓
爪哇水客許溝通
為求海外桃源島
絜子高飛三寶隴

注：一九二九年夏，母親攜吾兄弟跟隨水客梁君睦到了爪哇，父親到三寶隴迎接。

華年舊事(9)

萍水天涯喜淚逢
滿低拉夜亂山中
月高岫黑驚窮盜
吊膽提心夜夜同

注：滿低拉夜「Mandiraja」譯音，是父親在印尼的謀生地，中爪哇山巴，只有華人小店二，三間，附近荒郊野落，不時狗盜挖牆光顧，夜夜提心吊膽，殊難立足。

華年舊事(10)

墮地投生半腦番
驚魂甫定格郎干
的裡味史搖籃曲
不咯阿梅笑語歡

注：
1.半腦番，華僑稱南洋出生的人為半腦番
2.格郎干，Gelangan，一九三零年遷來此地，市稍大，有十幾戶華僑，較安定。
3.的裡味史，仰弟保姆名。後一位保姆名婆鐸。
4.不咯阿梅，是當地搖籃曲曲名。

華年舊事(11)

糊口生涯小本營
粗茶熱飯伴淒清
三年慘淡卡拉拍
兒女燈前笑語盈

注：一九三一年遷往卡拉拍（Krahach），城市稍大，有數十戶華橋，有日商一家。家人開始能得溫飽。

華年舊事（12）

風雨弦歌木堇香
初驚九一八淪喪
琅琅讀似山河淚
猶記先生畫海棠

注：一九三一年入中華會館（T.H.H.K）學校讀書，即驚聞「九一八」事變，國恨家愁，華僑心痛，尚記梁益三老師畫秋海棠比喻列強吞食中華。

華年舊事（13）

稚童飛石擊東洋
抵制侵華日貨商
最是迅公聞捷日
機聲徹夜喜如狂

注：卡拉拍有日商一家，吾儕小輩尚知國恨，摸黑飛石擊之。全阜抵制日貨，本阜大商號梁迅伯每聞抗日捷報，輒徹夜放留聲機慶祝。

華年舊事(14)

少年漂泊爪哇城
綠鬢青衫竹馬輕
絕島長風十萬裡
無邊春夢逐飛箏

注：騎竹馬，放風箏，少年舊事，歷歷在目。

華年舊事(15)

天真爛漫小痴狂
海角溫馨舊夢長
巴薩瑪藍留蝶夢
椰風蕉雨憶紗籠

注：
1.巴薩瑪藍，當地民間節日，文娛夜會，歌舞音樂十分迷人，吾曾深夜不歸。
2.紗籠，即姑娘的裙子

華年舊事（16）

兩兩三三笑語閑
長溪石上聽琴弦
飛流浴罷凶瘟熱
一曲清歌帶月還

注：南洋氣候熱，易中暑瘟死人，故華僑每日得早午晚三次照頭淋三十瓢冷水，美其名曰「醍醐灌頂」，以驅瘟熱。吾等少輩則喜歡到鄉間飛泉沖頂，踏月而歸。

華年舊事（17）

清郊入夜月玲瓏
熱帶風情似醉中
何處稻香飄吉打
小橋流水響叮咚

注：月夜，小橋，流水，吉打，稻香，融成卡拉拍熱帶夜色。幼年生活，永遠難忘。

華年舊事（18）

沉浮故雨憶蕉鄉
桃李金林施鄭梁
同學少年多倩影
至今猶記小琴娘

注：少時同學能記名者有：金留，林福進，施中山，鄭琴娘，鄭菊娘，梁就慶，梁郁南等，平時打鬧淘氣，當吾歸國時俱流淚惜別，至今猶歷歷在目，鄭琴娘譽為校花。

華年舊事（19）

別了巴城返故鄉
芝莎破浪七洲洋
歸來親戚多情話
山國雖窮井水香

注：一九三三年與仰弟隨母由巴城乘荷蘭芝莎丹尼號輪船歸國讀書。

華年舊事(20)

白紵青衫少日欣
書聲蝶影樂同群
稚朋狼藉眠芳草
爛漫春心寄白雲

注：一九三四年春就讀家鄉同群公學

華年舊事(21)

辮根馬褂伴西裝
家學冬烘半古洋
道貌雖嫌孔乙己
唐詩數典我難忘

注：「五四」運動後，教育界新舊交替，學校仍有數位冬烘先生執教，思想雖舊，時亦涉洋，道貌岸然，有如孔乙己。然其所教為人之道及唐詩古籍，至今猶記憶猶新。對吾以後思想及文學修養，深深扎下根源也。辮根指剪去滿清辮子尚余發根。

華年舊事（22）

月夜門庭聽古奇
南風如水拂痴兒
龍鐘九九清婆在
遙指天河問斗箕

注：清伯婆九十九歲辭世，吾家族中年事最高者，頭腦清醒，常在夏月之夜，門前乘涼，為吾小輩講故事。

華年舊事（23）

倚盡閭門雁影無
人天親子哭殊途
蜃樓海市雲邊月
腸斷汪洋淚眼枯

注：父親一九三四年回國，沒有帶大兒回國，殊知時勢艱難，大兒不幸夭折於爪哇。至使母親早晚痛哭難耐。從此夫妻吵鬧，不可了日。

華年舊事(24)

國難家愁極痛時
來投亂世欲何之
窮途再忍拋妻子
禍福茫茫那得知

注：一九三五年四弟雪常出生，正是家愁國難，可謂生不逢時矣。家庭不幸，夫妻創痕，一九三六年春，吾父忍淚拋家，淒然隻身，重赴南洋，前路茫茫，禍福難知。

華年舊事(25)

烽煙「七七」盧溝月
悲歌血肉築長城
集中十五從軍志
試聽龍泉匣裡鳴

注：「七七」事變，國家興亡，千鈞一發，抗日救亡呼聲震動城鄉。吾十五歲與老師同學街頭宣傳抗日，聲淚俱下。

華年舊事(27)

髫年負笈上龍崗
雪萼層冰冷節香
風雨飄零桃李劫
月光夜夜唱迷羊

注：

1.古直，字公愚，書齋名層冰室，中山大學教授。一九三九年在其家鄉龍崗坪，原龍文公學重辦梅南中學，古直任校長，鄭天任為副校長，訓育主任李嘉明（現名為李菊生，原新華社香港分社社長），教務主任鐘世民（現名鐘清，原香港招商局副董事長），尚有古黛君，劉達民，吳瑞貴等，俱是共產黨員。

2.吾寄住耕熊館菊姑婆家，姐妹弟兄經常圍坐地堂，唱電影「迷途的羔羊」插曲，「月光光，照村庄，村庄破落炊無糧」，家國愁恨，淚濕青衫。

華年舊事(29)

小輩溫馨姐妹群
書聲鬢影久銷魂
何當重聚村邊月
再逐巫山幾段雲

注：菊姑婆家有五位雲字輩姐妹及幾個小弟，同學、同窗、同吃、同生活，朝夕相處，耳鬢廝磨情意十分難忘。

華年舊事(30)

戰火紛飛縣學宮
悲歌桃李泣春風
書聲遠送梅江水
國恨能填五指峰

注：梅南中學被迫停課。一九四零年吾轉學梅縣縣立中學。時國難深重，梅城猶歌舞升平。

華年舊事(31)

南進烽煙寇騎深
巴城消息杳無音
財源斷絕難為讀
留得家園一教襟

注：一九四二年春入寇南進後，因南洋經濟斷絕而停學，在家鄉同群小學任教。

華年舊事(32)

夜哭聲中赴學堂
妻離子散幾流亡
米珠薪桂人天禍
餓殍瘟尸棄道旁

注：潮汕淪陷後，一九四三年梅縣到處難民，天大旱，米珠薪桂，逃亡、飢餓、霍亂、死亡無數。吾由縣城到大浪口華南中學上學。每天可見七、八具路尸，哀鴻遍野，慘不忍睹。

華年舊事(34)

穗市窮途潦倒日
中山金榜錄名時
十年面壁平生願
莫負青春少壯眉

注：一九四六年考進中山大學法學院法律系就學。

華年舊事(35)

北大崇生躪獸蹄
三千熱血湧沙基
肉軀沖破機槍口
「格奧山姆」淚水飛。

注：一九四六年冬，美兵強奸北大同學沈崇，全國震怒。中大等廣州三千學子，憤怒沖過沙面東橋，熱淚橫飛，包圍美國領事館，高呼「GetoutSam 格奧山姆」，「美國佬滾出去」！

華年舊事(39)

漫漫長夜鬼悲歌
內戰荒唐意若何
子夜雞聲催覺醒
海濱劍氣舞婆娑

注：中大是南國的民主堡壘，革命熔爐，在黨的領導及進步同學的影響下，接觸各種進步書報，眼界一開，對中國的貧弱開始找到答案。

華年舊事(40)

箕斗相煎骨肉殘
哀鴻淚盡反梁山
三千振臂「五三一」
洒向西堤血泊殷

注：中大的廣州三千學生進行「反內戰，反飢餓，反迫害」大游行。隊伍至長堤，軍警開槍，棍棒毒打游行同學，血洒西堤。「五三一」現定位中大學生日。

華年舊事(44)

易水蕭蕭壯士悲
書聲杖劍欲何之
高堂若問魚鴻影
爛漫山花自有期

注：四九年春，我因身份暴露，組織通知撤離中大隨李思邁去香港。臨走非常秘密，只給輝光侄一信云：「見信之日，我已易水蕭蕭。家慈有問，叫她不要牽挂，山花爛漫會有期。」

附錄三：

曙光律師：讀《子夜對談——梅縣客家舊事》——叩開客家大門

讀者：曙光

梁曉暉女士撰寫的《子夜對談——梅縣客家舊事》（以下簡稱《客家舊事》），以淒美的筆觸、翔實的史料、清晰的邏輯和流暢的敍述，爲讀者呈現了客家人千百年來顚沛流離的歷史軌跡……

客家人的歷史與中華文明一脈相承。他們遷徙至蠻荒南疆，與原住民雜居，曾被誤認爲「土著」。實則，客家人是經歷數次避難、飽經滄桑而保存貴族血脈與菁英文化的中華後裔。

史料記載，伯益乃黃帝後裔，協助大禹治水有功，舜帝賜姓「嬴」，成爲嬴姓始祖。其後裔康伯因輔佐周文王，被封爲梁王。後來梁國滅亡，其後人流離失所，皆以梁姓自稱。

歷經滄海桑田、大浪淘沙，客家一族中湧現了孫中山、葉劍英、李光耀、曾憲梓等軍政與商界名流，其足跡遍布全球……

詩云：

中華史話燦爛淵源流長
客家跌宕起伏經歷豐碩
伯益助禹治水被賜嬴姓
後裔康伯夏陽梁山建國
秦滅梁難民逃皆稱梁姓
避戰亂數遷徙流離失所
敵入侵權更迭共赴國難
耕讀文化繁榮蠻荒部落
披荊斬棘磨礪意志彌堅
客家菁英遍布世界各國

中華歷史災難深重，內亂紛爭、外族入侵、饑荒連年。客家人於悠悠歲月裡六次大遷徙，雖顛沛流離，居無定所，卻愈挫愈勇。他們不僅將中原農耕文化傳播至南疆，還繁榮了當地經濟文化。在推翻滿清的革命中，抵禦倭寇侵略的戰爭裡，客家人慷慨解囊，甚至捐軀赴難。而其「下南洋」的經歷，更爲早期資本意識的萌芽奠定基石，成爲後來中國經濟發展的中堅力量。

《客家舊事》的作者以華夏歷史爲宏大背景，圍繞家族的生存與發展軌跡，生動展現了客家獨特的民俗風貌、家風傳承及族群中卓越人物的形象。從入梅始祖梁文生到松崗公梁福、藍婆太、軒公、英承公、昌泗公、汝台公等七百年的傳承，一部厚重的家族史徐徐展開。梁氏後代遠赴海外，開創了具有早期資本經濟色彩的新天地。

作者的童年與青年時代，在長輩的輝煌與坎坷之中成長，承襲了優良家風，並成功融入海外主流社會。

《客家舊事》無疑是千萬海外客家歷史的縮影。

全書文風清新，文字簡潔明快，通俗易懂，雅俗共賞。尤其以對話形式提綱挈領，將故事娓娓道來，情節細膩，並配有歷史照片印證，增添了作品的可信度與可讀性，可謂錦上添花。

《客家舊事》向讀者展現了華夏歷史的輝煌篇章，而客家族群無疑是中華史中一朵燦爛的奇葩！

國家圖書館出版品預行編目資料

子夜對談：客家舊事 = Midnight dialogue : once upon a time in Hakka / 梁曉暉著. -- 初版. -- 臺北市：世界客家出版社, 2025.03
面；　公分. -- (客家文學；4)
ISBN 978-986-99081-9-1(平裝)
1.CST: 客家 2.CST: 移民史 3.CST: 生活史 4.CST: 廣東省梅縣
536.211/2　　　　114002497

客家文學 4

子夜對談——客家舊事

作　　者：梁曉暉
編　　輯：塗宇樵、古佳雯、楊容容、盧俊方
美　　編：塗宇樵
封面設計：塗宇樵
出　　版：世界客家出版社
地　　址：臺北市中正區重慶南路1段121號5樓之14
電　　話：(02) 2331-1675 或 (02) 2331-1691
傳　　真：(02) 2382-6225
E - MAIL：books5w@gmail.com或books5w@yahoo.com.tw
網路書店：http://5w.com.tw/
https://www.pcstore.com.tw/yesbooks/
https://shopee.tw/books5w
博客來網路書店、博客思網路書店
三民書局、金石堂書店
經　　銷：聯合發行股份有限公司
電　　話：(02) 2917-8022　　傳真：(02) 2915-7212
劃撥戶名：蘭臺出版社　　帳號：18995335
香港代理：香港聯合零售有限公司
電　　話：(852) 2150-2100　　傳真：(852) 2356-0735
出版日期：2025年3月 初版
定　　價：新臺幣380元整（平裝）
ISBN：978-986-990819-1

版權所有・翻印必究